《农村治理创新研究丛书》 主编：任平 刘广登 菅从进

国家社科基金项目：长三角统筹户籍与土地制度改革研究（项目批准号：11BJL0342011—2016）；江苏省高校社科基金重大项目：江苏缩小城乡居民收入差距的路径与对策研究（项目批准号：2012ZDAXM009 2012—2016）；江苏省社科联决策咨询基地项目：苏北农业现代化与农地制度改革研究（项目批准号：15SSL014 2016-06-12）。

江苏城乡收入差距缩小与农业现代化发展研究

Jiangsu Chengxiang Shouru Chaju Suoxiao yu Nongye Xiandaihua Fazhan Yanjiu

陈学法 ◎ 著

中国出版集团公司
世界图书出版公司
广州·上海·西安·北京

图书在版编目（CIP）数据

江苏城乡收入差距缩小与农业现代化发展研究 / 陈学法著. —广州：世界图书出版广东有限公司，2018.1
ISBN 978-7-5192-4267-1

Ⅰ. ①江… Ⅱ. ①陈… Ⅲ. ①居民收入–城乡差别–研究–江苏②农业现代化–农业发展–研究–江苏 Ⅳ. ①F126.2②F327.53

中国版本图书馆CIP数据核字（2018）第016799号

书　　名　江苏城乡收入差距缩小与农业现代化发展研究
JIANGSU CHENGXIANG SHOURU CHAJU SUOXIAO YU NONGYE XIANDAIHUA FAZHAN YANJIU
著　　者　陈学法
责任编辑　宋　焱
装帧设计　黑眼圈工作室
出版发行　世界图书出版广东有限公司
地　　址　广州市新港西路大江冲 25 号
邮　　编　510300
电　　话　020-84460408
网　　址　http:// www.gdst.com.cn
邮　　箱　wpc_gdst@163.com
经　　销　新华书店
印　　刷　天津爱必喜印务有限公司
开　　本　710 mm × 1000 mm　1/16
印　　张　18
字　　数　300 千
版　　次　2018 年 5 月第 1 版　2018 年 5 月第 1 次印刷
国际书号　ISBN　978-7-5192-4267-1
定　　价　62.00 元

《农村治理创新研究丛书》总序

在推进中国农村治理创新体系建设中谱写美丽乡村中国梦

江苏师范大学农村治理创新研究中心推出的《农村治理创新研究丛书》即将问世，作为中心主任和丛书主编，我有义务和责任为此丛书的出版写序，正好借此机会写点个人的感想，以供读者参考。

正在迈向全面小康社会和高速城镇化进程中的中国，如何创新农村治理体系，一直成为党和政府高度关注的重大问题。中国社会结构正在出现人类有史以来涉及最大规模人口的深刻变动。马克思说过：传统社会根基在乡村，而现代社会根基在城市。2014 年，按照常住人口统计的中国城市化率已经达到 57%，历史性地将一个“乡村中国”变成了一个“都市中国”。就世界范围来看，现代性的制度存在表现方式之一就是城镇化。西方经典现代性的历史曾经用“羊吃人”的方式使乡村不断破产，而资本全力发展都市，让乡村服从于城市，正如马克思、恩格斯在《共产党宣言》中说描述的“资本的世界历史性的事业”那样。从 20 世纪二三十年代开始，除了中国共产党在乡村用农民革命运动的方法打倒地主阶级、分田地，发动土地革命，解决乡村贫苦农民耕者无田的状况之外，一大批有良心有抱负的中国知识分子搞起了中国民粹运动，出现了所谓的“乡村建设派”。他们脱下长衫，穿起短衣，走入乡村，用文化启蒙、技术启蒙和实业救民的方式来改造乡村，力图把一个封闭、传统、贫穷、凋敝的乡村中国改造成为一个文明、现代和富裕的乡村中国。晏阳初开创河北定县模式、梁漱溟创建山东邹平模式以及徐公桥模式、无锡模式等，都是当时著名的乡村建设模式。

一直到改革开放，联产承包责任制和乡镇企业之路，才为乡村崛起增添了强劲的动力。城市经济借助于开放、改革和市场化的强大优势迅猛地发展起来，随着企业、特别是外资企业的大量涌入，开发区遍地开花，出现了世界最大规模的土地非农化和农民非农化的双线进程。城市化人口从2000年的4亿多（城市化率36%）飞速扩张为近8亿（城市化率57%），十多年间几乎翻了一倍。虽然中央倡导“新农村建设”，在新型城镇化进程中考虑城乡一体规划，但是治理难度超过想象。我在江苏师范大学任校长之前，曾经在苏州大学担任教育部人文社会科学重点研究基地“中国农村城镇化研究中心”的创始主任，在这个世纪初我当时关注的重点是在城镇化扩展过程中的合理性和公正性的问题。我们主要研究的出发点在城镇化，研究如何保护“被城镇化”农民利益，不至于有“六失（失地、失居、失业、失学、失保、失身份）”问题，倡导“空间正义”和可持续城镇化发展问题。江苏师范大学农村治理创新研究中心，在省有关部门大力支持下成立了。我们的任务，就是为苏北、为江苏、为中国探索一条农村治理的新路。尽管我已从校长岗位卸任，但是仍然愿意在这一领域为大家的奋进而鼓与呼。

中国道路在选择现代性路径中不能、也难以照抄照搬西方模式，因为中国面临的是一个复杂现代性的环境。复杂现代性语境要求中国新现代性不能简单平移西方道路，而是要走新型城镇化道路，需要在新型城镇化进程中着力重新治理乡村。

本丛书的作者大多为江苏师范大学的学者。他们或从小生长在农村，或者坚持长期深入农村做调查研究，对涉及中国人口近1/10的广大淮海地区当前农村状况有深入、持续的了解。他们也与当地干部群众有非常密切的交往，与国内从中央到地方的各大研究机构和高校科研院所保持着密切的科研合作。我们有苏北农村问题数据库，也有“三农问题研究中心”和“淮海发展研究院”协同支持。本丛书首批推出的《农村承包权与宅基地使用权退出机制创新研究》等七本著作，分别围绕农村最为敏感和核心的土地等问题入手来展开法学、社会学、经济学、管理学等视角的研究。这些问题如此重要，相信细心的读者会开卷有益，会为之欣然。

我衷心希望本丛书能为读者打开一扇门，让大家进入这一领域，共同为中国农村治理的创新出力。

是为序。

任　平

2015 年 11 月于徐州

（任平，江苏师范大学原校长，教授，博士生导师，江苏师范大学农村治理创新研究中心主任。）

自　　序

城乡收入差距就其本身属于收入分配问题，而分配决定于生产，只有农业生产发展了，城乡收入差距方能缩小，即要从根本上改变城乡居民收入差距扩大趋势，必须使农业生产实现现代化。而要实现农业现代化，前提是人口能自由迁徙、土地能自由流动。理论界就深化户籍、土地制度改革方面已经展开了深入研究，但还没有把两者结合起来进行系统研究，也没有把两者结合起来对发展农业现代化与缩小城乡居民收入差距之间关系进行系统研究，因此，该书对此展开研究具有重要的学术价值。为使此研究得以具体阐明，该书主要以江苏为例，因为江苏是经济大省，且农业人口多、城乡收入差距大;江苏城乡收入差距的变动趋势和全国大体一致，所处的制度环境和全国也基本一致，故以江苏为例来研究上述问题在全国具有代表性，所抽象的理论能具有普遍指导意义。

该书共分六章。第一，对国内外关于缩小城乡居民收入差距的理论与实践进行了概述。本章首先研究收入分配的一般理论，包括对收入分配的公平与效率、收入分配与产权安排以及我国实行按劳分配与按要素分配等理论进行了探讨。接着介绍理论界关于缩小城乡居民收入差距问题的相关研究观点，然后介绍了一些国家和地区在缩小城乡居民收入差距包括进行制度改革方面的具体做法或经验，以期为我国缩小城乡收入差距找到依据和可借鉴的东西。

第二，以江苏为例从多层面描述了城乡居民收入差距的现状、影响与挑战。首先从总体收入与分项收入以及区域差异等方面描述了江苏城乡收入差距的现状，然后对江苏城乡居民总体收入与分项收入的基尼系数进行了测算，并探讨了收入差距与分项收入关系，接着专门研究了农村居民财产性收入现状与问题。其次，分析了城乡收入差距扩大给经济社会发展带来的影响，接着阐述了为消除其不利影响，江苏省政府所采取的一系列措施和取得的绩效，然后指出了要从根本上缩小城乡收入差距仍面临诸多挑战。

第三，研究了城乡收入差距缩小与农业现代化发展之间关系。首先指出两者是生产与分配的关系，生产决定分配，所以，加快农业现代化建设是缩小城乡居民收入差距的根本途径，并从农业经营企业化、农民市民化和农村土地资本化等农业现代化的核心内容方面分别探讨了与城乡居民收入差距缩小的关系。接着描述了江苏农业现代化的现状与问题，并对江苏农村金融支持农业现代化问题进行了计量分析。

第四，对城乡居民收入差距总体呈扩大趋势的原因进行了分析。该章主要分两个层面展开：①对城乡居民收入差距总体呈扩大趋势的直接原因进行分析，认为主要来自三个方面，即农业生产力水平低、实际城镇化水平低以及土地要素缺乏流动性。②对其深层次原因进行分析，即对农业生产力和实际城镇化水平为什么低、土地要素为什么缺乏流动性的原因进行了深层次分析。

第五，对如何深化我国户籍、土地等制度改革进行了理论探讨。土地制度改革关键是要明晰产权，在“三权”分离基础上建立以土地股份合作为基础的新型集体所有制，促进土地要素自由流动；可通过农地制度改革解决公共服务均等化的一部分问题；试行农民宅基地指标随人口流动的改革。

第六，论述了深化制度变革对城镇化、农业现代化、城乡居民收入差距变动趋势的影响，并对其未来的变动趋势进行了展望。如果制度变革能得以深化，首先，农民市民化步伐会大大加快，实际城镇化水平会不断提高。其次，随着农民市民化步伐加快，农村人多地少的矛盾会逐步解决，土地将从分散经营走向规模经营，农业经营主体将从单个农民向家庭农场、农业合作组织、农业龙头企业转变，农业经营体系将从单业发展向一、二、三产业融合发展转变，农业小生产方式将逐步向现代化大生产方式转变。再次，随着城镇化和农业现代化发展，城乡收入差距呈扩大趋势将得以根本扭转。在二元经济转型早期，城乡居民收入差距总体上都呈扩大趋势，但在进入二元经济中后期，如果制度改革得以深化，城乡居民收入差距将呈不断缩小趋势，预计江苏到2040年城乡居民收入差距将基本消失，到2050年全国城乡居民收入差距将基本消失，二元经济转型将得以实现。

该书提出了一系列重要观点与方法，主要有：

第一，农业生产的现代化程度决定城乡收入差距的变动趋势。城乡居民收入差距属分配问题，它是由生产所决定的，农村居民人均可支配收入低于城市居民主要是由第一产业劳动生产率低于二、三产业劳动生产率水平所决定的。

第二，城镇化或农民市民化是实现农业现代化的关键。只有农业人口不断地有序向城镇转移，农村人多地少的矛盾才能解决，土地才能从分散经营走向规模经营，农业小生产方式才能向大生产方式转变。

第三，农业现代化是缩小城乡居民收入差距的根本途径。而要实现农业现代化除了允许农业人口自由迁徙使农民市民化外，还必须让土地要素自由流动。只有土地要素自由流动，农业新型经营主体才能培育出来，农业经营才能逐步走向由家庭农场、合作组织、农业龙头企业等新型主体的企业化经营。也只有让土地要素自由流动，农民财产性收入才能大幅增加。

第四，根据马克思关于土地存在虚假的社会价值理论，认为农民承包地物质上的物权和级差收益应归国家所有、土地资本上的财权和经营收益应归农民所有，然后农民可将土地资本的财权或承包权投资入股，建立土地股份合作制为主导的新型集体所有制以替代传统的集体所有制。

在研究方法方面主要运用了一是系统分析法，即把生产与分配、城市与乡村等作为一个系统来研究。二是调查研究方法，通过实地调研、座谈了解某地区在缩小城乡居民收入差距、发展现代农业、统筹制度变革方面的经验及问题，然后通过数据统计、样本分析等办法研究问题的作用机理。三是差异分析法，充分吸收国内外学者研究城乡统筹协调发展问题所普遍采用的城乡或区域差异分析法。

该书的特色主要体现在成果的学术创新与学术价值两方面。学术创新主要体现在：一是在研究思路和方法方面的创新。过去学界对缩小城乡收入差距问题研究，多把着眼点放在扶贫与农村发展方面，很少注重与制度变革相联系。二是在理论方面提出了一些创新性观点，例如，根据马克思商品价值量与劳动生产率关系原理，认为按要素分配与按劳分配并不相悖，农民凭借土地产权获得财产性收入是合情合理的等。

学术价值主要体现在上述内容、观点和创新等方面，概括起来主要有：一是该成果根据马克思主义经济学原理并结合我国改革中的一些重大实践问题，提出了一系列创新性观点，对我国进一步深化制度改革具有重要的理论指导意义。二是系统论述了制度变革对城镇化、农业现代化变动趋势的影响，进而论述了城镇化和农业现代化水平提高对城乡收入差距变动趋势的影响，弥补了现有研究不足。

综上所述，作者运用了生产决定分配的经济学原理对我国二元经济转型中城乡居民收入差距缩小与农业现代化发展之间关系展开理论研究，选题新颖、科学，具有重要的理论意义；所研究的内容充实，对城乡收入差距的现状、问题、原因、变动趋势以江苏为例给予了细致的描述并进行了深入的分析和探讨；研究视角独特、思路清晰、结构合理、方法得当并有所创新；把马克思主义经济学理论与中国改革实践紧密结合起来，提出了一系列创新性并对实践有指导意义的观点，具有重要的学术和应用价值。

作者于江苏师范大学

2017 年 9 月 26 日

目　录

第一章　缩小城乡居民收入差距的理论与实践

改革开放以来，无论是全国还是江苏，城乡居民收入差距总体上都呈扩大趋势，虽然在此期间也有缩小的情况。这一问题一直受到从中央到地方政府的高度关注，也是理论界长期关注并深入研究的热点难点问题，那为什么这一问题一直没有得以解决？

众所周知，城乡居民收入差距表现为城市居民可支配收入高于农村居民，就其本身而言，这是一个分配问题。理论界就分配方面提出了许多建设性意见，政府也采取了一些有力的措施，但收效甚微。分配决定于生产，只有农业发展了，农民收入水平才能提高，城乡收入差距方能缩小，即要从根本上改变城乡居民收入扩大趋势，使城乡居民收入差距不断缩小，必须改变“二元经济”现状，使农业实现现代化。正是基于此，中央政府几乎每年都出台如何发展农业、解决“三农”问题的一号文件，地方政府在农业发展方面也下了很多功夫。

那问题究竟出在何处？就理论而言，要实现农业现代化，前提是生产要素能自由流动，尤其是人口能自由迁徙，土地能自由流动。因此，要实现农业现代化，就必须深化户籍和土地制度改革。理论界就深化户籍、土地制度改革方面已经展开了深入研究，也提出了许多建设性措施，但还没有把户籍和土地制度改革结合起来进行系统研究，也没有对深化制度变革后，城镇化、农业现代化以及城乡居民收入差距将出现什么样的变动趋势进行研究，这正是本书将要研究的重点问题。

缩小城乡居民收入差距问题的研究是收入分配理论的一部分，但这一部分不是孤立的，与其他分配理论是联系在一起的，而且分配本身只是经济系统中的一个部分或整个经济链条中的一个环节，它与生产、社会经济制度等也是联系在一起的。所以，研究城乡居民收入差距问题必须放到经济系统中考察。为此，本章首先研究收入分配的一般理论，接着再介绍理论界关于缩小城乡居民收入差距问题的相关研究观点，然后再介绍一些国家和地区在缩小城乡居民收入差距包括进行制度改革方面的具体做法或经验。

第一节　收入分配的一般理论

一、分配与生产

在生产、交换、分配、消费关系中，收入的分配由生产所决定，这是因为在市场经济中，人们只有将产品生产出来，然后通过交换实现了价值，才能进入收入分配的过程。这里所说的分配关系由生产关系决定，是指分配关系由直接生产过程中的生产关系所决定。生产关系决定分配关系是马克思主义经济学的一个基本原理，这一原理还有另外一层含义，即分配关系由所有制关系主要是由生产资料所有制关系决定，这意味着在一个或不同社会里所实行的财产制度不一样，分配制度也就会不一样。

城乡居民收入差距说的是农村居民收入低于城市居民收入的状况，缩小城乡居民收入差距首先是一个分配问题，即要通过分配来提高农民收入，使城乡收入差距得以缩小。根据分配决定于生产的经济学原理，要在分配领域提高农民收入，必须在生产领域提高农业劳动生产率。那么，生产领域的农业劳动生产率提高到什么程度才能使分配领域的城乡居民收入差距消失呢？按刘易斯（1954）观点，当劳动力市场上供求基本达到均衡时，亦即农村劳动力或农业人口不再向城市或工业部门转移时，此时，二元经济实现转型，传统农业转变为现代农业，农村居民收入水平与城市居民收入水平大体一致。这就是说，只有当劳动生产率提高到使农业达到现代化水平时，城乡居民收入差距才会消失。

根据生产决定分配原理，可得出如下推论：要在分配领域缩小城乡居民收入差距，就必须在生产领域实现农业现代化，或者说城乡居民收入差距缩小或消失的根本途径在于实现农业现代化。

二、国民收入的初次分配与再分配

收入分配是对国民收入进行分配的简称，包括初次分配与再分配。国民收入是一国国民在一定时期（通常为1年）内所创造的新价值或要素形成的收入总和，通常是由物质生产部门与服务部门劳动者共同创造的，数值上等于工资与利润之和。国民收入的初次分配是国民收入在生产与服务部门内部所进行的分配，主要是由企业根据要素的贡献所进行的分配，包括两部分，第一部分为个人的劳动收入，称为工资，第二部分由政府税收、银行利息、企业利润构成，称为毛利润。国民收入再分配是在初次分配基础上对其的弥补和校正，主要由政府在社会范围内所进行的分配，其运转主要由政府掌控。就国家预算而言，它是通过政府财政支出实现的，包括经济建设支出或政府投资、科教文卫及国防方面支出、政府转移支付方面支出等。

在弄清国民收入的初次分配与再分配概念后，需要回答两个问题：一个问题是收入分配不公是否是由初次分配造成的？人们通常认为，收入分配不公是由初次分配造成的。道理很简单，初次分配是企业分配，企业属微观领域。微观领域的资源由市场配置，市场通过价值规律发挥作用，价值规律作用的结果必然导致两极分化，企业作为市场主体，要按价值规律办事，从而必然导致收入分配领域的严重不均。

另一个问题是政府对收入分配的调节是否是只能限制在再分配领域？一般说来，政府对收入分配的调节多是在再分配领域进行，主要是对高收入者进行征税，对低收入者通过政府转移支付进行救济补贴，一般不干预初次分配，因为初次分配是由企业进行的。

三、收入分配公平与生产效率

收入无论是初次分配中的收入还是再分配中的收入最终都来自于生产，所以分配多少决定于生产财富或创造的价值的多少。由于生产者带来的财富或价值多少不一样，所分配的收入多少也不一样，当收入分配差距过大或出现两极分化时，就产生了分配不公的问题。为了解决分配不公问题，政府在再分配中便对高收入者进行征税，对低收入者增加转移支付。在这个过程中，如果对高收入者征税过大或对低收入者补贴过多，又会影响人们的积极性，从而影响生产效率，这就产生了如何理解公平与效率之间关系的问题。

什么是收入分配上的公平？在不同的历史阶段或在同一时期的不同阶层，对此问题有不同的看法。在资本主义条件下“非劳动者掌握着资本和地产，而人民大众只拥有着自身的劳动力。这种生产要素的分配方式有着与之对应的消费资料的分配方式”[1]。资本所有者认为这种按拥有资本的多少来进行

[1] 中央编译局：《马克思恩格斯选集》第三卷，人民出版社 1995 年版，第 306 页。

分配的分配方式是公平的。“什么是‘公平的’分配呢？难道就是资产者所断言的所谓的‘公平的’分配吗？”[1]事实上，这对于劳动者来说并不是公平的，恩格斯就资本主义分配方式指出“这些经济事实同我们的道德感有矛盾”[2]。“如果生产所需要的物质生产资料归劳动者自己所有，那么需要与此相对应的不同于现有的消费资料的分配。”[3]在社会主义条件下，收入按劳动者的劳动量来进行分配。那么，按劳分配是否就实现了公平呢？就生产资料的占有来看，生产资料归劳动者共同所有，任何人都不能够凭借对生产资料的占有来剥夺他人的劳动成果，就这点来讲是公平的；从分配尺度来讲，每个人获得收入多少都由劳动多少的尺度来衡量，这也是公平的。但这里“平等的权利按照原则仍然是资产阶级权利”[4]，因为“平等就在于以同一尺度——劳动——来计量”[5]，“这种平等的权利对不平等的劳动来说依然是不平等的”[6]。

现在的问题是，如果收入分配相对公平了，是否意味着生产就没有效率？应该承认，公平与效率之间存在着矛盾性，因为效率要求收入分配必须以市场为导向，而公平要求必须以政府为主导。如果收入分配绝对公平，就不可能有效率，政府也做不到；如果完全以市场为导向，收入分配产生严重不公，短期可能是有效率的，但从长期来看必然会导致效率的低下。从理论上讲，公平与效率是可以统一的，或者说随着分配逐渐公平，生产效率也会随之提高，这可用经济学教科书中的“帕累托最优”的概念来解释：如果对资源的配置进行重新调整，从而使一个人或一部分人的福利增加，同时保证不使其

[1] 中央编译局：《马克思恩格斯选集》第三卷，人民出版社 1995 年版，第 302 页。
[2] 中央编译局：《马克思恩格斯选集》第三卷，人民出版社 1995 年版，第 212 页。
[3] 中央编译局：《马克思恩格斯选集》第三卷，人民出版社 1995 年版，第 306 页。
[4] 中央编译局：《马克思恩格斯选集》第三卷，人民出版社 1995 年版，第 304 页。
[5] 中央编译局：《马克思恩格斯选集》第三卷，人民出版社 1995 年版，第 304 页。
[6] 中央编译局：《马克思恩格斯选集》第三卷，人民出版社 1995 年版，第 305 页。

他人的福利减少，这就是最有效的配置状态。此时的分配公平和生产效率达到了一定程度的统一。在市场经济的实践中，要处理好公平与效率之间的关系，应当坚持在效率优先前提下兼顾公平。具体而言，在初次分配中以保证效率为主要目标，在再次分配中将公平放首要地位。总之，要根据不同时期、不同层面的具体情况采取不同办法来协调两者关系，初次分配是前提和基础，而再次分配起到保障性的作用。协调好初次分配与再分配，使各方面的积极性被充分调动，从而推动经济效率的提高和社会的和谐公平。

四、收入分配与产权安排

在前面的公平与效率问题研究中，引用了马克思的一个观点，即当资本、土地等财产掌握在资本所有者手中，财产表现为资本主义私有制，收入分配实行按资分配或按要素分配；当资本、土地等财产掌握在劳动者集体手中，财产表现为社会主义公有制，收入分配实行按劳分配，这就是说收入分配制度是由一定的财产制度所决定的。

过去我们一直认为资本主义私有产权下收入分配必然不公平，现在大部分学者仍然坚持这一观点，如卫兴华教授认为，在私有制度中，非劳动者占有生产资料，并支配劳动者进行生产，这必然会产生贫富分化。[1] 持该观点的学者理由如下，资本主义私有产权与市场经济是结合在一起的，市场经济受价值规律支配，价值规律作用结果必然导致两极分化。但在现实中并不完全是这样，在经济合作与发展组织（下文简称为“经合组织”，“OECD”）等发达国家，“二战”后到 20 世纪 70 年代随着社会保障方面的公共支出逐步增加，收入集中程度逐步下降，基尼系数多降到 0.3 以下。到 20 世纪 80

[1] 孙秋鹏：《财富与收入分配的理论与政策 —— 中国经济社会发展智库第 7 届高层论坛综述》，载《马克思主义研究》2014 年第 3 期。

年代中期后，多数国家的基尼系数呈上升趋势，但大多数国家仍然小于 0.4，距离警戒线还有一定的距离。美国的基尼系数从 20 世纪 80 年代中期的 0.337 提高到 2005—2010 年的 0.378，英国的基尼系数从 0.286 提高到 0.345，德国的基尼系数从 0.251 提高到 0.295，加拿大的基尼系数从 0.291 提高到 0.328，意大利的基尼系数从 0.309 提高到 0.337，日本的基尼系数从 0.304 提高到 0.329，期间也有一些国家是下降的，如法国的基尼系数从 0.30 下降到 0.293，希腊的基尼系数从 0.336 下降到 0.307，2011 年经合组织公布了其 34 个成员国的基尼系数平均为 0.314，同年欧盟 27 国基尼系数平均为 0.307。[1]

发展中国家或地区的基尼系数一般相对来说较高，但也有一些比较低的，其变动趋势和发达国家差不多，20 世纪 50 年代后开始下降，80 年代后开始回升。例如，印度尼西亚的基尼系数从 1964—1965 年的 0.35 下降到 1987—1990 年的 0.32，然后到 1997 年又上升至 0.38；韩国此间的基尼系数从 0.34 上升到 0.39；以上事实表明，收入分配是否公平或是否两极分化，不能简单地用资本主义、社会主义或私有产权、公有产权来解释。

接下来，需要探讨的问题是产权安排能否创设与其他主体分享剩余的机制？这主要是收入的初次分配与产权安排的问题。产权制度指的是将产权关系和产权规则相结合来对产权关系进行调节的制度安排。而收入分配的本质就是根据生产资料所有制，研究如何合理分配生产出来的价值。过去，我们说资本主义分配制度不合理，首先是说资本主义财产占有制度不合理，因为财产权被少数资本所有者占有，拥有财产的资本所有者同时拥有利润分享的剩余权，而创造剩余价值的广大劳动者只拥有获取工资的劳动权，这种产权安排必然导致两极分化或收入分配不均，那么，为什么前面的大量数据表明主要资本主义国家的基尼系数一般小于 0.4？

这可从产权安排与剩余分享关系角度来说明。从资本主义发展进程来看，

[1]　余芳东：《国外基尼系数》，载《调研世界》2013 年第 5 期。

虽然资本主义私有制没有改变，但其内部的产权安排一直在不断调整。从财产制度安排看，早期主要是资本主义的个人业主制企业，财产归单个所有者，然后出现了合伙制企业，财产归合伙人，到“二战”后，公司制企业逐步成为企业主要形式，财产所有权与控制权出现了分离，职业经理人越来越多地掌握着企业控制权，财产权也越来越分散化，尤其是随着机构投资者队伍不断壮大，这种分散化趋势不断增强。在这种产权安排下，企业经营目标开始从一元化向多元化转变，利润分享开始由所有者独享向所有者、经营者、生产者、客户、社会共同分享转变。经营者参与剩余分享主要通过掌握经营控制权实现，生产者参与剩余分享主要通过技术、知识、购买公司股份等形式实现，客户参与剩余分享主要通过企业出售产品时让利来实现，社会参与剩余分享主要通过企业的社会捐赠来实现。因此，有效的产权安排可以创设出与其他主体分享剩余的机制，这种剩余分享的机制可在一定程度上改善所有者与生产者之间的收入分配关系，使分配不公在一定程度上得以改变。这是从初次分配角度讲的，从再分配角度看，政府也可介入到产权安排中让产权主体与其他主体共享剩余，例如，西方国家有些企业曾实行“雇员持股计划”，即企业将利润一部分折成股份分配给内部职工，政府为了鼓励该计划实施，制定了分配给职工股份的这部分利润，国家不收这部分利润的公司所得税。当然，政府介入的方式可以有很多，最通常的做法就是征税，即对财产所有者、高收入者进行征税，然后通过政府转移支付方式来补偿低收入者。

五、按劳分配与按要素分配

（一）收入分配与价值创造

马克思认为资本主义收入分配制度存在不合理性。马克思的理论依据是劳动价值论，即价值所包括的剩余价值是由劳动者劳动所创造的，劳动者创造的价值应该归劳动者所有。但在资本主义社会里，由于财产私有制的存在，没有财产的劳动者只获得新创造部分所对应的工资，剩余价值都被资本所有者占有。由于资本自身不能创造价值，只能转移价值，所以资本所有者获得剩余价值就是一种剥削。基于这一理论，理论界对收入分配的理解出现了两种观点，一种认为，收入分配与价值创造相关，与生产要素无关。另一种观点认为，收入分配与财产所有制相关，与价值创造无关。两种观点都是基于马克思劳动价值论教条式的理解，分别称为教条Ⅰ和教条Ⅱ。

教条Ⅰ：认为价值创造与生产要素无关

“价值一元论”者认为，只有物质生产部门的生产劳动或活劳动才能创造价值，即价值创造不仅与生产要素无关，而且与非物质生产部门的劳动无关。

教条Ⅰ（a）：认为价值创造与生产要素无关

该论点（包括价值创造与非生产劳动无关的论点）主要是由于对马克思的商品概念的教条式理解所形成的。

马克思曾给出商品的定义，它是用于交换的劳动产品，是使用价值与价值的对立统一；它是由劳动二重性决定的，即具体劳动创造使用价值，抽象劳动形成价值；价值的质是抽象劳动，体现社会属性，价值的量是由社会必要劳动时间决定的。这是一种高度的抽象，其目的在于说明：价值主要由劳动者的劳动所创造，劳动者创造的价值应当归劳动者所有。

理论界对劳动价值论的讨论，就总体而言，至今还没有超越马克思所界定的这个商品范围。这可从两方面予以说明：一是从他对商品内在矛盾分析的展开式中可予以说明，他首先分析了商品的三对内在矛盾，接着又分析了其内在矛盾的外化形式，即商品（处在相对价值形式上的物品）与货币（处在等价形式上的物品）的矛盾，然后又在矛盾外化基础上分析了商品价值与生产价格、剩余价值与虚假社会价值及现实资本与虚拟资本的矛盾。二是从他对资本主义商品的论述中可以说明，他认为，“在资本主义的社会生产中，

'庞大的商品堆积'是财富的代表，而财富的元素形式是单个商品"[1]。此时，不仅有形的物品都成了商品，而且无形的东西也成了商品，如商誉、权力、良心等，另外，劳动力也普遍成了商品。这些内容是那个商品概念所无法包容的。

显然，在小商品生产条件下，"价值一元论"的观点有一定道理。因为此时以自给自足的自然经济为甚础，进入交换的物品数量很少，劳动产品基本都是有形的，主要是农业品与手工业品，且生产这些产品的设备条件相对较差。所以在这种条件下，价值基本上都是由物质生产部门的劳动者所创造的。但在资本主义条件下，不仅是劳动的、有形的产品成了商品，非劳动的、无形的产品也能够成为商品，如处女地、森林、矿藏以及技术、知识、信息、管理、商誉等都可进入交换领域，都可成为商品。既然是商品，就必然有价值，就不能说价值决定或创造与生产要素以及非物质生产领域的劳动无关。

其实，即使在小商品生产条件下，也不能绝对地说价值创造与生产要素无关。马克思在分析小商品生产的劳动二重性时就曾说过，"种种商品体，是自然物质和劳动这两种要素的结合……人在生产中只能像自然本身那样发挥作用，也就是说，只能改变物质的形态，在这种过程中也离不开自然力的作用。因此，我们并不能说劳动是生产使用价值财富的唯一源泉。如威廉·配第所说，劳动是财富之父，土地是财富之母"[2]。或许"价值一元论"者会这样辩解：我们说价值创造与生产要素无关，只是就生产要素不能使价值增值而言的。那么，资本、土地、技术、管理技巧、知识、信息等生产要素能不能使价值增值呢？要回答这一问题，就要先理解劳动生产力（率）与商品价值量的关系。劳动生产力的提高会使个别企业获得超额剩余价值，进而能增加社会财富的价值总量。而劳动生产力的提高，正是各个生产要素相互作

[1] [德]马克思：《资本论》第一卷，人民出版社1975年版，第47页。

[2] [德]马克思：《资本论》第一卷，人民出版社1975年版，第56—57页。

用的结果。

为了进一步说明这一问题，我们来举两个例子。一个是现实中资本与劳动可相互替代的例子，即在价值总量一定的情况下，多点劳动，少点资本，或少点劳动，多点资本，都可使价值总量不变，经济学中的等产量线就是这一现实的理论描述。比较极端的情形是，资本完全替代劳动或劳动趋近于零，如“无人工厂”。假定一个工厂原来需要三千人操作，现在由机器人来替代生产，只需一个人按下电钮就行了，其生产量与三千人生产的总量相同。这表明，在科学技术高度发展的今天，资本可在一定程度上替代劳动使价值增值，这已是无可争辩的事实。但仍有一些人不顾这种客观现实，他们辩解道：控制机器人的劳动是复杂劳动，即“无人工厂”的价值是由复杂劳动创造的。而事实上控制机器人的劳动只需适当训练的简单劳动就行了。即使是复杂劳动，也不可能是一两个人替代数千人的劳动。还有一些人反复为之辩护道：机器人也是由人来发明制造的。这种辩解仍然无济于事，因“价值一元论”者认为，价值是由活劳动创造，而不是由物化劳动创造的。

另一个例子是在劳动价值论讨论中理论争论方面的例子，我国一个著名的经济学家，他是“价值一元论”者，但他在回答我国私营企业主按资本投资额获得相应的利润收入是不是剥削时说，“这种利润是资本增值的结果”，因为“机器或新技术设备的采用，会缩短工人的必要劳动时间，延长剩余劳动时间，从而增加剩余价值”。接着他又进一步指出，“在现实经济生活中，新的机器设备的利用，一般会增加企业的利润”，他还分两种情况对这一观点进一步予以论证。[1] 为什么“价值一元论”者在面对现实时会违背初衷？

教条Ⅰ（b）：认为价值创造与非物质生产部门的劳动无关

如前所述，在小商品生产条件下，由于用于交换的劳动产品多是物质生

[1] 卫兴华：《关于深化对劳动和劳动价值理论的认识问题》，载《经济学动态》2000年第12期。

产部门生产的有形物品，无形物品尤其是服务品很少用于交换。但到资本主义社会，服务品也成了商品，尽管在马克思时代，第三产业或服务业不占有重要地位，但这一问题已经凸现出来了。如果说马克思对资本等生产要素创造价值问题没有直接论述的话，那么，可以说他对非生产劳动创造价值问题却有直接且有较多的论述。

例如，他在《资本论》第一卷论述简单劳动过程时曾指出，生产劳动就是劳动者运用劳动资料作用于劳动对象生产出有形物品的劳动，即直接操作生产工具的体力劳动者的劳动才是生产劳动，但这个定义对资本主义是绝对不够的。[1] 到了资本主义社会，生产劳动和它的承担者即生产工人的概念必然扩大，科技人员、管理人员都是“总体工人”的一部分，他们的劳动都是生产劳动。但是，从另一方面来看“生产劳动的概念又进一步缩小了。生产工人是为资本家生产剩余价值服务的或者说为资本的自行增值所服务。在物质生产领域以外的一个例子就是，一位老师在训练孩子的同时也在为校董赚取利润，这才能称为生产工人”[2]。

对于非物质生产部门的劳动也可以是生产劳动，也能创造价值的问题，马克思在《剩余价值理论》第一分册中又做了进一步的论述，他主要分析了两种情况：

> 一种情况是产品与生产行为可以分离的情况，如书、画以及一切脱离艺术家的艺术活动而单独存在的艺术作品等。[3] 另一种是产品同生产行为不能分离的情况，如表演艺术家、演说家、演员、教员、牧师、律师、医生等等的劳动。[4]

[1] [德]马克思：《资本论》第一卷，人民出版社 1975 年版，第 205 页。

[2] [德]马克思：《资本论》第一卷，人民出版社 1975 年版，第 556 页。

[3] [德]马克思：《资本论》第一卷，人民出版社 1975 年版，第 442 页。

[4] [德]马克思：《资本论》第一卷，人民出版社 1975 年版，第 443 页。

因此，在马克思看来，像生产次品、废品、积压品等方面的物质部门劳动不属于生产劳动，而非物质生产部门若能使价值增值的劳动就一定是生产劳动。这些论述不仅适合于过去，也适合于现在。在当今知识经济社会里，科学、技术、知识、信息、管理、商誉等无形资产越来越重要，第三产业的产值在国民生产总值中所占的比重越来越大，在发达资本主义国家已占70%以上，这怎能说非物质生产部门的劳动不创造价值呢？

那么，“价值一元论”者为什么既不顾马克思的论述又不顾当今社会发展的现实，而要竭力否定非物质生产部门的劳动创造价值呢？这道理很简单，他们论证非物质生产部门的劳动不创造价值，与论证资本等生产要素不创造价值一样，目的都是要维护他们所认可的那种小商品生产的劳动价值论、否定按劳分配与按生产要素分配相结合的观点。

我们的结论是，不仅物质生产部门的劳动可以创造价值，非物质生产部门的劳动也可创造价值，资本、土地、科技、管理、信息等生产要素都参与价值创造，且能对价值创造做出重要贡献。故按劳分配与按生产要素分配在本质上是可以结合的。

教条Ⅱ：认为价值创造与价值分配无关

若把价值创造与生产要素无关的观点看作为传统教条的话，这一教条在逻辑上是一致的，尽管这一理论逻辑与现实不相吻合。但主张价值创造与价值分配无关这一新教条，不仅在逻辑上是混乱的，与实践也是相背的。该教条的基本论点可分为以下三部曲：

教条Ⅱ（a）：认为劳动价值论与按劳分配没有必然联系

其理由是，按劳分配是在不存在商品货币关系条件下进行的，而在这一条件下，劳动价值论根本就不存在。另外，按劳分配的理论依据也不是劳动价值论，而是公有制、劳动性质及生产力状况。

的确，马克思所讲的按劳分配是在单一公有制及没有商品货币关系条件下的一种分配方式，但这只是设想，而没有成为现实。列宁在实施战时共产主义政策时发现不能取消商品货币关系，故又实行新经济政策。原来人们只以为在过渡时期才存在商品货币关系，但斯大林在社会主义实践中又发现，在存在两种公有制条件下也要存在商品货币关系。真正意义上的按劳分配只要求个人收入的获取必须根据其劳动贡献的多少来进行，这无论是在计划经济还是在市场经济体制下都必须遵循的分配原则。因此，借口不存在商品货币关系来否定劳动价值论与按劳分配有必然联系的理由是不充分的。

另外，认为按劳分配的理论依据是公有制及劳动性质与生产力状况，而不是劳动价值论，这是一种误解。其实，公有制只是实行按劳分配的前提条件，而不是分配的依据，因为个人消费品分配只能依据其提供的劳动量多少，即劳动时间“是计量生产者个人在共同产品的个人消费部分中所占份额的尺度”[1]。我们认为劳动价值论是按劳分配的理论依据还有一个重要理由，即按劳分配也是根据劳动价值论提出的。劳动价值论的主要内涵在于劳动者自己创造的价值应该归其自身所有。而在资本主义制度下，主要基于资本来分配价值。

教条Ⅱ（b）：认为生产与分配没有必然联系

因为它们是生产体系中的不同环节，处在不同层次上，体现不同内容，从生产到分配必须经过交换这个中介环节，故价值生产或创造与价值分配没有必然联系、不是一回事。若说两者不是一个东西当然是正确的，但若就此认为两者没有必然联系可能就有些武断了。因为马克思在论述生产的四个环节中明确指出生产决定分配，分配反作用于生产，岂能说两者没有必然联系？在现实生活中，比如一个企业，创造价值多了，职工收入的分配方能多；若企业分配不合理，就会影响职工的生产积极性，从而影响价值的创造。这都表明价值创造与价值分配有着必然联系。

[1] ［德］马克思：《资本论》第一卷，人民出版社 1975 年版，第 96 页。

教条Ⅱ（c）：认为所有制关系决定分配关系，或分配只与要素所有权发生联系

这一观点应该说并没有错，但关键看如何去理解，我们认为把握以下两点是重要的。

首先，所有制的性质决定分配的性质，但它并不能决定分配的方式，也不能决定分配量的多少，换句话说，分配方式及量的本身并不体现社会性质。马克思曾指出，“任何消费资料的分配，都不过是生产条件本身分配的结果，而生产条件的分配则表现生产方式的性质”[1]。例如，在封建小私有制条件下，生产资料及劳动力的分配都归单个个人，此时个人收入分配既包括劳动收入也包括财产收入。而在资本主义私有制条件下，生产资料分配不再归劳动者，而是归资本家，劳动者只拥有自己的劳动力。此时劳动者只能靠出卖劳动力获得工资收入，资本家凭借财产所有权获得剩余，这是按要素分配，但不能就此认为按要素分配就是资本主义分配方式，既凭劳动又凭财产权获得收入就是小私有制分配方式。因为在社会主义条件下，比如在国有企业里，国家也要凭借财产所有权获得收益，即也要按资分配，实行股份制后更应如此。在集体企业及合作制企业里，职工既要获得劳动收入也要获得财产性收入。这表明，同一个分配方式可存在于不同社会，同一社会可采用不同分配方式。就其分配的量而言，无论是哪一个社会，主要取决于它所创造的价值总量，而并不取决于它是私有制还是公有制。因此，企图用所有制关系决定分配关系来否认价值创造与价值分配之间的联系是徒劳的。

其次，认为分配由要素所有权决定，这也不能否认价值创造与价值分配之间联系。如果说分配由要素所有权来决定，那么它必须要回答两个问题，即为什么凭要素所有权能参与分配及凭要素所有权获取收入的量应该是多少？要回答前者，就必须证明所有生产要素都参与了价值的创造，否则谁都

[1]　中央编译局：《马克思恩格斯选集》第三卷，人民出版社 1995 年版，第 13 页。

没有权力参与分配，除非它是超经济强制。要回答后者，就必须弄清楚每个要素创造了多少价值，即使它由市场来评价也并不改变问题的实质。而这两个问题都表明价值创造与价值分配不是截然分开的。例如，在一个股份企业里，对职工来说，若每个人凭其劳动力要素所有权参与分配，那只能获得相当于劳动力价值，即相当于最低工资线所规定的数额，但每个职工获得的实际工资多少是不一样的，原因就在于他们的生产能力及实际贡献多少不一样。对股东来说，拥有不同要素所有权获得收入多少也是不一样的，如现实中的技术、知识、管理等要素在剩余索取中占有较大份额就是典型的例证，其原因就在于科学技术成了第一生产力，能创造出更多价值。有些学者用资源的稀缺程度来解释要素分配量的问题，这在一定程上可解释其现象，但尚未触及其本质。

从以上三个方面分析中可看出，教条Ⅱ的基本逻辑是：分配只与要素所有权发生联系、而要素所有权与价值创造没有关系，故价值创造与价值分配没有必然联系。按此逻辑，按劳分配与按生产要素分配就不存在教条Ⅰ所说的那种根本对立的问题，两者是可以结合的。那么，两者如何结合呢？他们认为，劳动（力）是生产要素的一部分，故在市场经济条件下只能实行按包括劳动要素在内的生产要素分配。[1] 如果说这是主张按劳分配与按生产要素分配相结合的话，倒不如说是要取消按劳分配。

我们认为，马克思的按劳分配理论必须发展，也必须实行按生产要素分配，但不能用按生产要素分配来替代按劳分配，主要理由有：

第一，按劳分配与按生产要素分配是两种不同的分配方式，不同分配方式可相互并存，而不是存在一种分配方式就不允许另一种分配方式存在，市场经济的最大特点就是呈现多样性，而不强求单一性。尤其是在我国现阶段把公有制为主体、多种所有制经济共同发展作为基本经济制度的情况下，更应允许按劳分配为主体、多种分配方式共同发展，这与所有制关系决定分配

[1] 罗润东等：《全国劳动价值论研讨会观点综述》，载《经济学动态》2002 年第 3 期。

关系的精神是一致的。

第二，按劳分配与按劳动力价值分配不是一回事。按劳分配是根据劳动多少或贡献大小进行分配的，而按劳动力价值分配根据的是劳动力价值的多少进行分配的。这两者在量上也是不一致的，若把工资看成是劳动力价值的价格，则后者在分配中只能获得相当于工资的部分，而前者既可等于、亦可小于或大于工资部分。有人认为，市场经济条件下只能够实行按包括劳动要素在内的生产要素分配，这里混淆了劳动与劳动力的概念，因为只有劳动力才能成为生产要素，而劳动不能成为生产要素。所以，只能把按劳动力价值分配而不能把按劳分配并入到按生产要素分配之中。

第三，按劳分配理论需要发展，但按劳分配方式不能取消。尤其在未来的知识经济社会里，劳动者都成了知识劳动者，劳动的作用会越来越大，劳动所创造的价值财富尤其是精神文化财富会越来越多，精神文化方面财富价值主要不是依靠机器创造，而主要靠人的大脑创造，这不仅要根据劳动多少来分配，而且必须以按劳分配为主体。

马克思主义是科学而不是教义，它必须与时俱进。20 世纪 90 年代我国确立了社会主义市场经济体制，这与马克思主义创始人当时所面临的问题和环境有很大差异，这就要求我们必须结合新的实际情况，深化对马克思主义理论的研究和认识。这种深化研究和认识，既不能把经典作家的论述作为教条，也不能把某些领导人的论述作为教条，而应当客观地就理论与事实的本身进行科学的认识和研究，任何庸俗辩护的理论以及任何束缚生产力发展的理论都应当放进历史博物馆中。否则，不仅理论难以发展，中国经济也难以发展。例如，若本文论述的教条Ⅰ不破，认为价值创造与生产要素无关，进而凭资本等生产要素获得收入，就被认为是对他人劳动成果的占有，就是剥削，就要成为革命的对象，那谁还会愿意投资，股份制还怎么搞，私营经济还怎么发展，市场经济改革还怎么深化？另外，若教条Ⅱ不破，认为价值创造与价值分配没有必然联系，那么价值创造者就会失去利益的激励，因为在市场经济条件下，经济主体就是要追求利益最大化，若他生产利润最大，获得报酬却最小，他的生产积极性怎能调动，企业及社会的生产力怎能提高？

（二）按劳分配与按要素分配

党的十五大提出了“把按劳分配与按生产要素分配结合起来”的观点。我国现阶段实行公有制为主体多种所有制并存的制度，这就决定了公有制主要实行按劳分配，同时非公有制经济中主要实行按要素分配。

1. 按劳分配与按要素分配的含义

要回答这一问题首先要弄清楚按劳分配与按要素分配的含义。什么是按劳分配，在改革开放后尤其是在实行市场经济后，理论界的解释存在很大分歧，主要有四种：一是指按社会必要劳动所创造的价值进行分配，二是指公有制中对劳动者所进行的分配，三是指按劳动力价值进行分配，四是指按活劳动与物化劳动共同创造的价值进行分配。这几种观点都有偏颇，第一种观点中，按劳分配的主体（谁来分配，是国家还是企业）与客体（对什么进行分配，是个人消费品还是工资等）不明确，而且该观点所说的按社会必要劳动所创造的价值分配（尺度）应该是对企业的分配，而不是对个人劳动收入的分配，个人劳动收入的分配应该是首先按照企业实现了的价值，然后再按照劳动者的劳动在企业实现的社会劳动中所占的份额来进行分配。第二种观点虽然明确了是在公有经济中的分配，同时指出了分配的客体应包括工资与奖金，但问题是没有指出分配主体，而且把集体经济排除在公有经济之外，另外，没有讲分配尺度。第三种观点没有讲分配主体，只讲分配的客体，即按劳动力的价值（尺度）分配，而且分配的量只包括劳动力的价值即工资是不合理的。第四种观点，除了分配主体与客体不明外，还模糊了分配的标准（把物化劳动也加入到劳动之中），也排除了土地等自然因素参与分配的可能性。作者认为按劳分配应该是在公有（混合）经济（包括全民所有制经济与集体经济及其与非公有经济的融合）条件下（分配条件），个人的劳动收入（分配客体）由所在企业或单位（分配主体）按该劳动者的劳动绩效或他所创造的新价值的一部分（分配标准）进行分配。理论界对按要素分配的认识虽然在表述上有所差异，但在本质上具有一致性，都是指按要素在新价值增值或国民收入增长中的贡献进行分配。

2. 商品价值量与劳动生产率（力）关系

原本对于商品价值量与劳动生产力关系的认识并不存在分歧，都认为商品价值量与劳动生产力之间成反比关系。为了说明或解释改革实践中的问题，在理论上便产生了对商品价值量与劳动生产力关系问题的不同认识。

1989 年，谷书堂教授在《社会主义经济学通论》一书中提出了商品价值量与劳动生产力不是成反比而是成正比的观点。该书认为："劳动生产力的提高能使社会财富增加，从而使代表财富的价值量增加，这表明劳动生产力与价值量应成正比，而不是反比。"[1]

后来，针对谷书堂主编的教材中的观点，苏星教授认为商品的价值量只能由第一种含义的社会必要劳动时间决定，价值只能由物质生产部门的活劳动所创造，劳动生产力只能与使用价值或财富成正比，而在谷书堂主编的教材中，其混淆了使用价值与价值的内涵。[2] 谷书堂、柳欣针对苏星的批评意见在 1993 年又撰文进一步强调道：马克思在研究劳动价值论时，抽象了使用价值或劳动生产力的因素，若把这一因素加入到分析之中，"劳动的定义是，生产一定量的使用价值所耗费的劳动量，在量上可以表示为劳动时间 × 劳动生产率"。"由此可知价值与劳动生产力间并不成反比"而一旦两者成正比，价值量的增加就不是劳动一个因素而是全要素生产力共同作用的结果。[3] 何

---

[1] 谷书堂：《社会主义经济学通论》，上海人民出版社 2009 年版，第 110 页。

[2] 苏星：《劳动价值一元论》，载《中国社会科学》1992 年第 6 期。

[3] 谷书堂、柳欣：《新劳动价值一元论》，载《中国社会科学》1993 年第 6 期。

炼成针对谷书堂及苏星观点则认为，商品的价值量并不只是由单一的社会必要劳动时间所决定，而主要是由两种含义的社会必要劳动时间所共同决定，由物质生产与非物质生产部门的活劳动共同创造。价值与劳动生产力成反比是商品价值决定的一般规律。并指出，在“劳动量＝劳动时间 × 劳动生产力”这一公式表示，价值量与劳动生产力成反比，对于个别价值还是社会价值都成立。[1]

那么，商品价值量与劳动生产力关系究竟是成反比还是成正比？商品价值量与劳动生产力既可成正比亦可成反比，其关键在于从什么角度去理解。[2]这里首先要弄清楚价值量是单个或单位商品价值量还是商品的价值总量，劳动生产力是指个别劳动生产力还是社会劳动生产力？其次要弄清楚这里的成正比或反比，不是数学意义上的比例关系，而只是表示变动方向是同向还是反向的。

如果从社会劳动生产力与单位商品价值量的关系来看，两者便是反比关系，马克思就是从这个角度讲的，实践证明也是正确的。例如，电子产品随社会劳动生产力提高，每个单位电子产品中所含的劳动量在减少（但不一定按同比例减少），其价格也呈不断下降趋势。

但从社会劳动生产力与商品价值总量来看，两者应为正比或按同方向变动，即随社会劳动生产力提高，尽管单个商品价值量在减少，但在现实经济活动中，它一般不是随劳动生产力提高而按同一比例减少的，这就会随财富总量的增加使价值总量也在增加。例如，生产某种物品的社会劳动生产力提

[1] 何炼成：《也谈劳动价值一元论》，载《中国社会科学》1994 年第 4 期。

[2] 陈学法：《走出劳动价值论认识误区的路径》，载《马克思主义与现实》2002 年第 6 期。关于商品价值量与劳动生产率既可成正比也可成反比，何炼成教授在后来的一些文章中承认了这一点，可参见他发表在《当代经济科学》2001 年第 11 期上的《劳动、价值、分配“三论”新解》一文，但他和谷书堂等人一样，都没有把单个商品价值量与商品价值总量、社会劳动生产力与个别劳动生产力相区别。

高了一倍，假如单个商品的价值由原来的 10 元降到 8 元，而物品的数量由原来的 500 万件增加到 1 000 万件，则价值总量却由原来的 5 000 万元增加到 8 000 万元。

关于社会劳动生产力与商品价值量成正比，还可从以下两方面说明：①在上面例子中，如果每件成本是 5 元，则原来的利润为 2 500 万元，利润率为 100%，而社会劳动生产力提高后，利润或相对剩余价值量为 3 000 万元，利润率为 60%，虽然利润率下降了，但相对剩余价值是增加的。这表明相对剩余价值量与劳动生产力是同方向变动的，从而决定了劳动生产力与商品价值总量必然成正比。②发达国家的劳动生产力比落后国家的劳动生产力要高得多，从而前者的实际国民生产总值比后者也要高得多，这也表明劳动生产力与商品价值总量成正比。

另外，个别企业提高生产力使社会财富总量增加，能获得超额剩余价值或超额利润，从而也能增加商品价值总量，故两者也成正比关系。

因此，我们得出的结论是：社会劳动生产力与单位商品价值量成反比，而与商品价值总量成正比。个别劳动生产力虽然不影响单位商品价值量，但会影响商品的价值总量。

问题争论的核心并不在于商品价值量与劳动生产力关系之争，而在于价值是一元论还是多元论之争。主张两者成正比者认为价值是多元的，即商品价值不只是由活劳动创造，资本、土地等死劳动也参与价值创造，因为劳动生产力是由多个因素决定的。马克思认为影响劳动生产率的因素包括，这可概括为劳动、资本、技术、管理、土地等多种因素决定的[1]，既然劳动生产力提高能使商品价值量增加，而劳动生产力提高不是由劳动一个因素决定，则价值量增加当然也不是由劳动一个因素决定。而主张两者成反比者认为价值是一元的，即价值只能由活劳动创造。这是产生认识上分歧的根本原因所在。

[1]　[德] 马克思：《资本论》第一卷，人民出版社 1975 年版，第 355 页。

其实，商品价值量与劳动生产力既可为正比也可为反比，而无论是正比还是反比，价值都不可能只由劳动者而没有其他要素配合单独创造。如果是两者成正比，表明劳动生产力提高，商品价值总量增加，而商品价值总量的增加，是由于劳动、技术、管理、资本、土地等多种要素共同作用的结果。反之，如果两者成反比，即社会劳动生产力提高了，单位商品价值量减少了，而单位商品价值量减少并不意味着商品价值总量也在减少，即使商品价值总量不变或减少，这也不是只有劳动一个因素使然，而是由多个要素共同作用的结果。

这里的问题关键在于，资本与土地本身能否创造价值，资本与土地本身不能创造价值，但它影响价值的创造，或在劳动者价值创造中发挥了不可或缺的作用。这一点马克思在论述社会总资本扩大再生产时曾做过说明，他认为，在不追加货币资本时也能进行扩大再生产，因为生产资本的物质要素具有伸张力。例如，加强对土地、海洋、矿山、森林资源等利用，提高固定资本使用效率等，都能使劳动生产力提高，此时，不追加资本价值及劳动，只进行使用价值的扩大再生产，但是扩大了的使用价值会转化为新的资本材料，转化为吸收新的更多的剩余劳动的物质材料，从而能导致价值或资本的扩大再生产。[1] 利用物质资本的伸张力也能达到利润增加及生产扩大之目的这一事实进一步表明，资本等物质要素也能为提高社会劳动生产率提高做出贡献，从而也能为商品价值总量增加做出贡献。

劳动生产力与商品价值总量成正比表明，一个企业、一个部门、一个国家的劳动生产力水平越高，创造的财富就越多，由财富所体现的价值总量就越大，它的国际竞争力就会越强。由于影响劳动生产力的要素不是一个，而是多个，而且各个要素对劳动生产力的影响程度也不一样，所以，要提高劳动生产力水平，就必须对影响劳动生产力的基本要素的变动情况进行考察。

[1] ［德］马克思：《资本论》第二卷，人民出版社 1975 年版，第 393—396 页。

主要应注意以下几点：

劳动生产力的构成要素在不同时期是不一样的，这是其一。例如，在农业社会当中，劳动与自然是劳动生产力的主要构成要素。劳动主要体现为劳动者的体力劳动，自然主要表现为土地的作用，正如配弟所说过的"劳动是财富之父，土地是财富之母"。在工业社会早期，劳动生产力的构成要素主要是劳动、土地、资本等。随着工业社会的发展，管理与技术对劳动生产力水平的提高起到越来越重要的作用，从而与劳动、土地、资本等一起构成了影响劳动生产力的基本要素。而在未来的知识经济社会中，劳动生产力的构成要素将会发生根本性变化，劳动、资本、土地将逐步降到次要地位，而技术、管理、教育、知识、信息等要素将上升为主导地位，它们不仅是劳动生产力的独立的构成要素，而且将成为独立的产业，它们对劳动生产力的影响及价值总量的增加将起决定性作用。教育尤其是高等教育将成为经济增长的发动机。同样，在不同时期商品价值量的决定也不一样，在小商品生产条件下，主要由第一种含义的社会必要劳动时间即单位产品所耗费的平均劳动时间决定；在社会化大生产条件下，主要由第二种含义的社会必要劳动时间即单位产品所耗费的社会所需劳动时间决定。

其二，不同要素在同一时期、或同一要素在不同时期对劳动生产力的影响作用不同从而对财富及价值总量影响作用也是不一样的。在农业社会，土地等自然物在经济增长中占有重要地位，在工业社会早期，机器设备、土地等物质资本在经济增长中仍占重要地位，但相对于物质资本的人力资本作用开始日益显现，到20世纪80年代，根据舒尔茨的估计，人力资本在经济增长中的贡献额达到80%。随着人们受教育程度的不断提高及科学技术的发展，人力资本在经济增长中的贡献额也在不断提高。[1]

其三，财富或价值的表现形式可以是多样的，既可表现为有形资产，也

[1]　[美]西奥多·W·舒尔茨：《教育的经济价值》，吉林人民出版社1992年版，第130页。

可表现为无形资产，而且它们在不同时期在价值总量中所占比重也是不一样的。在人类早期，财富或价值主要表现为有形资产，而在现代社会，无形资产的比例在逐步增大，发达国家的第三产业已占国内生产总值 70% 以上就是例证，而在第三产业中的知识、信息、技术服务增长最快，这也表明在未来知识经济社会里，价值增值将主要来自于人力资本。

谷书堂等人在论述了劳动生产力与商品价值量成正比之后指出，由于土地、资本、劳动等要素在价值形成的过程中都发挥了不同的作用。所以，社会主义的工资、利息和地租，不过是根据他们所做贡献而给予的报酬，其分配原则就是根据生产要素在价值形成过程中所做的贡献进行分配。苏星、何炼成等人认为，按劳分配与按要素分配之争，实际上就是价值一元论与多元论之争，与价值多元论相对应的按贡献分配原则既否定了公有制内部的按劳分配原则，也混淆了社会主义与非社会主义经济分配原则的根本区别。这里不仅涉及价值一元与多元的问题，还涉及价值创造与价值分配的关系问题，如果说价值是多元的，各个生产要素在价值形成与创造中都做出了贡献，则收入分配应根据各个要素的贡献来进行，但这一理论又陷入到如何与萨伊的“三要素”论相区别的矛盾之中；如果坚持价值一元论，又没办法解释党的十五大与十六大提出的按生产要素贡献分配的思想。如何从上述矛盾的泥潭中走出来？到目前为止，无论是主张价值一元还是多元论的，都没有从上述矛盾的泥潭中走出来，结果导致部分学者都认为价值创造与价值分配没有关系，包括谷书堂本人在内。[1]

主张价值一元论者认为，价值创造与价值分配之间是没有关系的，这表

[1] 谷书堂：《对“按要素贡献分配”及其与收入差距扩大关系的思索》，载《南开经济研究》2003 年第 5 期。在该文中他没有提及“新劳动价值一元论”问题，并宣称价值创造与价值分配没有关系，他为什么要放弃原来观点，而接受苏星、何炼成、魏兴华等人观点，道理很简单，如果认为资本、土地是价值创造者，那么资本所有者参与利润分配就是天经地义的，根本不存在剥削的问题，显然，如果这样，就与马克思主义体系相悖。

面上似乎是坚持了马克思的劳动价值论，但实际是从根本上违背了马克思的劳动价值论。马克思劳动价值论的本质在于，价值主要是由劳动者的劳动创造的，劳动者创造的价值主要应归劳动者所有。所以，价值创造与价值分配间存在着密切的相关。而价值一元论者否定了这种相关性，他们认为，分配关系是由所有制关系决定的，利益关系是产权关系的体现，这种说法也是马克思的分配理论，但这是一种教条式的理解，因为这里的问题在于，你不参与价值的创造或者说你在价值增值过程中没有贡献，那你凭什么权力参与利益分配？

因此，只有在价值增值过程有贡献者，才能参与剩余索取权的分享。如果这样，会不会回到萨伊的“三要素”论中？我们认为，把按要素贡献分配理论与萨伊的“三要素”论区别开来的根本标志在于：就是在收入分配中是否遵循劳动得工资原则，如果遵循，就是萨伊的要素价值论，反之，如果在收入分配中，劳动者不仅凭体力劳动获得工资，还能凭智力劳动即人力资本参与利润绝大部分的分享，那就是按要素贡献分配理论。人力资本之所以要参与利润绝大部分的分享，是因为在现代社会，价值增值主要是由人力资本带来的。

长期以来，一些人依据劳动价值论，认为价值只由劳动创造，而与资本无关，从而认为资本参与利润分配就是剥削，并把此作为马克思主义基本原理加以灌输。根据以上分析，我们认为，这是一种认识上的误区。马克思主义的基本观点应该是：虽然资本自身并不能创造出价值，但价值创造以资本为前提，但资本是价值创造的前提，并在价值增值过程中发挥了不可或缺的作用，故不能把资本参与利润分配简单地等同于剥削。如果资本所有者凭资本所有权把劳动者创造的剩余无偿占为己有，那就是剥削；如果资本所有者仅凭资本所有权获得相当于市场利率部分的收益，那就不应被看作是剥削，这无论在资本主义社会还是在社会主义社会都应该如此。

3. 按劳分配与按要素分配关系

在计划经济时代，人们认为社会主义条件下只能实行按劳分配，因为此时消灭了私有制建立了公有制，财产不是归个人而是归社会，个人只能根据自己的劳动贡献参与收入分配，而且只有物质生产部门的劳动者劳动才是生产劳动，才能创造价值，才能直接参与分配即初次分配，非物质生产部门（服务部门）的劳动者劳动不是生产劳动，不能创造价值，不能直接参与分配，只能参与再分配。但在市场经济时代，一方面人们认识到此时不能实行单一的公有制，必须允许一部分非公有制的存在，这就决定不能实行单一的按劳分配，在非公有制领域里应允许按要素分配，另一方面，人们认识到服务劳动也是生产劳动，也能创造价值，也可直接参与分配。因此，按劳分配与按要素分配在市场经济条件下是可以结合的，但这种结合只能是板块式结合，即公有制企业实行按劳分配，非公有制企业实行按要素分配。

现在的问题在于按劳分配与按要素分配能否实现有机结合？回答这一问题既要从理论上回答二者能否有机结合，又要从实践方面说明公有制企业内部能否同时实行按劳分配与按要素分配。在理论上，我们可从马克思的劳动价值论尤其是商品价值量与劳动生产率关系理论中找到二者有机结合的依据，从前面的论述中可知，无论是个别劳动生产率提高还是社会劳动生产率提高，都能使商品价值总量增加，而影响劳动生产率的因素不是一个而是多个，不仅包括劳动，还包括土地、资本、技术、管理等，也就是说，人们通过劳动可以使劳动生产率提高从而增加商品价值总量，进而参与收入分配，人们通过其他要素的作用也可使劳动生产率提高从而增加商品价值总量，进而参与收入分配。因此二者可实现有机结合。即使在私营企业实行股份制后如果允许职工持股，劳动者也能既凭劳动获得报酬，也可凭拥有股份参与分红。

如果按劳分配与按要素分配实现有机结合了，是否还存在剥削的问题？这里首先涉及对剥削概念的理解，通常所说的剥削就是无偿占有他人劳动成果。如果根据前面论述的各个生产要素对价值增值都有贡献的理论，那么，即使在非公有制企业也不一定存在剥削的问题。当然，这里应有一个量的界定问题，如果资本所有者将企业利润全部占为己有，那必然存在剥削，如果资本所有者仅凭财产权获得相当于市场利息部分收入，就不应被看作是剥削。因此，按劳分配与按要素分配实现有机结合后，劳动者既凭劳动获得报酬，也凭拥有股份参与分红的分配，不存在剥削问题。

按要素分配存在的合理性理论表明，农民凭借土地财产权获得相应收益是合理的，是有理论依据的。

第二节 缩小城乡居民收入差距理论[1]

一、缩小城乡居民收入差距的理论概述

（一）城乡收入差距及其形成

城乡居民收入差距是城市居民与农村居民的可支配收入或纯收入之间存在一定差距，尤其在发展中国家城市居民收入远高于农村居民收入情况非常普遍。度量这种差距的工具或方法有多种，但被较多使用的方法主要有城乡收入比和基尼系数两种。城乡收入比法是指城市居民人均可支配收入与农村居民人均可支配收入纯收入之间的比例，该比例越高说明城乡收入差距越大，

[1] 该节有一部分内容引用的是作者指导的研究生牛莉同学的毕业论文，未在引用处一一注明。

反之则越小。过去我国主要使用两个指标来衡量城乡收入差距：城镇居民可支配收入和农村居民纯收。考虑到这两项指标在比较时缺乏统一的口径和范围，因而会存在低估城乡差距的缺点。近两年主要使用《联合国收入指南》中的标准，即比较城乡居民的可支配收入，但这种比较方法由于存在隐性收入也会低估城乡收入差距。意大利经济学家基尼根据洛伦茨曲线提出的基尼系数法是定量测量收入分配差异程度的指标。它是介于0—1的一组数据。数值大小和收入分配平均水平成反比，数值越小表明收入分配越平均；数值越大表明收入差距越大。[1] 国际上常将基尼系数低于0.2看作收入高度平均，在0.2—0.3说明收入差距比较平均，0.3—0.4的收入差距相对合理，0.4—0.5表明收入差距较大，0.5以上则表示收入差距悬殊。通常超过0.4以上的基尼系数被看作该国家（地区）已经面临了较严重的贫富差距问题。基尼系数作为国际上公认的测量收入差距的手段，成为准确全面的衡量收入差距的基本指标。

作为西方经济理论中的重要研究内容，收入分配主要有两条线：一是斯密、李嘉图等提出的功能性收入分配，二是帕累托提出的规模性收入分配。前者主要讨论了劳动、资本、土地等生产要素的贡献和收入间的关系，涉及国民收入的初次分配；后者主要分析个人或家庭最终获得的收入占国民总收入的比重是否合理，最终说明不同经济群体间的收入差距是怎样在不同经济群体间形成以及变化的，与国民收入的初次分配和再分配均相关。虽然以上两种理论研究角度不同，但在当今市场经济环境下收入量常由生产要素的拥有量决定，因此按生产要素进行分配将影响到其内部各主体之间的收入分配情况。

关于城乡之间的收入差距形成及趋势研究的主要代表性的人物是刘易斯和库兹涅茨。刘易斯（1954）认为城乡收入差距产生的原因在于发展中国家

---

[1] Gini, C. Measurement of inequality of incomes, *Economic Journal*, 1921, 31(121): 124 -126.

的城乡二元经济结构，在发展中国家城市发展现代工业，而农村主要发展传统农业。传统农业部门中的土地资源稀缺而劳动力有剩余，造成该部门的劳动边际生产率远低于现代工业部门，从而产生城乡间的收入差距。随着农村剩余劳动力在较高的工资吸引下向城市工业部门转移，农业部门的劳动边际生产力提高，到农村剩余劳动力全部被现代工业部门吸收之后，即两部门的边际生产率一致后，传统农业部门转变为现代经济部门，最终收入差距消失，二元结构变为一元社会。[1] 既忽视了农业在经济增长中的重要作用，特别是在人口众多的发展中国家，忽视了随着技术进步和技术水平的提高，工业吸纳劳动力的有限性。刘易斯论述的一个基本前提是假定人口不变，但发展中国家的实际情况是人口增长速度较快，存在农村剩余劳动力流动困难。要解决这一问题，就必须保证劳动力流动速度大于人口增度，即现代工业部门的劳动增长率必须大于人口增长率。库兹涅茨（1955）最早研究了经济增长和收入差距间存在的关系，通过对 18 个国家的数据对比分析后提出“倒 U”形假说。这一假说的内容主要是说在经济发展的过程中，收入分配差距在长期内呈现一种“先拉大、后缩小”的变动轨。[2] 在此之后多数学者通过实证研究证实了这一假说，也有部分学者得出相反结论，例如，G.S.Fields（1993）通过对新加坡、韩国，中国香港地区、中国台湾地区等的研究发现，这些国家（地区）在转型或发展过程中的经济增长与收入分配呈“正 U”。而日本、美国和欧洲国家等发达国家的收入分配差距在工业化后期逐渐扩大而非库兹涅茨“倒 U”形所说的缩小。基于此，20 世纪 70 年代以来许多学者强调经

[1]　W. A. Lewis. Economic Development with Unlimited Supplies of Labor, *The Manchester School of Economic and Social Studies*, 1954(2):139-191.

[2]　Kuznets, S. Economic growth and income inequality, *American Economic Review*, Nashville, 1955(1): 1-28.

济增长不会自然的改善收入分配差距，必须要政府进行适当的再分配调节。[1]

李实（2007）认为国家统计局对居民收入的概念界定中缺少对与居民自有住房价值的考察，据估算1995年和2002年居民自有住房租金在居民收入中的比重分别为11.6%和13.5%；对于城镇居民来说，其收入除自有住房外还包括隐性补贴。[2] 为此，他们后来使用卡恩的收入定义对中国收入差距进行估计，卡恩的收入定义与国家统计局收入定义相比多了三项收入，一是公有住房的实物性租金补贴，二是私有住房的租金，三是各种实物收入。考虑以上因素后重新估算2002年的城乡收入差距，在未做任何调整前城乡收入比为3.12，在考虑了隐性补贴后，上升为4.35，在进行价格指数调整后城乡收入比降为3.1。[3]

一些学者也从我国历年城乡收入差距变动情况对未来城乡收入差距的发展趋势做出相关预测，如孙宁华（2009）指出未来城乡收入差距扩大与缩小的交替变动最终会收敛于2.095这个稳定值。[4]

（二）对我国城乡居民收入差距形成的原因研究

1. 经济因素

经济的二元结构。王培刚、周长城（2005）采用基尼系数、城乡收入比指数和泰尔指数分析收入差距存在的原因后发现影响地区收入差距的一个重

[1] Fields, G. S. Rural-urban migration, urban unemployment and underemployment, and job-search activity in LDCs, *Journal of Development Economics*, 1975(2): 165-187.

[2] 李实：《中国城乡居民收入差距的重新估计》，载《北京大学学报（哲学社会科学版）》2007年第2期。

[3] 李实、罗楚亮：《中国收入差距究竟有多大——对修正样本结构偏差的尝试》，载《经济研究》2011年第4期。

[4] 孙宁华、堵溢、洪永淼：《劳动力市场扭曲、效率差异与城乡收入差距》，载《管理世界》2009年第9期。

要因素是产业结构。[1] 欧斌（2010）认为一方面重工业优先发展战略在一定程度上强化了二元经济结构，导致城乡收入差距急剧扩大；另一方面改革开放后的非均衡区域经济发展战略，也使东、中、西部地区的收入差距不断拉大。[2] 张菲、赵凯（2010）参考二元经济模型，采用多元回归分析得出结论，认为二元对比系数、城乡分配系数比和城市化滞后于工业化是影响城乡收入差距的主要因素。[3] 吴先华（2011）构建时间序列和面板数据模型，并运用格兰杰因果关系检验、面板数据多元回归等方法实证分析了城镇化水平、市民化水平和城乡收入差距之间的内在关系后，得出结论：长期来看城镇化可以通过影响市民化进而使城乡收入差距缩小，短期则与城乡收入差距呈正向关系，也就是说当前城镇化发展模式正在扩大城乡差距。[4] 周云波（2009）通过对两部门模型进行模拟检验，从理论和实证上对城市化、城乡收入差距与居民总体收入差距的关系进行分析，结果表明自改革开放至今，造成“倒 U”现象出现的主要原因在于城市化。[5]

经济领域的行政垄断。边燕杰、张展新（2002）分别对 1988 年和 1995 年的城市住户进行收入调查后，指出行政垄断不仅是垄断行业利润或收入显著增长的原因，而且也逐步发展成垄断行业的个人收入优势。[6] 傅娟（2008）从收入分布整体层面研究垄断行业和其他行业的收入差距后，认为垄断行业

---

[1] 王培刚、周长城：《当前中国居民收入差距扩大的实证分析与动态研究》，载《管理世界》2005 年第 11 期。

[2] 欧斌：《收入分配的税收调控模式转变》，载《北京行政学院学报》2010 年第 2 期。

[3] 张菲、赵凯：《陕西城乡收入差距影响因素分析》，载《华中农业大学学报（社会科学版）》2010 年第 1 期。

[4] 吴先华：《城镇化、市民化与城乡收入差距关系的实证研究 —— 基于山东省时间序列数据及面板数据的实证分析》，载《地理科学》2011 年第 1 期。

[5] 周云波：《城市化、城乡差距以及全国居民总体收入差距的变动收入差距倒 U 形假说的实证检验》，载《经济学（季刊）》2009 年第 8 期。

[6] 边燕杰、张展新：《市场化与收入分配》，载《中国社会科学》2002 年第 5 期。

中的大部分高收入与市场经济竞争形成的垄断无关，这部分差距产生的原因只能是行政垄断。[1]

2. 体制或制度因素

体制改革不到位。贺蕊莉（2005）讨论财政对调节贫富差距的作用后指出，财政体制改革不彻底造成财政政策在防止流量财富分配不公进一步拉大和存量财富逆向转移的问题上没有发挥有效作用，进而对缩小收入分配差距的政策效果不足。[2]彭腾（2008）认为，收入分配体制改革滞后是造成初次分配严重失衡、再分配作用不足甚至出现逆向、三次分配作用微弱的根本原因，结果只能是收入差距的不断拉大。[3]由于当前的税收体制中缺乏遗产税、赠与税和特别消费税等，这种不完整的税收体制也限制了税收的调节功能。[4]当前，必须注意财政收入中的直接税占比逐年下降问题，因为这表明税收对于收入分配的调节作用正在弱化。[5]秦海林，李志勇（2011）通过对我国1957—2009年的数据进行协整检验发现，这些致力于缩小城乡差距的财政政策，如果主要关注财政支出结构的调整但对影响城乡差距的程度考虑不足，反而会进一步拉大城乡差距。[6]

第二，制度性内在缺陷。李实，魏众，丁赛（2005）通过对新世纪相交之际两个时点城乡居民的财产分布变化及城乡财产差距的相关数据进行实证

[1] 傅娟：《中国垄断行业的高收入及其原因：基于整个收入分布的经验研究》，载《世界经济》2008年第7期。

[2] 贺蕊莉：《财政调节贫富差距作用的局限性分析》，载《财政研究》2005年第7期。

[3] 彭腾：《收入分配体系的缺陷与完善》，载《兰州商学院学报》2008年第6期。

[4] 廖富洲：《国外调节收入差距的做法与启示》，载《黄河科技大学学报》2010年第2期。

[5] 聂庆轶：《关于收入分配的争议、制度性因素以及建议》，载《社会科学》2007年第12期。

[6] 武力、温锐：《新中国收入分配制度的演变及绩效分析》，载《当代中国史研究》2006年第4期。

分析，并用分解分析方法研究城乡之间财产分布差距与全国财产分布差距的关系，重点对前者在后者中的占比、城镇公有住房私有化过程中产生的财产分布不平等效应进行了数量估计，得出结论，认为这一时期造成全国居民财产分布差距拉大的主要原因在于居民财产分布不均等。[1]高书生、宋军（2005）强调劳动和资本占有制、社会保障制度的缺失是导致收入分配差距存在的重要原因。[2]沈家文等（2009）提出收入分配差距拉大的一个原因来自产权制度改革，这种影响具有长期性和显著的同期因果性，即收入分配差距将会随着产权制度改革的深入进一步扩大。[3]

第三，政策调节不力。李伟、王少国（2008）提出，从收入分配的三个阶段来看，初次分配是造成城镇居民收入差距的主要因素，再分配由于存在逆向调节作用而没有起到缩小由初次分配造成的居民收入差距过大，同时三次分配又进一步扩大了居民收入差距。[4]段景辉、陈建宝（2009）从家庭劳动力整体素质影响家庭收入水平角度指出，城乡收入差距存在的一个重要因素在于我国当前存在的教育机会不均等问题，城乡间家庭劳动力教育水平的回报率差异决定了城乡收入的差异。[5]王小鲁（2010）提出劳动者报酬比下降是收入差距扩大的直接原因，社会保障和公共服务体系不健全也拉大了收入差距，同时资源性和垄断性收益以及土地收益分配不均、腐败和寻租行

[1]　李实、魏众、丁赛：《中国居民财产分布不均等及其原因的经验分析》，载《经济研究》2005 年第 6 期。

[2]　高书生、宋军：《我国收入分配体制改革的现状、趋势与政策建议》，载《经济研究参考》2005 年第 8 期。

[3]　沈家文等：《产权制度改革与收入分配差距关系的实证分析》，载《国家行政学院学报》2009 年第 4 期。

[4]　李伟、王少国：《我国城镇居民初次分配和再分配收入差距的来源及贡献比较》，载《北京市经济管理干部学院学报》2008 年第 4 期。

[5]　段景辉、陈建宝：《我国城乡家庭收入差异影响因素的分位数回归解析》，载《经济学家》2009 年第 5 期。

为的存在又造成收入分配进一步恶化。[1] 陆铭、陈钊（2004）通过实证分析1987—2001 年的省级面板数据指出，城市化水平提高和财政支出结构改善显著影响城乡收入差距。[2]

3. 缩小城乡收入差距的路径与对策

从城乡居民收入差距产生的原因角度分析。部分学者指出城乡收入差距最初产生的原因在于我国的城乡二元结构。陈宗胜（1992）指出二元经济结构是影响城乡差距的最重要因素。[3] 蔡继明（1998）通过实证结果表明城乡间的比较生产力差别是影响城乡收入差距的重要因素。[4] 李实（2000）提出在计划经济时期形成的二元经济结构在改革开放后被进一步强化，造成我国城乡收入差异巨大。[5] 张英洪（2011）认为二元户籍制度、二元就业用工制度和二元社会保障制度等一系列城乡二元制度共同导致我国当前存在的收入差距现实。[6] 赖文燕（2012）指出城乡之间存在收敛经济差距的内在机制，但这种内在机制受制于二元结构造成要素市场城乡分割而降低要素配置效率的现实。[7] 樊纲（2011）认为虽然户籍制度并未将劳动力限制在农村，但不利于转移人口融入城市，劳动力流动成本很高。可以将城乡二元结构看成城

[1] 王小鲁：《我国国民收入分配现状、问题及对策》，载《国家行政学院学报》2010 年第 6 期。

[2] 陆铭、陈钊：《城市化、城市倾向的经济政策与城乡收入差距》，载《经济研究》2004 年第 4 期。

[3] 陈宗胜、周云波：《城镇居民收入差别及制约其变动的某些因素》，载《经济学（季刊）》2002 年第 3 期。

[4] 蔡继明：《中国城乡比较生产力与相对收入差别》，载《经济研究》1998 年第 1 期。

[5] 李实：《中国居民收入分配再研究》，载《经济研究》1999 年第 4 期。

[6] 张英洪：《不能忽视双重城乡“二元结构”》，载《农村经营管理》2011 年第 6 期。

[7] 赖文燕：《要素市场配置与我国城乡居民收入差距问题研究》，载《当代财经》2012 年第 5 期。

乡收入差距的成因，城市偏向政策进一步拉大这种差距。[1] 董敏、郭飞（2011）指出仅有10%左右的财政支出用于农业，当前我国农村发展资金严重不足。[2] 武小龙等（2013）通过江苏省市级面板数据证实当前在固定资产投资、财政支出、公共服务支出等方面存在的明显城市偏向是造成城乡差距的根本原因。[3] 陈斌开等（2010）采用Oaxaca-Blinder方法得出教育水平差异对城乡收入差距的贡献达34.7%，是影响城乡收入差距的最重要因素。[4] 厉以宁（2013）认为城乡收入差距扩大的根本原因在于农村居民的物质资本、人力资本以及社会资本与城镇居民相比均处于劣势。[5] 从原因分析出发，学者们提出了破除二元结构、改变政策偏向、发展农村金融、提高农民素质等一系列对策。

从收入来源的角度分析。黄祖辉等（2005）运用GE指数及其分解法研究浙江省居民收入结构与城乡收入差距的关系，得出对总收入差距的贡献由大到小依次为工资性收入、转移性收入、财产性收入，经营性收入虽然可以缩小城乡收入差距，但缩小程度逐年递减的结论。[6] 曾国安、胡晶晶（2008），白素霞、陈井安（2013），以及张中锦、范从来（2011）分别从国家层面

---

[1] 樊纲：《中国户籍与土地制度阻碍城市化进程》，载《IT时代周刊》2011年第10期。

[2] 董敏、郭飞：《城市化进程中城乡收入差距的“倒U形”趋势与对策》，载《当代经济研究》2011年第8期。

[3] 武小龙、刘祖云：《城乡差距的形成及其治理逻辑：理论与实证检验》，载《江西财经大学学报》2013年第4期。

[4] 陈斌开、张鹏飞、杨汝岱：《政府教育投入、人力资本投资与中国城乡收入差距》，载《管理世界》2010年第1期。

[5] 厉以宁：《缩小城乡收入差距促进社会安定和谐》，载《北京大学学报》2013年第1期。

[6] 黄祖辉、陆建琴、王敏：《城乡收入差距问题研究——基于收入来源角度的分析》，载《浙江大学学报（人文社会科学版）》2005年第4期。

和省级层面给予证实。[1] 与以上结论不同，温涛等（2012）实证分析 1997—2010 年的省级面板数据，指出：①从全国总体来看工资性收入对城乡收入差距的影响并不显著，经营性收入和转移性收入对城乡收入差距拉大作用显著，而财产性收入在一定程度上对城乡收入差距起到缩小作用。②从不同地区来看，东部地区的工资性收入缩小了城乡收入差距，而西部地区刚好相反；中、西部地区的转移性收入扩大了城乡收入差距，但东部地区收入差距受转移性收入的影响较小。[2] 叶彩霞、施国庆等（2010）指出影响东、中部地区农民收入的主要因素是工资性收入和财产性收入，而影响西部地区的主要因素则是财产性收入与转移性收入。[3]

从现有文献来看，虽然学者们的实证结果有所不同，但按照各项收入对收入差距的贡献大小，大部分学者都提出了相对一致的建议，即①工资性收入作为农民收入最主要的来源，对城乡收入差距的贡献也较大，因此解决城乡收入差距问题的关键在于提高农民工资性收入。②由于经营性收入在缩小收入差距方面的优势，必须要加快发展现代农业以促进城镇居民收入提高。③转移性收入分配由于存在城乡间的“逆向调节”现象，因此各级政府要加强对农村财政支持和补贴力度，加强保障制度建设。[4] 与上述三项收入相比，

[1] 曾国安、胡晶晶：《论 20 世纪 70 年代末以来中国城乡居民收入差距的变化及其对城乡居民消费水平的影响》，载《财贸经济》2008 年第 3 期；张中锦、范从来：《江苏城乡收入结构优化研究 —— 基于分项收入不平等效应的视角》，载《江苏社会科学》2011 年第 4 期；白素霞、陈井安：《收入来源视角下我国城乡收入差距研究》，载《社会科学研究》2013 年第 1 期；张中锦、范从来：《江苏城乡收入结构优化研究 —— 基于分项收入不平等效应的视角》，载《江苏社会科学》2011 年第 4 期。

[2] 温涛、王小华、宜文：《城乡居民收入差距的时空演化与区域差异 —— 基于收入结构的视角》，载《当代经济研究》2012 年第 11 期。

[3] 叶彩霞、施国庆、陈绍军：《地区差异对农民收入结构影响的实证分析》，载《经济问题》2010 年第 10 期。

[4] 李伟：《我国居民收入差距及其来源分解 —— 促进形成合力的居民收入分配机制研究》，载《经济研究参考》2010 年第 25 期。

学者对财产性收入存在较多争议，其中大多数学者认为由于财产性收入占比偏低，因此在促进农民增收中不宜作为主要因素，实证分析表明财产性收入对城乡收入差距的扩大和缩小作用都不明显，但也有一些学者指出财产性收入的巨大增长潜力要求必须将增加居民财产收入看作一条有效途径。（杨继瑞，汪锐，马永坤，2011）[1] 孟召将（2012）指出广州市农民在2010年的财产性收入超过了家庭经营性收入，成为农民的第二大收入来源，说明财产性收入的比重正在逐年上升。[2]

二、缩小城乡居民收入差距与农业现代化

（一）收入分配与经济增长关系

库兹涅茨在《经济增长和收入不平等》（1955）中提出，伴随经济发展的过程，收入分配呈倒U形变动，在经济增长的前期，即从前工业文明向工业文明过渡的阶段，收入分配差距是迅速扩大的，经过短暂稳定之后，在经济增长的后期差距逐渐缩小。[3] 卡尔多等学者更加强调经济增长与收入分配的相适应关系，他们指出，收入分配与经济增长相互制约，如果国民收入分配更加向资本家利益倾斜，潜在社会经济利益冲突势必更加突出，要实现经济均衡稳定增长的目标，必须以公平原则指导分配政策改革。[4] 阿尔辛娜

[1] 杨继瑞、汪锐、马永坤：《统筹城乡实践的重庆“地票”交易创新探究》，载《中国农村经济》2011年第11期。

[2] 孟召将：《农民财产性收入差异分析——以广州市为例》，载《广东商学院学报》2012年第1期。

[3] Kuznets, S. Economic Growth and Income Inequality, *American Economic Review*, 1955, 45: 1-28.

[4] Kaldor, N. Alternative Theories of Distribution, *Review of Economic Studies*,1956, 23: 83-100.

（1996）对收入分配不平等对经济和社会发展带来严重影响问题进行了深入分析，他提出，低收入者面对财富和收入的不平等，一定程度上会增加其对社会经济现状的不满，从而不断寻求社会的变革，一旦从事破坏性活动的欲望爆发，社会的投资环境将遭到破坏，政体的稳定将会受到威胁。[1] 同样，国内的一些学者也对我国收入差距持续扩大的原因进行了深入的研究分析。李实（1999）认为主流的经济学家在探讨发展中国家的收入分配问题时，更多的是假设制度或经济体制不变或不重要，而从发展的角度进行考量，显然，这种研究方式不能详尽的解析我国收入分配的“来龙去脉”。[2] 基于收入分配差距持续扩大一定会影响经济健康稳定发展的事实，国内一些学者就缩小居民收入差距的方法开展了一系列探讨，李实等分别在 1995 年、1998 年、2000 年开展了三次关于家庭收入的全国性调查，为我国收入分配问题的研究获得了宝贵的数据支持。[3]

（二）城乡收入差距缩小与农业现代化

阿瑟·刘易斯（后文简称“刘易斯”）在假设经济增长是资本积累的函数的基础上，建立了仅有农业与工业两个部门的模型，不同于卡尔多、阿尔辛娜等学者的观点，刘易斯反而提出二元经济的加速增长必须要依靠收入不均等的支持。把均等化作为收入再分配政策的指导原则注定会降低利润、减少储蓄，从而遏制经济增长；相反，收入的不均等分配可以加速资本的原始积累，从而顺利实现经济结构的转变以及二元经济的快速增长。刘易斯认为缩小收入差距和实现经济增长是相互矛盾的，他认为随着经济的不断增长，未来低收入人群的收入水平必将逐步提高，但改善之前必然要经历恶化的过

[1] Alesina, A. & Perotti, R. Income Distribution, political in-stability and investment, *European Economic Review*,1996, 81(5) : 1170-1189.

[2] 李实:《中国农村劳动力流动与收入增长和分配》，载《中国社会科学》1999 年第 2 期。

[3] 李实：《中国个人收入分配研究回顾与展望》，载《经济学季刊》2002 年第 2 期。

程。[1]为什么他认为一定的收入差距会助力二元经济转型呢？因为在他看来，发展中国家在工业化早中期，城市居民收入远高于农村居民收入，这就必然诱使农村人口向城市流动以满足工业发展对劳动力需求，从而促进工业化与城市化发展，在农村人口不断向城市转移的同时，农村土地不断走向规模经营，农业现代化自身也得以发展。到工业化进入到中后期，工业发展对劳动力需求减少，农业人口向城市转移也基本完成，城乡收入差距也基本消失，二元经济转型也就基本实现。

国内学者对实现农业现代化与缩小城乡收入差距之间的关系进行了深入的研究。程莉、刘志文立足于实现农业现代化会从城乡收入差距造成影响的内在逻辑关系的角度，运用1978—2011年的时间序列数据进行了实证研究，结果表明农业现代化的发展对于城乡收入差距的缩小具有显著性的影响，并且农民工资提高以及财政支农比重的提高均有利于城乡收入的缩小。[2]蒋俊毅运用统计计量方法对湖南省农业现代化与农民增收关系进行了分析，认为农业信息化与机械化是农业现代化的重要内容，其对农民收入的增加具有显著的正向作用。[3]

三、缩小城乡居民收入差距与农民财产性收入提高

对于财产性收入对收入差距产生的影响方面，一部分学者认为财产性收入是收入差距产生的重要原因，并且由于财产性收入差距往往大于总收入差距还会导致收入差距的进一步增加。早期研究财产性收入的社会学家Robert

[1]　[美]阿瑟·刘易斯：《二元经济论》，北京经济学院出版社1989年版。

[2]　程莉、刘志文：《农业现代化与城乡收入差距：内在逻辑与实证分析》，载《财经科学》2013年第7期。

[3]　蒋俊毅：《农业现代化与农民增收：一个新的理论框架》，载《农村经济》2008年第6期。

J. Lampman（1962）就指出财产性收入分配不均是造成贫富差距的重要因素。[1]Galor & Zeira（1993）的研究表明个人初始财富的数量将会影响其人力资本决策，从而使劳动力产生差别造成收入差距。[2]

但也有部分学者的研究表明，在特定的条件下财产性收入是能够减少收入差距的。Greenwood & Jovanovic（1990）认为在经济发展之初，低收入者占据较少的财富，因而难以进入金融服务的门槛，获得相应的财产性收入，收入差距势必持续扩大，但伴随经济的不断发展，低收入者的财富累积达到一定水准，收入差距就会开始不断的缩小。[3]迈克尔·谢若登（2005）提出低收入者若想脱离贫困，提高财产性收入是必要途径，低收入者一方面通过自身节俭的生活方式增加财富的积累，另一方面，通过政府出台的相关政策获得资产的所有、处分及收益的权利，从而保障了其获得财产性收入。[4]

李金良（2008）认为，随着财产性收入的快速增长势必会影响到城乡收入差距的变化，并进行了实证分析，但结果并不理想，并未显示出财产性收入就是城乡收入差距产生的主要原因。[5]潘希宏等（2013）指出得出这一结果是由于李金良的研究方法存在不足，他引入了市场化水平这一因素，运用面板协整模型进行了实证验证，发现增加财产性收入确实能够缩小城乡收入差距，但这一效应受市场化程度影响。[6]

---

[1] Robert Lampman. *The Share of Top Wealth-Holders in National Wealth*, PrincetonUniversity Press, 1962: 1922-1956.

[2] Galor, O. & Zeria, J. Income Distribution and Macroeconomics, *Review of Economics Studies,* 1993(1): 35-52.

[3] Greenwood, J. & B. Jovanovic. Financial Development, Growth and the Distribu-tion of Income, *Journal of Political Economy*, 1990(68) : 1076-1077.

[4] [美]迈克尔·谢若登：《资产与穷人：一项新的美国福利政策》，商务印书馆2005年版，第286页。

[5] 李金良：《财产性收入与贫富差距——基于城乡收入差距视角的实证研究》，载《北京邮电大学学报》2008年第10期。

[6] 潘希宏、范方志、官智强、李顺毅：《财产性收入增长、市场化进程与我国城乡收入差距》，载《云南财经大学学报》2013年第3期，第56-59页。

四、缩小城乡居民收入差距与户籍、土地等制度变革

（一）再分配中强化政府作用，完善税收公平分配体系

王文利提出在实现城乡统筹发展的道路上，一定要重视政府所应发挥的作用，脱离政府的调节，不合理的收入分配问题将无法得到妥善解决。[1] 迟福林认为加快建立公共服务机制，发挥政府再分配智能是缩小收入分配差距的必经道路。[2] 同样，初立辉提出缩小收入分配差距的关键是完善税制，强化政府的再分配功能。[3] 对于合理公平的税收体制的建立，学者们也给出了各自的建议。邓子基、王道树指出，税收征管体制机制的完善是当务之急，推行居民储蓄实名制。[4] 同样，石坚也提出建立个人收入监控网络。[5] 赵振华认为必须把个人所得税调节的重点放在中高收入者特别是高收入者身上。[6] 蔡昉（2010）认为我国迎来了刘易斯拐点，因而提高个人所得税起征点，为农民工创造更好的生活工作条件，这是适应经济结构转型调整的必要条件。[7] 对于我国农村村庄呈现的“散且广”的特点，周潇枭提出建设城乡都市圈等

[1] 王文利：《改革开放以来中国分配制度变迁的回顾与思考》，载《长安大学学报（社会科学版）》2004 年第 2 期。

[2] 迟福林：《政府转型与收入分配制度改革》，载《科学决策月刊》2006 年第 10 期。

[3] 初立辉：《深化收入分配制度改革：现状分析与政策思路》，载《经济研究参考》2010 年第 39 期。

[4] 邓子基、王道树：《论转轨时期我国个人收入的分配及其税收政策》，载《财贸经济》1997 年第 8 期。

[5] 石坚：《充分发挥税收对收入分配调节作用》，载《税务研究》2002 年第 9 期。

[6] 赵振华：《关于缩小我国居民收入差距若干问题的思考》，载《学习论坛》2010 年第 7 期。

[7] 王羚、赵杰：《蔡昉：刘易斯转折点——缩小收入分配差距的良机》，载《第一财经日报》2010-3-9（A05）。

一系列经济活动，政府的作用不可磨灭。[1]

（二）制度改革再深化，配套机制再完善

丁恒龙、岳汉萍（2008）指出，改革收入分配制度的重点就是平衡效率与公平的关系，为了有效遏制收入差距的进一步扩大化，政府应尽快加强职工收入增长制度、支付保障制度等配套机制的不断完善。[2] 孙晓娜（2008）指出，深化收入分配制度改革要以提高劳动收入比重为重点，力图通过对个人所得税税制的修改，将收入差距控制在合理范围之内。[3] 张传翔（2008）从行政审批制度的角度出发，提出改革过程中应规范政府分配行为，完善转移支付制度。[4] 陈端（2006）则更加重视市场的作用，认为改革过程要限制权力参与社会分配，优化社会保障体系建设。[5] 同样，甘美好、胡传红（2009）以及余碧岩（2009）也都强调了市场竞争的重要性，他们认为应该在确保效率公平相对均衡的状态下，推行市场竞争机制，让政府在市场经济运行过程中，更多的充当服务者的角色。[6][7] 杨晖提出，解决收入分配不均的首要任务就是让居民获得财产性收入，而解决的途径就是提高居民收入在初次分配

---

[1] 周潇枭、蔡昉：《提高人力资本，以适应经济结构调整需要》，载《21 世纪经济报道》2013-01-03。

[2] 丁恒龙、岳汉萍：《转变经济发展方式视域下的制度创新》，载《兰州大学学报（社会科学版）》2008 年第 6 期。

[3] 孙晓娜：《改革开放以来我国收入分配制度的演进及其影响》，载《西安邮电学院学报》2008 年第 6 期。

[4] 张传翔：《我国收入分配制度改革的历史进程、现状分析及其深化》，载《中共青岛市委党校青岛行政学院学报》2008 年第 10 期。

[5] 陈端：《收入分配差距与市场化改革》，载《福建金融管理干部学院学报》2006 年第 4 期。

[6] 甘美好、胡传红：《收入分配中效率与公平的动态平衡》，载《江海纵横》2009 年第 1 期。

[7] 余碧岩：《推进制度建设是解决中国收入分配差距问题的根本着力点》，载《中国石油大学学报（社会科学版）》2009 年第 3 期。

中所占的比重。[1]

（三）打破行业垄断，完善市场秩序

于良春、于华阳（2007）着重强调了市场竞争的作用，提出配置以合理的政策手段，最终达到遏制垄断行业强取暴利的目标。[2] 同样，张德波（2009）也提出，在逐步缩小收入分配差距的过程中，应引入竞争机制，增加劳动生产要素在收入分配中的比重。[3] 管晓明、李云娥（2007）提出，打破行业垄断局面，缩小收入差距，在完善反垄条例的同时，更要加强政府对市场的调节与监控。[4] 吴群芳（2008）则是侧重了政府的供给能力，认为在均衡各方利益的基础之上，需要政府的制度建设来最大可能的将收入差距调控在较为适合的范围。[5] 宋桂霞、齐晓安（2010）认为，实行政企分开是解决收入分配差距过大的必要条件，加快改革步伐，不断探索配套的长效保障机制。[6] 吴先华（2011）通过研究发现，长期中，市民化与城乡收入差距呈反向关系，因此提出我国应该积极转变发展模式，重视市民化作用，要将其作为统筹城

---

[1]　杨晖：《我国收入分配制度的演进与理念创新》，载《兰州大学学报（社会科学版）》2008 年第 3 期。

[2]　于良春、于华阳：《我国转轨经济中垄断性行业收入分配制度改革研究》，载《社会主义经济理论与实践》2007 年第 12 期。

[3]　张德波：《城镇居民基尼系数和各收入阶层的关系》，载《中国证券期货》2009 年第 12 期。

[4]　管晓明、李云娥：《行业垄断的收入分配效应》，载《中央财经大学学报》2007 年第 3 期。

[5]　吴群芳：《收入分配制度改革中的利益表达失衡及其治理》，载《中州学刊》2008 年第 1 期。

[6]　宋桂霞、齐晓安：《对我国收入分配制度改革的思考》，载《宏观经济管理》2010 年第 3 期。

乡协调发展的根本途径。[1]

（四）深化户籍制度与土地制度改革，促进要素自由流动

周云波（2009）认为，应该破除城乡壁垒，进一步号召农村人口向城镇的转移流动，加速我国的城市化进程。具体包括：逐步废除二元户籍制度，取消限制劳动力流动的制度障碍；强力推进农村的非农产业发展，促进农村城镇化，促进农村剩余劳动人口的转移。[2]

唯有加速城市化进程，促使更多的农村剩余劳动力转移到非农业部门而后最终转变成城镇居民，城乡居民的收入差距才有望日益减小。城市化不能单纯仅靠“推力”，各种配套制度改革的“拉力”也不可或缺，其中，推进土地制度改革更是尤为重要。加快农村建设用地流转，合理推进城乡建设用地增减挂钩。加快廉租房和低档商品房建设。加快农村家庭承包地流转，实现农地适度规模经营。[3]

厉以宁（2011）认为，给农民的土地、房屋以产权，并允许其抵押，是缩小城乡差距的新路子。但如何通过财产制度变革尤其是通过土地制度变革来增加农民财产与收入，进而缩小城乡差距还缺乏深入系统的研究。[4]

研究述评：

从上述研究现状来看，国内外学者对城乡收入差距的研究由来已久，研究成果也较为丰富，从理论到实践，从成因再到缩小对策都广泛涉及。现有研究无论是对城乡收入差距的原因分析还是所提出的对策举措，多是就经济

[1] 吴先华：《城镇化、工业化与城乡收入差距的实证分析》，载《广东商学院学报》2011 年第 9 期。

[2] 周云波：《城市化、城乡差距以及全国居民总体收入差距的变动收入差距倒 U 形假说的实证检验》，载《经济学（季刊）》2009 年第 8 期，第 4 页。

[3] 蔡继明：《缩小城乡居民收入差距的根本途径和制度保障》，载《中国党政干部论坛》2010 年第 6 期。

[4] 厉以宁：《缩小城乡差距的新路子》，载《北京日报》2011-12-15。

本身而言的，因为农民收入低主要是源于农业生产落后，所以要提高农民收入以缩小城乡收入差距，就要发展农业生产。我国要发展农业生产来提高农民收入，必须深化制度改革。虽然学者对此也有研究，但比较少。

在分项收入研究中，多从农民经营性收入、工资性收入进行研究，而从农民财产性收入角度进行的研究还较少。虽然国外学者很早就对财产性收入进行了研究，其中也涉及了财产性收入与收入差距间的关系，但研究对象基本是高收入者与低收入者间的收入差距，并非城乡居民间的收入差距，虽然在中国大部分的高收入者集中在城镇，而低收入者多集中于农村，但还是有很大差别的。在国外学者的研究中，居民财产的差别体现在住房和金融资产方面，财产性收入对收入分配差距的扩大效应就在于原先的高收入者拥有财产能够进入金融产业，从而有机会获得更多的财产性收入，然而低收入者却不能，但随着低收入者资产的累积，总会达到进入金融产业的水平，获得更多的收入，收入差距开始得到缓解。但对于我国城镇居民和农村居民而言，他们之间财产的差别不仅体现在金融资产和住房上，还体现在土地上，农村居民拥有城镇居民没有的土地，而且拥有量巨大，只是由于现行制度的约束而没有发挥其作用，倘若农民土地能够按照市场运行带给农民财产性收入，那么缩小城乡收入差距将会得到明显改善。功能性收入分配在一定程度上决定了规模性收入分配，因此，从收入结构的视角对城乡收入差距的研究是很有必要的，近年来我国学者从这一方面的研究也逐渐增多，但由于财产性收入占比较低受到了许多学者的忽视，虽然部分学者进行了相关实证检验分析，但仅是从财产性收入的角度剖析，没有与其他各项收入进行对比；还有一些学者通过分项收入的对比指出农民财产性收入的增长潜力最大，但就如何提高农民财产性收入缺乏系统的分析。

在政府政策方面研究比较多，例如，怎样通过农产品价格支持政策、财政转移支付政策的实施来提高农民收入以缩小城乡收入差距的研究就比较多，也比较系统。而对制度研究比较少，也缺乏系统，就制度本身研究来讲，多是就某个制度与收入分配关系进行研究，而很少把户籍、土地、分配等制度结合起来进行系统研究，也很少把户籍、土地制度结合起来对农业现代化和城乡收入差距缩小之间关系进行研究。

第三节　缩小城乡居民收入差距的国内外实践

一、国外缩小城乡收入差距大做法与经验

（一）美国调节收入分配差距的做法

作为欧美发达国家阵营中翘楚的美国，对比其他西方国家其收入分配不公现象更为显著。美国主要运用调整实施税收调节政策、义务教育、社会保障以及反贫困等资金倾斜措施来缩小收入分配差距。

第一，税收调节措施。美国的税收调节体系比较完备成熟，多种税收税种搭配完成税收调节的目标。其中，个人所得税居于主要地位，征税比例随着个人应税收入的增加而相应增加。例如：1991 年收入最低的 50% 的人收入比例由税前的 14.9% 提高到了税后的 16.45%，提高了 1.55%；而社会中收入最高的 10% 的人缴纳的全国个人所得税超过 50%，10 倍于 50% 的最低收入人群的缴纳数额。

第二，社会保障调节措施。社会救济和福利、社会保险是美国的主要社保手段。社会救济和福利项目为联邦或者州政府出资并进行运营管理。一是社会弱势群体享受政策照顾性福利。二是所有劳动者及退休人员必须参加政府强制贯彻且共同负担的养老、医疗、失业、残疾、工伤与职业病保险等社

保项目。三是政府私人投资性收入部分进行免税。以上措施的主要目的在于切实帮助社会弱势群体，为其减轻负担并提供基本社会保障。

第三，义务教育调节措施。考虑到不同地区的教育发展程度差异，政府对不同学区实施差别拨款补助。教育专项经费支出的绝对额和相对比例在20多年里稳步提高。首先，联邦资助项目数量增加，其次，项目资助的额度也不断增大。同时，各级政府在义务教育总支出中的数额结构呈正金字塔形。美国各州为使教育经费分配均衡，在原有公式拨款的一般性补助之外考虑到不同地方特殊教育如职业教育等的需要额外给予专项拨款。

第四，反贫困调节措施。为开发落后地区，1993年美国成立了田纳西河流域管理委员会负责田纳西河和密西西比河中下游的开发。之后，美国接连颁布了一系列促进落后地区发展的法案，如：地区再开发法、联邦受援区和受援社区法案。据美国行政管理预算局估计，1997年联邦财政补贴达到2 752亿美元，占联邦支出的比重达到16.3%。

（二）德国调节收入分配差距的做法

德国的收入分配差距表现在雇员和雇主之间的阶级差异以及西德与东德之间的区域差异。为缩小其差距所采取的措施主要有：第一，对工资性收入进行减税。德国税收收入比重最大的税种是个人所得税，占整个税收收入的40%以上。而其中的工资税以占全部税收总额的约43%作为个人所得税中的主要税种，工资税的边际税率由1999年的53%逐渐降低到2005年的45%。工资税为累进税制，对工资及工资以外的收入征税。遗产税与财产税等作为辅助税种也对调节收入分配差距起着重要作用。第二，加强社会保障。社会保险作为德国社会保障体系的最重要组成部分覆盖失业保险、养老保险、事故保险和医疗保险四大块。德国失业金领取的数额可达到失业者本人失业前工作纯收入的约60%。政府规定失业保险由个人与雇主缴纳相同的数额，养老保险费、医疗保险费亦是如此。第三，实施义务教育。德国的义务教育起步很早，现阶段德国的教育普及程度居于世界前列。据统计，德国的6—16岁青少年入学率可达99%。第四，加大扶贫力度。自东德和西德合并以来，为缩小两地区的经济发展和收入差距，德国政府连续实施了相应的援助方案。针对贫困人口德国还运用平衡财政来进行反贫困，实施返还性转移支付，对某些贫困州或根据需要拨付补助金等。[1]

（三）法国调节收入分配差距的做法

法国调节收入分配差距的做法：两次世界大战之后，法国从税收制度、社会保障、失业保险和农业补贴等方面着手缩小居民收入分配差距。第一，实行公平税负。和其他国家一样个人收入所得税实行累进税制，但法国实行高额累进税制。该种税制下，富人多缴税，低收入者免缴或少缴收入所得税，从而有效缩小收入分配差距。第二，健全社会保障制度。法国的社会保障体系比较完善，本国所有居民都可享有医疗保险，极端贫困者还可享受免费医疗服务。第三，对农业实行政策性补贴。为了提高农民的收入，法国政府在加大对农业领域投入的同时加大对农民进行补贴，其中，农业生产领域的补贴、流通领域的补贴和生活领域的补贴使得财富再分配的数额已经达到农民纯收入的1/4。

（四）日本调节收入分配差距的做法

与英美国家不同，日本具有人多地少，资源尤其是耕地资源相对匮乏的基本国情，使得其农业先天发展不足。明治维新后日本又一味地追求工业的快速发展，城乡之间的矛盾日益显现，农民收入明显低于城镇居民收入，人口开始大规模的从农村流入城市，耕地出现了严重的空置现象，日本“市町

[1] 邹伯平：《德国调节收入分配差距的财政措施及启示》，载《湖南商学院学报》2006年第2期。

村"大合并运动开始。通过合并打破城乡界限，实现了田园和都市的整合，"城中有乡，乡中有城"，城市农村协调健康发展。在此过程中，日本的主要经验与做法有：①制定全国一体化开发体系，工业和城市分散布局，大力扶植农村发展。自20世纪60年代起，日本政府制定了《新全国综合开发计划》《农村地区引进工业促进法》《工业重新配制促进法》。这些政策对农村和城市进行了合理的统筹规划，抓住地域特色，摈弃产业集聚与城市发展的观念，在农村合理布局工业发展，使得农村剩余劳动力问题的安置和发展农村经济的问题同时得到了解决。②通过完善相关立法，推进土地制度改革。随着经济社会的发展，日本政府对农业发展政策和农村的土地制度进行了及时调整。一方面，1951年《土地征用法》、1952年《农地法》等的颁布，使农民能通过土地权利分享城市化发展成果。另一方面，加快农地集中化、规模扩大化、效率利用高效化。1961年制定了《农业基本法》，把缩减工农之间的收入差距作为基本法的目标之一。此后又先后两次修改，并在20世纪70—90年代又出台了《关于农业振兴区域条件整备问题的法律》《粮食·农业·农村基本法》等法律和政策，鼓励土地向"合意的农业生产单位"集中，鼓励经营者提高农业竞争力。③建立和完善城乡统筹的社会保障体系，保障城乡社会发展的和谐。一是通过制定一些法律建成城乡一体化的国民公共医疗和养老保险体系。二是实施农产品价格保护政策，稳定农民收入预期。政府对农业的支持额度占到农户农业收入的2/3。三是创设农业人口养老金制度，为年老的农民提供稳定的收入来源，减小城乡社保质量的差距，激励他们"离农"，以利于与扩大经营规模的农地政策相互补充。[1]④发展农民组织，通过"农协"来维护农民的权利。依照《农协法》，农协作为正式的权威机构来保障农民的权利。农协以农业家庭为单位，其作为独立的运行组织代表政府执行涉农

[1] 肖绮芳：《日本城市化进程中农地制度改革及相关农民社会保障制度演进与启示》，载《东北亚论坛》2008年第2期。

惠农工作政策。农协的组织架构明确，在中央农协下设有“市町村”农协，农协组织完全覆盖日本全国农村地区，起着维护农民权利的作用。除此之外，日本政府还重视农业职业教育，实施了“二地试居”“市民农园”等特色政策来加强城乡居民交流，促进城乡融合。

（五）韩国调节城乡收入差距的经验

韩国一直以农业经济为主，其农业资源缺乏比较优势。20 世纪下半叶，韩国抓住第三次科技革命以及和平发展的有利国际环境全力发展外向型工业经济，成为少数几个“二战”之后由落后国家跃升为发达国家的案例之一。然而，韩国的农业问题如农业和农村结构性矛盾突出、农民增收困难、农业服务体系残缺不全、城乡差距扩大等日益严重。为了平衡不同经济部门的协调发展，韩国改变工业优先发展战略为工农业均衡发展战略，以振兴农业，发展农村经济。1970 年起，韩国政府实施新村运动，其基本理念是建设现代化新农村。从时间顺序上大体可划分为四个阶段。①加强农村基础设施建设，改善农民生活。20 世纪 60 年代韩国的农村开发集中在农业灌溉、排水、耕地整理等农业生产设施方面。20 世纪 70 年代初期开始，韩国的新乡村建设运动主要是改善农民的生产和生活环境从而缩小并最终消除城乡差别。20 世纪 80 年代，在农村主要进行饮水条件的改善，同时农村环境卫生条件也得到改善。20 世纪 90 年代以来，韩国掀起新一轮农村建设高潮，更多的文化内涵是这次建设高潮的特征。②加大农业补贴，提高农民收入。在增加农民收入方面，全国范围内积极推广农作物新品种并且进行新品种价格补贴，引导农民种植高收益经济作物，政府把大量资金投入到农村的可持续发展设施及建设方面。由于政策的有力实施，从 20 世纪 70 年代开始，韩国农民收入显著提高。③发展农协组织。新村运动对于韩国农协尤其是基层农协的发展贡献突出。越来越多的韩国农民开始有多余资金到农协金融机构进行储蓄。与此同时，由农协提供的来源于农民储蓄的农业生产资金也不断增多，农协的金融组织在农村金融业中扮演了重要的角色。农协除了在资金方面给予农民极大帮助，同时也在流通领域发挥了巨大的推动作用。④兴建村民会馆。新村运动的第二年，韩国各地农村建立了众多的村民会馆，村民们在一起举行会议和活动，培养了农民的民主决策和管理的能力，并且使其意识到共同的问题，有了共同的奋斗方向，从而使得政府的政策执行阻力降低，加快了农村现代化的发展进程。[1] ⑤加大政府支农的政策力度。配合着新村运动，韩国政府对农业农村给予了大量的照顾性政策倾斜。20 世纪 90 年代以后，韩国政府制定一系列扶持农业和全面发展农村经济、社会、文化、教育的政策措施，以促使新时期韩国农村与新村运动有机衔接、相互促进、协调发展。另外，在扩大非农收入、建设现代化的农（渔）村、鼓励经营农业、增加信用保证基金、搞活农用耕地交易、健全食品加工制度等方面推出了诸多具体措施。韩国新村运动的成功开展，为韩国的城镇化进程和城乡协调发展起到了至关重要的作用，不仅解放了农村的剩余劳动力，为韩国的工业化高速发展提供了优质的人力，解放了生产力，同时也缩小了农民与市民的收入差距，对社会稳定起到至关重要的作用。

二、国内缩小城乡收入差距的做法与经验

（一）成　　都

成都根据自身特殊的区域实际，走出了一条统筹城乡“自费改革”的道路。在缩小城乡收入差距方面形成以“三个集中”为根本方法、“六个一体化”为基本原则、“四大基础工程建设”为核心的统筹城乡发展模式。①实施“三个集中”。改革初期，基于人少地多，工业布局分散，农用地零散低效的客

[1]　涂波：《韩国新村运动对中国建设社会主义新农村的启示》，西南大学 2008 年硕士学位论文，第 96 页。

观条件，成都实施了工业聚集园区集中发展，农民移居城镇和新型社区，土地经营合理集中化的方针。成都在工业布局优化方面采取了“一区一主业”的规划和工业集群发展思路，重新规划产业园区生态内容，把曾经分散在全市各个地区的116个开发区按科学发展的规律重新组合成21个工业集中发展区，形成了电子信息、软件、汽车、生物制药、航空航天等11个现代产业集群，积极发展新能源、文化创意等新兴产业。同时，政府重新思考并改革了招商引资考核政策并且给出了优厚的产业激励约束条件，在产业集群的规模效应和合理的产业配套政策的激励下，园区内产业链配套得以完善，成本得到大幅降低，彻底告别了以往在招商引资过程中产生的“捡进篮子都是菜”和工业发展“村村点火，户户冒烟”的问题。②坚持“六个一体化。构建城乡经济社会一体化发展体制实质上就是要把发展城市和农村结合起来，协调发展，共同进步，全面繁荣。为了实现二元经济转型，成都市出台并实施了城乡规划、产业发展、市场体制、基础设施、公共服务、管理体制等“六个一体化”战略。政府认识并改变了以往的对农村投入力度偏弱的政策，积极对农村进行政策倾斜以及各种金融支持，将每年多数的土地出让金收益划归农村，用于支持农村发展。同时，政府想方设法在基础设施和公共服务领域采取杠杆手段吸引社会投资进入，为农村的发展注入强大的资金力量支持。农民的居住环境得到改善，城乡公共服务差距缩小并最终达到一体化，为农民提供与城市居民相同的就业机会。2009年1月出台实施《城乡居民基本医疗保险暂行办法》《城镇职工基本医疗保险办法》，在城乡之间放开了管制，实现了市级统筹，基本实现城乡全面覆盖、管理灵活的社会保险制度。同时，成都市在市政公用设施普及方面做到了城乡一体化，率先在西部实现了县县通高速、村村通水泥路，农村客运通村率达到98%的道路交通便民成果以及实施城乡水电气供应以及污水、生活垃圾处理一体化。③夯实“四大基础工程”。农村产权制度改革、农村新型基层治理机制建设、村级公共服务和社会管理改革、农村土地综合整治“四大基础工程”是成都市政府为解决“三农”问题所采取的重大举措。例如，2008年市委、市政府启动以农村产权制度改革，对农民承包地、“宅基地”、房屋开展确权登记和颁证，并建立市、县两级农村产权交易机构，并实施为农业发展提供担保、保险等制度。

（二）温 州

温州的民营经济是我国沿海开放性民营经济发展模式的典范，以家庭作坊工业为特色，在市场化作用下，形成了以“一乡一业一村一品”为特色的集群生产经济模式。温州模式的核心是从内向外的，在市场的需求导向下，自发形成产业供给和配套服务，是完全的“自发自生的发展模式”。温州的农村市场经济在改革开放初期便得到发展，现在已经成为我国民营经济最为发达的地区，农村普遍实现工业化，城镇化率居于全国前列。在社会主义市场经济的浪潮中，温州走出了一条极具特色的城镇发展道路。其主要经验做法有：①发展社会主义市场经济促进农村工业化、城镇化。改革开放以来，温州人创造性地发明了推动城镇发展的新途径，在社会主义市场经济的作用下，充分调动各种产业发展要素，营造了有利的发展环境，取得了巨大的成功。在市场化运作机制下，城镇发挥着其功能优势，在市政公共服务投资建设方面积极吸引企业参与，共享发展成果，最终实现了城镇发展与企业发展的双赢。②发展以专业市场为基础的专业镇。改革开放初期，温州进行了经济体制和经济结构的深化改革，温州内部在市场导入作用下，渐渐发展出了针对性明确的以同类产业区域聚集的发展模式，形成了独具特色的产业集群和细分的专业市场，在此基础上，温州区域性经济发展进入专业化模式，即专业镇。③打破城乡“二元制”，创新城市发展模式。20 世纪 80 年代，为适应经济发展的需要，温州政府从二元户籍制度入手，出台政策鼓励农民自理口粮进城，自建住宅落户，自办企业发展，充分调动起农民参与城市建设的积极性，探索出了一条发展建设城镇的新道路。20 世纪 90 年代中期，政府在原有基础上进行户籍制度的深化改革，规定凡在小城镇具有合法稳定身份的非农职业农民者或已有稳定的生活来源，具有合法固定的住所、农业户口、自理口粮户口以及其他类型户口的农民，登记为城镇居民户口。从此打破了农业非农业人口在待遇与义务方面的差别对待。这样的积极政策，消除了对农民在户籍、择业、居住方面的歧视，彻底抹去了地域和籍贯对务工经商者、产业投资者、专业技术人才落户小城镇的法律边界限制，极大地给予了人民劳务和迁移自由，解放了生产力，对发展城镇一体化建设产生了相当深远的重大影响。[1]

（三）苏　州

自20世纪90年代开始，苏州在探索“以工补农”“以工建农”路径的基础上，积极实践城乡统筹发展和城乡一体化发展，到目前为止，苏州的城乡一体化改革已经展现出巨大的生命力，并且取得了优异的成绩：①始终坚持从战略高度着眼。苏州市政府站在关乎全市发展全局的高度，为实现社会全面转型升级，实现科学发展，提出了“城乡一体示范区”的重要目标，并把“城乡一体”上升为苏州“十二五”发展“六大战略”之一，在实现城乡一体化发展的同时实现苏州在高科技发展方面的领先作用。②注重城乡规划机制先行。通过整体规划，确定城乡空间布局和区域主体功能定位，合理配置资源，促进城乡区域协调发展。苏州政府把城市和农村看成一个有机的整体，对其进行一体化的全面规划，在科学规划和协同发展的理念下对各个区域进行针对性生产、服务功能定位。本着尊重农民意愿、尊重生态环境、尊重历史文化、尊重风土民情和地形地貌的原则制定出符合苏州吴文化历史传承和水文化生活习俗的城乡一体化规划。③加快构建城乡互联的发展机制。苏州把制度改革作为助推城乡一体化发展的动力，在户籍改革方面将现有的户籍管理改为以居住地进行登记管理的制度，鼓励农民进入城市安家置业，同时在农村实现“三置换”政策，鼓励农民用承包经营权、宅基地使用权和房屋所有权置换股份合作社的股权，在保障农民收益和切实推动农村发展的基础上实现农民资产资本化。

[1] 倪明武：《温州城乡统筹发展的经验与借鉴》，载《科技创新导报》2009年第10期。

三、国内外经验对江苏缩小城乡居民收入差距的启示

启示一：统筹城乡发展，必须坚持以人为本。农村社会需要健全的保障制度，这样才能让农民切实感受到享有平等对待的权利，在社会保障方面，政府需要加大力度、扩大范围、提高标准。一是原有的城乡二元差距不能再被人为地拉大，要注重多渠道促进农民增收，进一步深化农村改革，加大工业反哺农业、城市支持农村的力度。二是在今后落实城乡统筹的具体政策中应当注重为农民合法拥有财富尤其是拥有财产性收入创造条件，以保证农民在转移与增收中有一定的物质基础。三是注意村级集体经济的建设，努力使村级集体经济成为统筹中的重要力量。四是注意把保护征地拆迁农民的合法权益作为重要职责，要在土地管理各项制度改革中维护好农民的合法权益。

启示二：统筹城乡发展，建立“土地换保障”新机制。对于农民来说，土地问题涉及农民的情感以及生存发展问题，在这方面处理不好甚至会影响到社会的稳定。以往的征地过程中产生了一些引发社会矛盾的事件，突出表现在对农民进行安置补贴方面。通过“土地换保障”的征地新机制，事实证明可以有效地解决农民长期收入来源的问题。采取以“土地换保障”做法，顺应民意、合乎情理，既能有效地解决失地农民的长期生活出路问题，又能达到经济发展和社会稳定的双重目标。

启示三：“以土地换保障”，需要各相关部门通力协作。农民土地的征收以及征地费用补偿、农民的住宅安置问题需要政府各个相关部门的密切协调配合，在国土、劳动、民政以及用地单位和被征地单位个人等方面做好工作。本着尊重农民意愿、重视农民需要的原则依法办事，地方政府要有最大的责任心做好征地过程中产生的相关工作，照顾好农民的现实需求和长远利益诉求。各级地方政府必须实事求是，以科学发展观为标准，认真做好安置方案。一方面，依法征收农民集体所有土地，必须按照有关政策规定足额给予补偿；

另一方面，又要兼顾主城区与其他区县的实际情况，正确处理好经济发展与体制创新、改革与稳定、财政实力与农民利益要求的关系。[1]

第四节　户籍与土地制度改革的国内外实践

一、我国户籍和土地管理制度改革的实践

重庆自2007年被列为国家统筹城乡综合配套改革试验区后，又经过两年多的试点与摸索，于2010年8月开始全面启动户籍制度改革。改革以解决农民工城镇户口为突破口，规定凡有条件农民工及新生代都可进入城镇转为城镇户口。为保障户籍改革的顺利实施，解决农民自愿进城问题，重庆市政府重点实施了两项政策。一是为了保护农民土地权益所实施的"三年过渡"政策，即转户后的农村居民对于承包地、宅基地的处置存在3年过渡期，这允许转户的农民最长在三年内仍可享受承包地和宅基地的收益及使用权。二是为了解决公共服务均等化问题所实施的"五项纳入"政策，即规定农村居民转户后能够在医疗、教育、住房等方面与城镇居民享有同等的待遇。实际结果表明，本次户籍制度改革使得在2010年底，有100万农村居民实现了"农转城"，效果显著。[2]

改革开放后，进城打工的农民不断增加，"空心村"现象越来越多，尤

[1] 李敏：《苏州城乡一体化改革发展的实践》，载《经济研究导刊》2013年第10期。

[2] 谭佳玲：《以民生为导向的统筹城乡发展试验——重庆市户籍制度改革调查报告》，载《重庆行政》2010年第6期。

其是随着户籍制度改革的不断推进，农民宅基地及农村建设用地闲置问题越来越突出，另一方面，随着工业化与城镇化发展，城市建设用地越来越紧张或短缺。为了解决这一问题将闲置的农民宅基地及农村集体建设用地进行复垦使之变为耕地，然后按国家土地增减挂钩政策将农村多出来的耕地转化为城市建设用地指标，由国土部门在复垦土地验收合格后发给城市工商业建设用地指标凭证即地票，并允许在交易所进行交易。为使这一制度顺利实施，重庆市政府做了两项规定：一是规定宅基地复垦必须是农民自愿，不可强迫实施。二是规定地票价款在扣除必要成本后按15∶85比例分配给集体和农民。该制度实施至2016年底，累计交易地票15.26万亩，成交额307.59亿元，每户农民从宅基地指标转让中获得收益在10万元以上，大大增加了农民财产性收入。尤其是这一制度的实施大大缓解了农村建设用地限制于城市建设用地紧张的矛盾，不仅使城镇化过程中农村耕地不断减少问题得以遏制，还使农村耕地出现增加的局面，另外，在建立统一的城乡土地要素市场、对农村土地价值进行优化、改善国土空间开发格局等方面，都产生了明显效果。[1]

二、国外户籍与土地制度改革的经验与启示

（一）国外户籍制度改革实践概述

从国外户籍管理的立法看，早期一般没有立法，多纳入在各国的《民事法典》中。如日本，1947年日本颁布了《日本户籍法》和《日本户籍法施行细则》，1984年进行修订后并沿用至今，这是日本对本国人口进行登记和管理的最重要的法律依据。根据户籍法和实施细则，境内人口可自由迁徙，无

[1] 黄奇帆：《地票制度实验与效果》，http://finance.ifeng.com/a/20150507/13688644_0.shtml。

论迁徙至何地都可享受与当地市民相同的福利待遇。在日本，居民的就业和社保与户籍制度是脱钩的，户籍主要用于公民出生、结婚、死亡等信息登记以方便政府人口管理，公民的居住、迁移等事项办理使用的是“住民票”。每个公民持有的“住民票”会随该人居住地点的变动而变动。该制度对于政府了解国内人口迁移状况和整体户籍状况十分有利，并使人口迁徙井然有序，大力促进了其经济和社会的发展。[1] 但有些国家至今还没有颁布单独的户籍法律，如法国，法国没有单独的户籍法律，在人口管理方面主要实行身份证制度和社会保险号制度。1955 年法国开始实行身份证制度，该制度规定公民办理身份证遵循自愿办理原则，身份证附有申办者相关信息，这些信息被输入政府部门的数据库，作为政府对人口管理的依据。居民办理身份证后，可以身份证作为就业、刷卡消费、孩子上学等的凭证。身份证还可作为人口迁徙的凭证，不仅可以用于国内迁徙，甚至可以作为护照在欧盟成员国使用。在法国，人口可自由迁徙，无需行政审批。之所以人口迁徙不受限制，主要依靠社会保险号制度支撑，这与美国实行的社会保障号制度精神基本一致。每个公民都有一个唯一的社会保险号码，拥有它，可享有失业救助、医疗保险、住房补贴等社会福利保障。当居民迁入某地后，只需要将本人社会保险号上的相关信息告知迁入地的保险部门并登记即可。如果由于父母的工作原因而导致的迁移并不会妨碍孩子在迁入地入学。

从户籍登记管理看，各国家户籍登记都包括出生、死亡、婚姻等内容，政府可按这些登记事项进行管理，公民登记后可获相关证件，并持有证件在注册地从事各种活动，可享有当地居民的相关权益，当然也要履行相关义务。如果在当地登记注册的居民权益受损，可受当地或国家法律保护。

[1] 于静文：《国外农民怎样弃村进城》，载《中国经济周刊》2004 年第 28 期，第 36 页。

（二）国外城镇化过程中人口迁徙的管理体制比较与启示

1. 人口迁徙管理的计划体制——以苏联为例

苏联自1926年实施工业化战略后城市化便进入到加速发展时期，使城市化水平由1917年的18%提高到1979年的75.2%，而到20世纪末，世界城市化平均水平只有46%，欧洲经合组织国家也只有70%，所以，苏联时期城市化发展水平是相当高的，而且在城市化过程中既未出现发达国家城市人口过度膨胀、也未产生发展中国家的贫民窟问题。但他们在城市化过程中，与市场经济体制国家不同，对农业人口向城市迁徙主要采用计划管理体制，所采用的手段主要有二：一是实行居住证制度；二是控制大城市发展。

（1）实行居住证制度。在苏联进入“过渡时期”的后期，为加快经济发展，实施工业化和城市化发展便成为首选的战略，而要满足工业化发展对劳动力的需求，迫切需要农业人口向城市转移。从理论上讲，此时应该放松农业人口向城市迁徙，但他们却反其道而行之，通行证的发放范围主要限定在莫斯科、列宁格勒等25个大城市，只有居住在这些城市的居民才能获得通行证和居住许可证，也只有持有居住许可证才能在当地获得就业、教育、社会保障等权利。而绝大部分农民并不在通行证和居住许可证发放范围，只有少数被城市招工录用以及考入大学的农民子弟方可获得通行证。[1] 因通行证只是获得居住许可证的前提，而居住证才是工作、获取教育和社保等的必要条件，故将此合称为居住证制度。这一制度安排的实质是要把广大农民束缚在农村土地上以阻止他们蜂拥进入城市。

为什么苏联在此时实行居住证制度来限制农业人口向城市迁徙？在当时，

[1]　Tor Pey. Revolutions and freedom of movement: An analysis of PassPort controls in the Freneh, Russian and Chinese Revolutions. *Theory and Society*, 1997(6): 837-868.

他们的学者和决策者既想在城镇化和工业化发展过程中让农业人口有序向城市转移以满足工业发展对劳动力所需，又不希望导致资本主义国家城市人口膨胀和两极分化等问题，便成为首选战略。如何来实现这一战略？显然，在他们看来，用市场机制来配置人力资源是做不到的，而只有用计划体制才能实现。那么，如何让农业人口向城市迁徙以满足工业发展所需又不会导致其他问题？办法是用计划方式让农业人口有序进城，当时政府允许农民进城的方式主要有考大学、服兵役、国有企业和国营农场招工等。但从结果看来，希望通过居住证来控制农村人口迁移的制度安排并没有达到预期效果，距离政府预期目标相差甚远。[1]

根据 1939 和 1959 年的两次人口调查可以发现，由农业人口转为城市户口的人数达 2 500 万，由农村居民点划为城市的人口达 800 万，占该时期全国城市人口增长数的 80.5%。[2] 再从 1959 和 1979 年的两次人口调查可以看出，农民转为城市居民的人口达 3 700 万，占城市总人口增长数的 58.2%。[3] 居住证制度的实行，之所以未能有效控制农业人口向城市迁徙，主要是因为城市自身劳动力无法满足工业化发展需求。

（2）控制大城市发展。在对人口迁徙进行计划管理的同时，苏联政府为了避免西方国家城市过度膨胀问题，对大城市发展也进行计划调控，建立了“计划主导型的城市化模式”，采用这一模式与实行居住证制度的目的是一致的，都是为了限制农业人口过度向大城市迁徙。苏联政府在 1931 年发布了《关于莫斯科市政建设和苏联市政建设的发展》决议，该决议严格禁止特大城市进行规模扩张，此后把 40 万以上人口的城市都列入严控扩张的范围。和对人口迁徙的管制一样，对城市及工业规模的控制也没有达到预期的效果。

---

[1] W. A. Douglas Jaekson. Urban ExPansion . *Problems of Communism*, 1974(6) : 14-20.

[2] ［英］默文・马修斯：《苏俄的阶级与社会》，商务印书馆 1979 年版，第 38 页。

[3] 纪晓岚：《苏联城市化历史过程分析与评价》，载《东欧中亚研究》2002 年第 3 期。

1935年城市规划法规定莫斯科市人口不得超过500万，但到1959年便突破了这一限定规模，1970年，莫斯科市的城市人口已达700万，到1979年，平均每5个城市人口就有1人居住在特大城市。城市化水平在1959年、1970年、1979年分别达48.2%、63.7%、75.2%。[1]

从前面分析中可知，苏联在城市化发展过程中，一方面实行居住证制度以限制农村人口向城市迁徙，另一方面又控制大城市规模向外扩张，但为什么城市化发展水平很高，而且又没有出现城市过度膨胀以及贫民窟等大城市病？这主要是因为他们在控制人口与大城市发展同时，特别重视中小城镇发展，而且把新建工业放到中小城镇建设，以吸引农业人口向中小城镇迁徙，从而减轻了大城市压力。[2]在1926—1939年出现了482座新城镇与352座城市型乡村，1959年以后建设中小城镇使城镇人口每年增加320万—330万人，70年代后每年增加350万人。[3]在20世纪60年代中期后苏联政府进一步采取集中工业投资等措施致力于拉动中小城镇发展，这样做的结果既降低了工业企业的投入成本，又满足了企业对廉价劳动力的需求，同时又拉动了城镇化发展。这也可解释为什么苏联实行重工业化战略，却能不断吸收农村劳动力到工业部门就业以及农业人口不断向城市迁徙从而提高工业化和城市化水平的原因。通过计划来管理人口迁徙并限制大城市发展，有很多不足，最主要的是会导致资源配置效率低下，但也有一些好处，其中一个重要方面就是苏联在城镇化过程中没有出现像其他国家那样的城市过度膨胀、贫民窟、区域发展不平衡、城乡收入差距过大等问题。

---

[1]　R. H. Rowland. The Growth of large Cities in the USSR: Policies and trends, 1959-1979. *Urban Geography*, 1983 (3): 258-279.

[2]　[苏] И・A・伊利英：《城市经济学》，中国建筑工业出版社1987年版，第31页。

[3]　[苏] T・ф・库采夫：《新城市社会学》，中国建筑工业出版社1987年版，第5页。

2. 人口迁徙管理的市场体制

第一，发达国家人口迁徙管理的市场体制——以美国为例。美国的城市化进程起步于19世纪中叶，到20世纪60年代城市化基本实现，20世纪末85%以上的人口居住在城市。与西方其他发达国家不一样，美国是一个典型的移民国家，没有经历封建社会，很少受传统制度约束，所以，在工业化和城镇化发展过程中对人口迁徙的管理采用的是典型的市场制度安排。实行的主要是社会保障号制度，该制度是从罗斯福总统执政时开始实施的，起初实施的对象是本国的成年公民，到20世纪80年代将实施对象延伸到美国所有公民，还包括在美国长期工作的外国人，这些人都要拥有一个社会保障号，其号码终身不变。拥有社会保障号后，不仅可享受迁徙的自由，还可享受住房补贴、医疗保险、失业求助等方面权利，也可作为商业用途或个人之间的身份证明用途。[1]

但美国的人口迁徙并不是不受任何限制的，假如一个公民迁徙到某个城市，若不能遵守当地法律，或没有合法工作，没有稳定收入和固定住所，都会受到迁徙的限制。如果是跨区域迁徙，孩子就学享受的待遇也不同，一般说来，州外学生要比州内学生缴更多的学费，这既是一种财富划分，也是对人口迁徙的限制。在对国内人口迁徙进行限制的同时，国外移民定居美国更加受到限制，如2006年美国参议院通过了一项移民法案，该法案中规定，凡在美国居留时间少于2年的非法移民都要被驱逐出境。[2]

美国政府在对人口迁徙进行限制的同时，也对城市发展进行调控，例如，在20世纪40年代后，由于城市的快速发展，也产生了一些城市病，政府规

[1] S.Garfinkel. Database Nation: The Death of Privacy in the Zlst Centuy. *Reilly & Associates,* 2000(25): 32-35.

[2] 杜放、郑红梅：《美国流动人口管理及对我国的启示》，载《特区经济》2006年第8期。

划在城市周围进行小城镇建设，从而大大缓解了城市压力，但在后来又产生了过度郊区化问题。

第二，发展中国家人口迁徙管理的市场体制——以巴西为例。20世纪30年代前，巴西的城镇化基本处于起步阶段，这一阶段由于缺乏工业支撑发展较慢，在很大程度上是由农奴制度的废除以及大批欧洲移民的迁入所推动，20世纪30年代后，巴西实施进口替代的发展战略，开始了工业化进程，推动了城市化进入加速发展阶段。1940年，巴西城市人口占总人口比重为31%，1950年为36%，1980年上升到67.6%[1]，到2000年达81.4%，远高于同期世界平均的城市化水平，也大大高于经合组织国家。

在城镇化过程中，巴西人口迁移实行的是“事后申报登记制”，即人口自由迁徙到某地后只需依法在相关管理部门申报登记即可，这是绝大部分市场经济国家采用的户籍管理制度。[2]但巴西在实行这一制度后缺少必要的控制措施，从而带来了一系列问题，主要有：①出现了过度城市化问题，使城市化水平远远超过了本国的工业化水平，如前所述，1950—1980年，城市化率从36%增加到67.6%，每年增加超过了一个百分点，但在此期间GDP只增长了60%，而同期发达国家却增长了2.5倍。②出现了区域发展严重不平衡问题，比如在1995年巴西的东南、东北、南部、北部和中西部地区的GDP占全国国民生产总值分别为57.2%、13.7%、17.4%、4.9%、6.9%。[3]③出现失业率上升、收入分配的两极分化，从而出现严重的贫民窟问题，1950年，里约热内卢州居住在贫民窟的人口占该州人口的14%，其中60%

[1] 李瑞林、王春艳：《巴西城市化的问题及其对中国的启示——兼与中国城市化相比较》，载《延边大学学报（社会科学版）》2006年第2期。

[2] 接栋正：《国外民事登记制度及其对我国户籍制度改革的启示》，华东师范大学2009年博士学位论文，第130页。

[3] A. C. Fernandes, R. Negreiros. Eeonomic Developmentism and Change within the Brazit Urban System, *Geoforum*, 2001(4): 415-435.

是城市新移民。[1]20 世纪 80 年代后，随巴西城市人口增长，贫民窟人口随之快速增长，20 世纪 90 年代末期，巴西的失业率一直保持在两位数以上，到 1999 年，贫困人口占巴西总人口的 34.9%，赤贫人口占总人口的 8.7%。[2]

21 世纪以来，巴西政府开始正视社会公平和贫富差距问题，并在解决贫民窟问题方面做出了很多努力，比如为贫民窟人群提供公共品和服务，让其平等享受国家提供的基本公共教育、医疗和失业救济等福利保障，使他们成为收入相对稳定的人口群体[3]，但政府在土地政策与农业补贴政策等方面还没有实质性改变。

第三，跨国界人口迁徙管理的市场体制 —— 以欧洲为例。欧洲国家是工业化和城市化起步较早的国家，在工业快速发展时期，也曾产生大量农民流入城市致使城市化过度发展的问题，各国政府高度重视并颁布了许多法令对人口迁移进行管制。但到 19 世纪中期后西欧国家基本允许人口自由迁徙，从而大大加快了城市化步伐，到 20 世纪中期，基本实现了城市化。

在经济全球化背景下，为了实现劳动力资源在跨国之间进行配置，法国、德国、西班牙等西欧七国于 1985 年在卢森堡的一个申根小镇签订了旨在逐步放开人力资源流动边界的《申根协定》。该协定在 1997 年被纳入欧盟条约，条约规定无论是欧盟成员国公民，还是非欧盟成员国的任一国家公民，只要在一个申根国办理了入境和合法居住签证，就可在申根国区域内任一国家自由通行，即在不同国家间实现了人口自由流动，而且申根国还逐渐在教育、卫生、社会服务等方面展开合作，以推进欧盟一体化向纵深发展。2003 年申根成员国增加到 15 个，到 2004 年又有中东欧 10 个国家加入，自此，世界最大的人口自由迁徙区正式形成。它的形成为欧盟经济和社会发展带来了勃勃

[1] A. R. Desai, S. D. Pillai. *Slums and Urbanization*, London: Sangam Books, 1990: 83.

[2] 国家发展和改革委员会产业发展研究所赴美国、巴西城镇化考察团：《美国、巴西城市化和小城镇发展的经验及启示》，载《中国农村经济》2004 年第 1 期。

[3] 黄祖辉：《拉美国家：告别“贫民窟”印象》，载《社会科学报》2007-2-1。

生机，但与此同时也带来了一些问题，由于这些国家之间在内政和司法等领域没有相应的协调，从而为非法移民和走私等跨国犯罪活动提供了便利，进而对欧洲经济和社会发展造成一定冲击。[1] 然而，这些问题存在并没有影响人口在申根国间的跨国流动。到目前为止，申根国的成员国数已达 26 个，随各成员国间政府协调管理的加强，正面作用在不断上升，使欧洲经济一体化进一步向纵深发展。

3. 两种管理体制比较

（1）两种管理体制比较。从国外城镇化过程中对人口迁徙的管理情况可看出，采用计划与市场两种体制存在很大差异，主要有以下几方面：①在计划体制下，不仅人口不能自由迁徙，劳动力也不能自由流动，而市场体制下则反之。②用计划办法管理人口迁徙，都要通过行政审批，而用市场办法管理人口迁徙，无需行政审批，一般只要事后登记即可，实行的是事后登记制度。③在人口迁徙中采用计划手段调控，能避免人口无序流动和城市无序扩张，但往往导致资源配置效率低下，而用市场手段进行调控，容易产生城市病或郊区病，但对资源配置效率一般较高。④在计划体制下，人口迁徙与土地流动关系不大，因为这种体制下实行的是农村土地集体所有制，当农民身份转变为城市居民时，土地无偿交给原所在集体，无需进行流转。在市场体制下，土地多归农民私人所有，一旦农民进城成为市民后，土地就必然通过租赁、转让等方式进行有偿流转，使土地经营越来越集中到种田能手或农业企业手里，进而实现土地经营由小生产方式向大生产方式转变。

这些差异的存在是客观的，但过去学者们在对计划与市场体制进行比较研究时，对两者的差异性研究比较多，而对两者共性研究比较少。如果想通过比较找到值得借鉴的东西，那就需要注重两者的共性分析。就城镇化过程

[1] 秦爱华：《“申根协定”20 年回顾》，载《百科知识》2005 年第 13 期。

中对人口迁徙的计划和市场两种管理体制而言，至少有如下一些共性方面：

首先，从人口迁徙的结果来看，无论是哪种体制，在城镇化过程中，人口的迁徙或流动都存在像诺瑟姆所描述的变动规律，即在工业化初期，城镇化处于起步阶段；到工业化加速发展时期，对劳动力需求快速增加，人口迁徙频率加快，城镇化进入加速发展阶段；到工业化后期，农业部门劳动力供给下降，工业部门劳动力开始向外转移，只有第三产业对劳动力需求是增加的，此时人口迁徙的速度大大减小，城镇化进入平稳发展阶段。[1] 如果从农村人口往城镇的流向看，城镇化发展也可分为三个阶段：第一阶段，农业人口主要向中小城镇集中；第二阶段，农业人口、中小城镇人口向大中城市集聚，发展中国家目前大多处于这一阶段；第三阶段，大城市、特大城市人口向城市郊区迁徙，有些发达国家在 20 世纪中叶就开始进入这一阶段，例如，美国都市区中心城市人口从 1950 年的 32.8% 下降到 1990 年的 31.3% 和 2000 年的 30.3%，而大都市的郊区人口却从 1950 年的 23.3% 增加到 1990 年的 46.2% 和 2000 年的 50%。[2]

其次，在城镇化发展过程中，为了引导人口迁徙的流向，无论是采用哪种体制的国家，都重视制定与实施城市发展规划，以调节大中城市和小城镇协调发展。苏联利用城市规划和国民经济计划调节城市发展，制定城市规划体系，然后通过城市规划体系如通过居民点区域体系等形式对城市进行布局。当农村居民点发展到一定规模，达到小城市的人口与产业要求，并可划到城市系列，农业人口自动转变为城市人口，并享受城市居民福利待遇。在 20 世纪 30 年代后限制大城市发展的同时，又规定要在农业地区建立新的工业基地，建立新城市，到了 20 世纪 60 年代又采取了积极发展

[1] Northam, R. M. *Urban Geography*, New York: Wiley Sons, 1975: 65-67.

[2] 杜放、郑红梅：《美国流动人口管理及对我国的启示》，载《特区经济》2006 年第 8 期。

小城镇的方针。[1]西方国家也通过制定城市发展规划等手段对城市发展进行调控，如在美国，要求每个大城市都需要制定自身发展规划，规划需要经过专家和市民论证或审议，通过审议的规划具有较强的法律效力。巴西也特别强调政府在城市规划制定方面的作用，并注重大中城市和小城镇协调发展。[2]

再次，无论用计划还是市场办法对人口迁徙进行管理，都不是没有节制的，一般都带有限制性措施，只是限制的程度不同而已。就总体而言，像苏联等国家限制要严一些，而像美国等国家限制要松一些，但在不同国家不同时期限制程度和限制措施不一样，如前面所列举的苏联对农民进城的限制、美国对本国居民和国外移民的限制。再如，在工业化快速发展时期，西欧一些国家普遍发生了过度城市化问题，致使政府不得不颁布相关法令对大量流民进行限制，英国一直到1795年颁布了《贫民迁移法》才开始放松对人口迁徙的限制，1846年后又进一步放宽了人口尤其是农业人口的迁移政策。[3]也就是说，人口迁徙的放松与限制，主要是根据各国的国情来实施的，而不是由具体的社会制度所决定的。

最后，无论是采用哪种体制的国家，在农村人口转为城镇居民后都能享受与城镇居民同等的公共福利待遇。苏联、西方国家在城镇化过程中都注重解决城镇新居民的公共服务均等化问题，从而没有出现大量“贫民窟”现象，只有巴西等少数国家在城镇化过程中出现过这一严重现象，后来才逐步得以解决。

（2）我国户籍制度与国外人口迁徙管理体制比较。我国改革开放前和苏联一样一直实行计划经济体制，20世纪90年代初开始把市场经济体制作为

---

[1]　[苏]И·А·伊利英：《城市经济学》，中国建筑工业出版社1987年版，第31页。

[2]　国家发展和改革委员会产业发展研究所赴美国、巴西城镇化考察团：《美国、巴西城市化和小城镇发展的经验及启示》，载《中国农村经济》2004年第1期。

[3]　丰华：《英国工业化时期的济贫政策与人口迁移运动》，载《学海》2008年第4期。

改革目标，但在人口迁徙管理方面一直实行严格的行政审批制度，这与西方国家实行的事后登记制度有着本质差异。如前所述，苏联随工业化不断发展，农业人口随之不断向城市转移，进而使苏联的城镇化水平由1959年的48.2%迅速提高到1979年的75.2%，年均增速达1.35%。而我国从改革开放后的1979—1999年，城市化水平从18.96%提高到30.89%，年均增速只有0.59%，即使到去年我国的实际城镇化率也只有45%左右，还没有达到苏联1959年的水平。

我国农业人口向城镇迁徙的路径比较单一，真正从农业户口转为城镇户口的路径是考大学。另外的通道主要有：20世纪80年代中期后允许农民自带口粮进入小城镇落户，20世纪90年代初有的城市允许农民买户口，以及通过国家征地等方式由农业户口转为城镇户口。西方国家的农业人口向城市转移的通道是敞开的，只要进城有稳定的工作与住所，其他基本不受限制，而且只要被登记为城镇户口的都能享受与原城市居民同等的公共服务待遇。

20世纪80年代中期后，由于农村土地承包制的实行释放出大量的剩余劳动力，这些剩余劳动力源源不断地向城市流动，但此时农村劳动力向城市流动并非全家流动，到21世纪后举家迁出才逐步增多，据统计，到2011年进城打工的农民工总数达25 278万人，外出打工人数达15 863万人，其中举家外出打工的为3 279万人，占外出打工人数的20.62%。[1]无论单个人还是举家外出打工的，他们都是人在城市而户口却在农村，即“人户分离”。

4. 国外人口迁徙管理对我国户籍制度改革的启示

通过上述分析和比较，国外人口迁徙管理对我国户籍制度改革至少有以下几点启示：

第一，在允许人口自由迁徙的同时应采用经济或法律手段进行适当控制，

[1] http://www.askci.com/news/201204/27/2715551256411.shtml。

尽量避免使用行政手段。在城镇化发展过程中，允许人口自由迁徙是遵循城市发展和经济发展规律的客观要求，但无论是计划体制还是市场体制国家，对人口迁徙和城市发展都进行适当调控，否则，就会导致城市过度扩张，带来各种经济与社会问题，巴西在这方面表现最为突出。我国户籍制度改革首先要解决的问题，就是要让人口自由迁徙。国务院相关文件提出，“小城市落户和建制镇的限制要完全放开；有序放开中等城市落户限制；合理确定大城市落户条件；严格控制特大城市人口规模”，应该说这是在吸取了国外教训基础上制定的基本符合我国国情的政策，但在控制特大或超大城市人口规模时，如何运用经济、法律手段来调控人口迁徙对各级地方政府仍然是一个严峻的课题。

第二，合理引导人口流向，使大中城市和小城镇协调发展。在苏联，运用过多的行政手段并以计划体制为主基本实现了大中城市和小城镇的协调发展，但影响了资源配置的效率。西方国家在城市化过程中或多或少都出现过人口高度集中于大城市，从而带来失业、贫困、环境恶化等问题，巴西这一问题的表现较为典型。发展中国家应从巴西城市化过程中吸取的最大教训，就是防止外来人口向大城市过度集中以免大城市出现大量“贫民窟”问题。[1]为避免该问题，很多国家都通过城市规划、发展卫星城市、加快小城镇建设、将大城市工业向小城镇转移等措施来引导人口迁徙，从而实现城镇协调发展。这对我国户籍制度改革促进大中城市和小城镇协调发展至少有两点启示：一是通过制度设计使人口尤其是农业人口向中等城市和小城镇转移，比如，政府可允许农民携带宅基地指标进入中小城镇，即中小城镇每增加一个农业户口，就可增加一项建设用地指标，这样既能提高地方政府引导农民进城的积极性，同时，农民进城的积极性也会充分调动，因为它既可解决城市建设用地紧张问题又可解决进城农民的住房问题。二是通过制定产业政策鼓励大城

[1] 李瑞林、李正升：《巴西城市化模式的分析及启示》，载《城市问题》2006年第4期。

市工业以及新建企业向中小城镇转移，从而通过产业转移引导人口向中小城镇迁徙。

第三，在推进农业人口有序向城市转移的同时，要重视统筹城乡经济社会协调发展。以苏联为例，他们在城市化过程中，政府采取了一系列稳定农村发展的政策措施，在 1964 年通过了《集体农庄庄员退休金和补助金法》，农民的养老问题开始得到了妥善解决，为缩短城乡居民在社会保障方面的差距，1968 年又将农村居民与城市居民享受退休金的年龄统一起来。[1] 但巴西的情况正好相反，在城市化过程中，忽略了农村的发展而过度强调了城市的扩张。这不仅导致了严重的贫民窟现象，也导致了城乡间存在巨大差距的问题。这正反两方面的经验表明，在城镇化过程中不能忽视农村发展。

第四，当农民进城落户后，应给予和城市居民同等的福利待遇，并不放弃土地等相关权益。在国外城镇化过程中，当农业人口迁徙到某城市后一般都可享受与城市居民同等的公共服务待遇。巴西在早期没有这样做，从而导致严重的贫民窟问题，但导致巴西城市贫困和城乡差距过大的重要原因还在于土地制度不合理，由于土地占有的严重不平等，产生了大量少地甚至无地农民。据统计，1996 年占农户 1% 的农村土地经营者拥有土地面积占农村土地总面积的 45%。到 2003 年，经营土地面积低于 10 公顷的农户占全部农户 31.6%，他们的土地占全部土地的 1.8%，而面积超过 2 000 公顷的农户只占农户总数的 0.8%，但他们的土地占全部土地的 31.6%。[2] 失去土地的农民在农村没有生活着落，进城后很难找到工作，即使找到工作，收入一般也很低，当这些人群聚集时，贫民窟便产生了。巴西城镇化过程中的人口迁徙问题对我国户籍改革有着诸多的启示，在户籍改革中，当农业人口有序向城市转移后，

---

[1] M. Mattllews. *Soviet Governent—a Selection of Official Documnents on Internal Policies*, London: Jonathan Cape, 1974: 370-375.

[2] 韩俊、崔传义、赵阳：《巴西城镇化过程中贫民窟问题及对我国的启示》，载《中国发展观察》2005 年第 6 期。

不仅要让其享受同等的公共服务待遇，还要使其不放弃土地等相关权益。

因此，城镇化过程中的人口迁徙管理，既不能靠单一的计划机制作用，也不能靠单一的市场机制作用，正确的路径应该是在微观领域充分发挥好市场的作用，在宏观领域充分发挥好政府的作用。

（三）国外土地制度改革的经验与启示

1. 美国土地管理制度改革的特点与启示

（1）美国土地管理制度的特点。第一，集中、垂直的土地管理体制。这一体制是美国土地管理的根本宗旨所在，由 1946 年设立的国家土地管理局来实行，主要目标是要实现土地资源有效的可持续利用。国家土地管理局隶属内务部，现有雇员 1 200 人（全部为公务员序列），在全国各地设立派出机构，共有（包含联邦、州、县、市四级在内）13 个区域性办公室、58 个地区性办公室、143 个资源区办公室，地方政府无专门土地管理机构。该机构的主要职能主要有：一是代表国家对全国的土地、矿产、森林、河流等实行集中、垂直的管理；二是对各个州及其家庭土地利用行为进行指导、协调和规范；三是健全土地交易市场，规范人们土地交易行为。第二，公私兼有的多元化土地所有制。人们通常认为美国的土地所有制是私有制，其实属于公私兼有的混合私有制，其中联邦政府及州政府所有的土地占全部土地的 47%，私人所有的土地包括印第安人的保留地占 53%。在政府拥有的土地中，联邦政府占 33%，州政府占 14%。无论是联邦政府还是州政府拥有的土地都是独立的，不能平调或任意占用，只能通过买卖、租赁等有偿方式获得，即使是联邦政府的土地，也由国家土地管理局、森林局、垦荒局等部门分别控制，各部门间也不能任意占用或平调。第三，形散而神聚的土地规划系统。在美国，联邦政府并不制定统一的土地利用规划，但这不意味他们对土地利用没有规划，他们对土地利用及规划管理主要体现在相关法律和政策中。根据这些法律和政策精神由用地单位和基层组织编制土地利用规划，通常是由基层社区、市政府编制土地利用规划，然后汇总到县政府，形成县一级土地利用规划。无论是规划的编制还是实施都要召开听证会，通过民众讨论同意后，方可实施。第四，有针对地实施农地保护制度。1981 年美国政府制定了《农地保护政策法》，并对农地进行了明确定义与分类，将农地划分为基本农地、特种农地、州重要农地、地方重要农地四大类，前两类主要是用于生产粮食、饲草、纤维和油料作物、特种作物等的农地，禁止改变用途，后两类是一些不具备前两类条件而又重要的农地可有条件改变用途。另外，美国在农地保护中特别注重农业生态环境的保护，比如，他们推行建立植被、防护林、草地等生态保护缓冲带的做法，非常有效。第五，地产交易市场比较发达。美国土地方面的法律政策较为健全，土地可自由买卖、租赁或抵押。共有土地和私有土地都是可以自由交易的，且地位和利益是平等的。不仅国内的单位和个人可自由买卖土地，还允许外国人到美国购买土地。政府也可向民间征地，但征地要出于公众利益，在得到被征地者同意后，进行地价评估，并要按市价进行购买。如有纠纷，由法院裁定，政府不能强行干涉。

（2）值得借鉴的几个方面。第一，建立合理的土地产权制度。美国土地所有制既不是单一公有，也不是单一私有，实行的是混合所有制，公有土地和私有土地基本上市各占一半，公有土地的产权边界是清晰的。

第二，加强土地管理体制机制建设。美国在土地管理体制机制建设方面，有一些值得我国借鉴的经验，比如，在体制方面，美国实行集中、垂直的土地管理体制，使联邦与下属部门、联邦政府与地方政府各司其职，管理有条不紊。而在我国对集体所有的土地如何管理，仍处在探索中；在法律建设方面，美国的土地法律比较完善，尤其是 1997 年美国《联邦土地政策和管理法》颁布后，使土地资源的保护、开发利用及地产管理等方面措施更加得力，而我国的土地法律与现行改革实践亟待修改完善。第三，实行严格的耕地保护制度。美国对农地保护是非常严格的，他们将农地分成四类，对不同农地采用不同的保护措施，严禁将农地转为非农用地，为了保护耕地，他们还实行了土地复垦和购买农地开发权制度。第四，建立健全土地市场。在美国，土地和其他物品一样都被看作是资源，都通过市场来进行配置，所以，美国的土地市场非常发达，体系非常完善。

2. 英国土地管理制度改革的特点与启示

（1）英国土地管理制度特点。第一，土地利用规划制度。英国在1909年建立该制度、1947年对此进行了修改，从而形成了公众参与度高、具有较强约束力的土地利用规划制度体系。该制度具有以下特征：公众广泛参与规划编制以提高其可操作性和实用性；通过法律来约束规划，保障其权威性和强制性；在规划实施中存在着上诉制度。第二，城市的存量土地利用和绿带政策。城市绿带政策主要是保护城市环境、减少乡村土地占用以防止城市尤其是大城市过度向外扩张，该政策是20世纪50年代开始实施的。该政策实施后，起到了城市环境保护和减少农地占用的作用，但由于存量土地有限，在城市人口不断增加的背景下，也带来了一些问题。英国城市建设用地主要靠的是存量土地，他们利用存量土地的办法主要有二，一是加强对老城区改造，主要通过将低矮建筑变成高层建筑来实现，二是加强工业废弃地的利用，主要通过将城市工业向外转移来实现。

（2）值得借鉴的经验。第一，加强土地利用规划。英国土地利用规划主要包括大区、郡、市规划，其规划都是自下而上编制的，一旦制定便具有法律效应。其对我国的启示如下：一方面要加强规划的法律性与严肃性，不得随意修改。另一方面让公众参与规划编制从而保障群众的根本利益。第二，注重存量土地利用。在城市化过程中，如何解决城市建设用地紧张与农地保护之间矛盾，这是发展中国家目前普遍遇到的问题。英国在过去城市过程中采取的一些做法，至少以下几点值得我国借鉴：首先，实施强有力的绿带保护政策。建立城市绿带，减少农地占用，此外，要高效节约利用工矿废弃地。

英国政府对于存量土地十分重视，中央以及各级政府对于工矿废弃地的改造取得很好效果。我国从中借鉴的经验主要是加速城市工业向外转移。第三，加强老城区改造。在我国老城区改造中，由于房屋拆迁中遇到许多矛盾，加之没有英国城市绿带政策，从而使一些城市建设摊大饼式向外扩张，而不是城市建筑向上延伸。同时，要把旧城改造与遗产保护相结合。

第二章　城乡居民收入差距现状、影响与挑战

——以江苏为例[1]

为使将要研究的问题得以具体说明，本书主要以江苏为例。这是因为：第一，江苏是经济大省，也是农业大省，正因如此，习近平总书记在考察江苏时明确指示要在现代农业建设方面率先迈上新台阶，这就要求江苏在农业现代化发展方面要为全国做出表率。而且江苏农业人口多，农民收入水平大大低于城市居民在这里能得以充分体现。所以，以江苏为例来研究城乡居民收入差距缩小与农业现代化发展之间关系，能使问题得以进一步阐明。第二，江苏是区域发展不平衡较为典型的地区，苏南、苏中、苏北之间的经济差异非常明显，和全国东部、中部、西部之间经济差异大体一致，因此，以江苏为例来研究城乡居民收入差距缩小与农业现代化发展之间关系在全国具有代表性，所抽象的理论能具有普遍指导意义。第三，江苏城乡居民收入水平高于全国平均水平，城乡居民收入差距也低于全国平均水平，但城乡居民收入

[1]　该章第一至四节中有一部分内容是引用作者指导的研究生牛莉同学毕业论文中的以及引用作者发表的《江苏城乡居民收入差距的现状、原因与运行趋势》（《江苏师范大学学报》2016 年第 6 期）一文中的，未在引用处一一注明。

差距的变动趋势和全国大体一致，而且江苏所处的制度环境和全国也基本一致，都面临着要深化改革的问题，故以江苏为例研究如何通过深化制度变革来影响城镇化、农业现代化进程，进而揭示城乡收入差距的变动趋势将会如何改变或者说将会遵循什么样的变动规律，这将使理论研究更加深入具体。

本章研究的主要问题有：江苏城乡居民收入差距的现状、从分项收入看城乡居民的收入差距、城乡居民总体及分项收入的基尼系数测算、农村居民财产性收入的现状与问题、收入差距扩大对解决社会发展的影响、缩小城乡居民收入差距所采取的举措与面临的挑战等。

第一节　城乡居民收入差距现状

一、城乡居民收入差距的概况

自改革开放以来，江苏省全体居民的收入水平都有了大幅提高，据统计数据显示，2015 年城镇居民人均可支配收入为 37 173 元，约为 1980 年的 86 倍，农村居民人均纯收入达 16 257 元，是 1980 年的 74 倍。从 2003 年起，江苏城乡居民收入的增长持续增速，涨幅明显，2003—2015 年城镇居民人均可支配收入的年均增速为 12.3%，农村居民纯收入的年均增速为 11.9%。与此同时，江苏城乡居民间的收入差距也在以类似的速度持续扩大，并且年均增速甚至略高于城镇居民收入增长的增长速度，从图 2-1 中也可知，从 2003 年开始，城乡居民间收入差距呈明显的扩大态势。从绝对值看，1980 年城镇居民人均可支配收入为 433 元，农村居民人均纯收入为 218 元，相差 215 元；1992 年城乡居民间的收入差额达 1 077 元，约为 1980 年的 5 倍；2003 年该数字扩大到 5 024 元，约为 1992 年的 4.7 倍；到了 2015 年城乡间的收入差距进一步扩大到了 20 916 元，近 2003 年的 4 倍，是 1978 年的 97 倍。

从相对值看，改革开放 30 多年来江苏城乡居民收入差距的变动可按照江苏城乡居民收入水平比大致分为五个阶段。第一阶段为 1980—1984 年，这一阶段城乡收入比从 1.99 ∶ 1 下降到 1.40 ∶ 1。第二阶段为 1984—1993 年，城乡收入差距呈上升趋势，城乡收入比从 1.4 ∶ 1 上升到 2.19 ∶ 1。第三阶段为 1993—1996 年，收入差距有了短暂的缩小，比值下降到 1.71 ∶ 1。第四阶段为 1996—2009 年，差距再一次扩大，城乡收入比升至 2.57 ∶ 1。第五阶段为 2009 年至今，城乡收入比再一次下降，到 2015 年下降到 2.29 ∶ 1。虽然在这五个阶段中其中有三个阶段的城乡收入比处于下降状态，但每个阶段的历时都相对较短，共计 11 年，换言之，自改革开放以来，江苏城乡居民收入差距仅有约 1/3 的时间呈缩小的趋势。

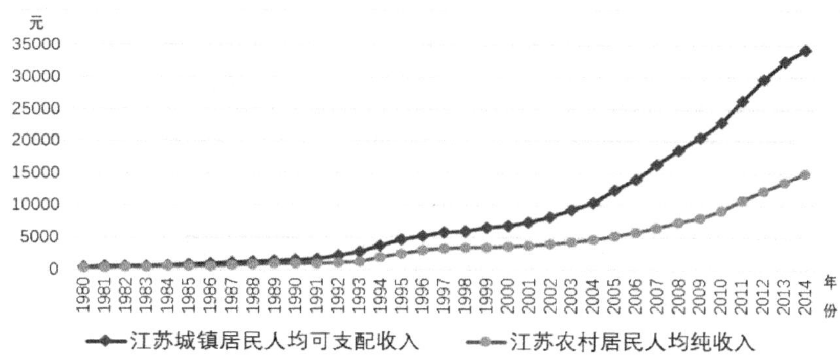

图 2-1 1980—2015 年江苏城乡居民人均收入情况

Figure 2-1 1980-2015 The situation of per capita income in Jiangsu Province

上述城乡收入比是按照江苏统计局公布的城镇居民人均可支配收入和农村居民人均纯收入计算得出，是否存在低估或是高估问题还需要进一步考证。这里根据已有学者的研究尝试从三个方面对江苏城乡居民的收入进行相应的调整，从而进一步估算江苏城乡居民收入差距。第一，考虑城乡居民的隐性补贴收入，由于实际调查数据的获取较为困难，这里主要是参考李实（2007）对城乡居民隐性补贴的估算，城镇居民的隐性补贴大约为总收入的 50%，农村居民的隐性补贴大约为 10%。第二，考虑城乡居民自有住房的估算资金，根据江苏统计局发布的统计数据显示，2013 年江苏城镇居民人均住房面积为 36.8 平方米，农村居民人均住房面积为 43.6 平方米，农村居民住房价值为 875 元 / 平方米，城镇居民住房销售价格平均为 7 646 元 / 平方米。第三，对城乡居民收入进行价格指数调整，Brandt & Holz（2004）估算了 2000 年不同地区的价格指数，其中江苏城镇的物价水平大约是农村地区的 1.3 倍，根据江苏统计局公布的 2001—2013 年城乡居民价格消费指数可计算出 2013 年若以农村地区的价格指数为 1，城镇地区价格指数则为 1.38。

根据调整后的城乡居民收入计算的江苏城乡居民收入比见表 2-1。从表中可以看出，在增加隐性补贴和自由住房租金后，江苏城乡居民收入差距明显扩大，2013 年城乡收入比从 2.393 上升到 3.408，但在考虑了城乡生活成本差别后城乡收入比与未调整前的差不多。可见根据统计局数据计算的城乡收入差距与调整后的差不多，因此下文中均按照统计局公布的相关数据进行计算。

表 2-1　2003—2015 年调整后的江苏城乡居民收入比

Table 2-1　Adjusted Jiangsu residents income ratio between city and country, 2003-2015

	2003	2004	2005	2006	2007	2008	2009	2010	2011	2012	2013	2014	2015
未调整	2.185	2.205	2.335	2.423	2.496	2.539	2.568	2.516	2.438	2.432	2.393	2.296	2.287
隐性补贴	2.979	3.007	3.184	3.304	3.404	3.463	3.502	3.431	3.324	3.317	3.263	3.131	3.118
自有住房租金	3.439	3.419	3.543	3.624	3.683	3.709	3.727	3.635	3.502	3.475	3.408	3.384	3.252
物价指数	2.256	2.264	2.365	2.435	2.494	2.528	2.552	2.505	2.431	2.423	2.385	2.284	2.279

二、江苏城乡居民收入差距与全国的比较

从图 2-2 中可知，江苏城乡居民收入差距的变动趋势趋同于全国变动趋势，但收入差距一直低于全国水平，1980—2015 年这 30 几年，江苏城乡居民收入比一直要比全国低 20%—30%。1980 年全国城乡居民收入比为 2.5 ∶ 1，到 1985 年下降至 1.86 ∶ 1，之后一直上升到 1994 年的 2.86 ∶ 1，1994—1997 年城乡收入差距有所缩小但幅度不大，下降到 2.47 ∶ 1，到了 2002 年城乡收入比达到了 3.11 ∶ 1，并在此之后一直保持在 3 倍以上，最高达到 2009 年的 3.33 ∶ 1，虽然近几年城乡收入比有所下降，但到 2015 年仍为 2.73 ∶ 1。为什么江苏城乡居民城乡收入差距一直低于全国水平呢？这主要在于江苏省自改革开放以来以来不断的深化经济体制改革，采取了一系列缩小城乡收入差距的举措，注重农村的发展，加快建立促农、带乡、互惠以及城乡一体的长效机制。具体的对比江苏与全国的城乡居民收入就可以发现，江苏城镇居民的人均可支配收入水平与全国差不多，并且从 1992 年起一直略高于全国，保持在全国城镇居民收入的 1.05—1.2 倍。而江苏农村居民人均纯收入一直要远高于全国，从 1994 年起一直保持在 1.5 倍以上，2002—2006 年更是达到 1.6 倍以上。

三、江苏各地区间城乡收入差距的比较

江苏是我国经济发展水平较为发达的地区，但省内不同区域发展差异依旧明显，按经济的发展程度一般分为苏北、苏中、苏南三大地区。由图 2-2 可以看出，2007 年以前三大地区的城乡收入比都呈缓慢上升的态势，按从小到大的顺序排列为苏南、苏中、苏北。从 2008 年开始城乡收入差距开始逐渐缩小，除 2012 年城乡收入比有所上升外，整体呈现一个下降的趋势，其中苏北地区城乡收入比下降的幅度最为明显，从 2007 年的 2.55 下降到 2008 年的

2.08，城乡收入差距从最大变为最小，并且一直保持至今；苏中地区城乡收入比在2008年也有一个小幅的下降，从2.31下降为2.18，而后一直与苏南地区差不多。

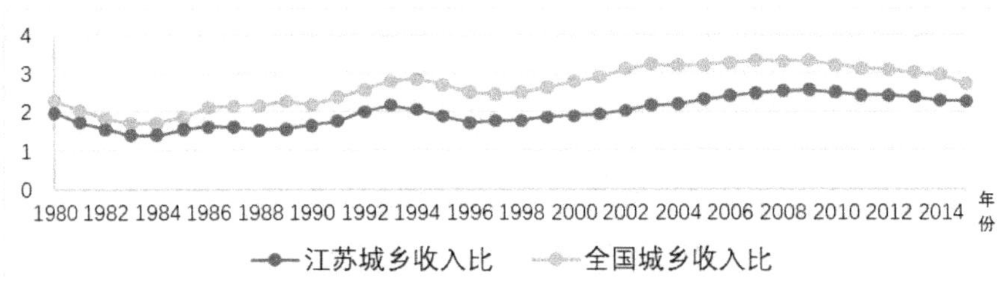

图2-2　1980—2014年江苏城乡收入比与全国城乡收入比情况

Figure 2-2　1980-2014 Jiangsu and National residents income ratio between city and country

为什么苏北地区的城乡收入差距会突然大幅的下降？从城乡居民收入的对比我们可以比较直观地解释这一现象，从图2-3、2-4、2-5可发现，在2007年以前苏北地区城镇居民与苏南、苏中地区一样保持着持续增长的趋势，增长速度大致与苏中地区相仿，但在2008年，苏北地区城镇居民的收入却出现了下降，之后一直在下降的基础上继续增长，而苏北地区农村居民的收入却没有这样一个下降的过程，因此2008年以后苏北地区城乡收入差距的缩小并非由于农民收入的提高而是因为城镇居民收入的降低，并不代表苏北地区的城乡收入分配格局得到了改善。类似的苏中地区城镇居民收入在2008年虽然没有下降，但出现了一个明显放缓的趋势。总体而言，苏南地区城镇居民与农村居民的收入均要明显高于苏中、苏北地区，但其城乡收入比却与苏中、苏北地区相差无几，并且没有出现城镇居民收入降低或是增速放缓的情况，因此苏南地区虽然在2008年后城乡收入比不是最低的，但其城乡收入分配情况还是要好于苏北、苏中地区。

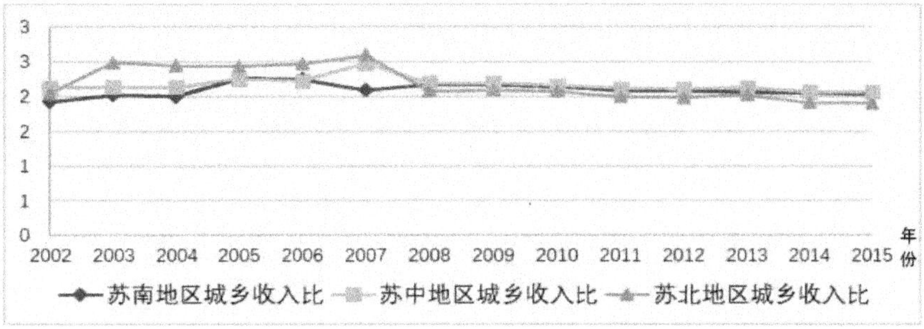

图 2-3　2002—2015 年江苏三大区域城乡收入比情况

Figure 2-3　2002-2015 Residents income ratio between city and country of three major regions in Jiangsu

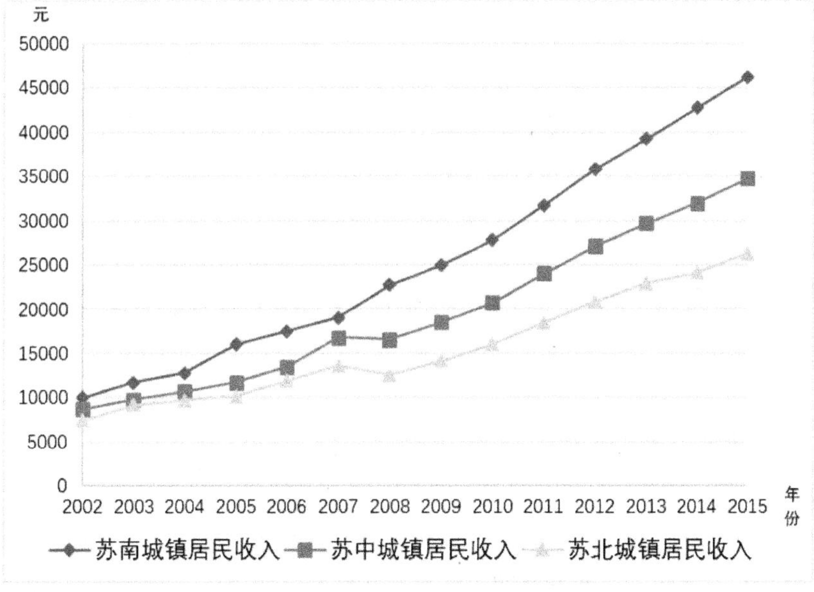

图 2-4　2002—2015 年江苏三大区域城镇居民收入情况

Figure 2-4　2002-2015 Urban Residents' income of three major regions in Jiangsu

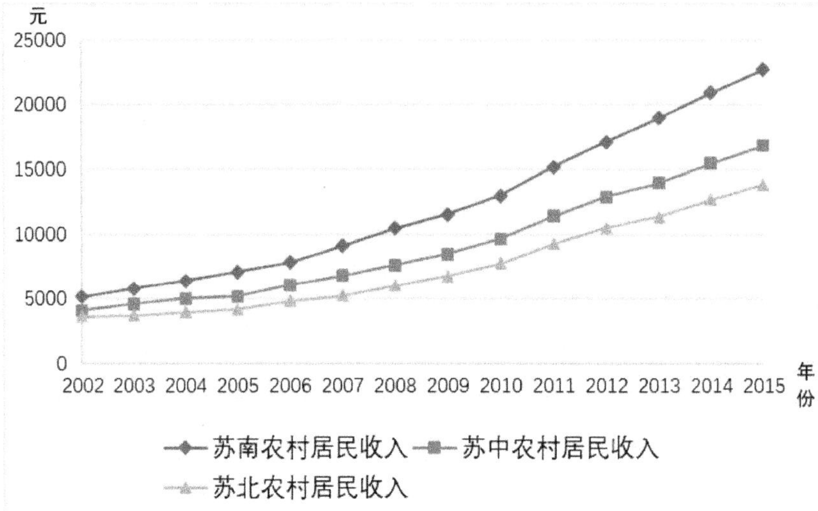

图 2-5 2002—2015 年江苏三大区域农村居民收入情况

Figure 2-5 2002-2015 Urban Residents' income of three major regions in Jiangsu

第二节 从分项收入看城乡居民收入差距

一、城乡居民分项收入构成情况

依照国家统计局对于城乡居民收入差距的定义，我国可大致划分为四个部分，即转移性收入、经营性收入、财产性收入以及工资性性收入，城乡收入差距的变动就是这四项收入变动情况的综合体现。表 2-2 是江苏居民收入构成的变动情况，从表中可知目前对于城镇居民以及农村居民来说，工资性收入都在其总收入中占有重要比重。2003—2015 年，城镇居民的工资性收入占比有所起伏，但一直大致保持在 60% 左右；农村居民的工资性收入比重在 2014 年前一直处于增长态势，上涨了约 5%，但在 2014 年、2015 年出现波动。

经营性收入和转移性收入则构成了城乡居民收入结构的最大差异，对城镇居民来说，转移性收入在总收入中的比重仅低于工资性收入占比，2003 年占总收入的 30.58%，之后略有下降，但仍维持在 20% 左右；与之相对应的农村居民转移性收入占比则要低得多，虽然比重一直在增长，但直到 2013 年增长一直比较缓慢，最近两年出现了显著增长。转移性收入本是再分配调节的一种手段，但在我国长期的城市政策倾斜下反而进一步扩大了城乡收入差距，2013 年江苏城镇居民的转移性收入为 9 447 元，而农村居民的转移性收入仅为 1 158 元，仅有城镇居民的 1/9。目前来看，经营性收入位居江苏省农民收入的第二大收入来源，但所占比重正逐年降低，并且下降幅度较大，2003 年占总收入的 42.33%，到 2015 年降为 31.04%，下降约 11%，与此同时，城镇居民经营性收入所占比重却在逐年增长，从 2008 年开始在 10% 左右浮动。财产性收入占比近年来仅有小幅提升，但进一步观察可以发现财产性收入在农村居民收入中的占比是除经营性收入外唯一高于城镇居民占比的，并且虽然财产性收入所占比重增长的幅度很小但也在增长，而经营性收入所占比重却在大幅下降，从全国城乡居民收入来源的结构变动更能够看出这一趋势，全国农村居民经营性收入在 2004 年几乎占总收入的 60%，而到 2013 年已下降至 42.64%。

因此从收入结构的变动来看，虽然农村居民工资性收入占比都在逐步提升，是农民目前的第一大收入来源，但从城镇居民的工资性收入占比可知，工资性收入占比不会一直上升，而后可能会逐年减少，最终可能会保持在 60% 左右；转移性收入所占比重一直以来在城乡居民间都相差太多，很难在短期内得到转变；经营性收入本来是农村居民的优势项，但随着其占比的大幅下降，而城镇居民经营性收入所占比重的逐步增加，其优势正在逐渐减弱；财产性收入虽然所占比重较小，但在农村居民总收入中占的份额却要高于城镇居民，若其一直保持着现有的增长势头，那么相比于其他几项收入将更有可能起到较小城乡收入差距的效用。

表 2-2　2003—2015 年江苏城乡居民分项收入来源结构变动情况

Table 2-2　Composition rate of residents' income in Jiangsu, 2003-2015

年份	城镇居民各项收入来源所占比重（%）				农村居民各项收入来源所占比重（%）			
	工资性	经营性	财产性	转移性	工资性	经营性	财产性	转移性
2003	61.45	6.44	1.52	30.58	51.64	42.33	2.22	3.81
2004	61.13	6.69	1.80	30.38	51.40	42.46	2.32	3.82
2005	62.99	7.72	1.80	27.48	52.80	40.27	2.85	4.07
2006	62.31	8.26	1.70	27.73	53.41	39.07	3.07	4.45
2007	61.01	8.61	2.28	28.22	52.48	39.12	3.46	4.95
2008	61.06	9.91	1.52	27.50	52.95	38.22	3.45	5.38
2009	59.93	9.51	1.70	28.86	52.96	36.72	4.07	6.26
2010	59.00	10.03	1.88	29.10	53.70	35.26	4.37	6.67
2011	61.31	10.45	2.30	25.94	55.24	32.30	3.83	8.62
2012	60.28	10.52	2.12	27.08	55.53	31.75	3.76	8.96
2013	60.79	10.15	2.17	26.89	55.95	31.32	4.21	8.52
2014	60.33	11.83	9.82	18.02	47.93	33.63	3.16	15.28
2015	60.42	11.12	9.91	18.55	49.30	31.04	3.35	16.31

表 2-3　2003—2015 年全国城乡居民分项收入来源结构变动情况

Table 2-3　National composition rate of residents' income, 2003-2015

年份	城镇居民各项收入来源所占比重（%）				农村居民各项收入来源所占比重（%）			
	工资性	经营性	财产性	转移性	工资性	经营性	财产性	转移性
2003	70. 74	4.46	1.49	23.31	35.02	58.78	2.51	3.69
2004	70.62	4.88	1.59	22.91	34.00	59.45	2.61	3.93
2005	68.88	6.00	1.70	23.41	36.08	56.67	2.72	4.53
2006	68.93	6.37	1.92	22.79	38.33	53.83	2.80	5.04
2007	68.65	6.31	2.34	22.70	38.55	52.98	3.10	5.37
2008	66.20	8.52	2.27	23.02	38.94	51.16	3.11	6.79
2009	65.66	8.11	2.29	23.94	40.00	49.03	3.24	7.72
2010	65.17	8.15	2.47	24.21	41.07	47.86	3.42	7.65
2011	64.27	9.22	2.71	23.81	42.47	46.18	3.28	8.07
2012	64.30	9.45	2.62	23.62	43.55	44.63	3.15	8.67
2013	64.07	9.47	2.74	23.73	45.25	42.64	3.29	8.82
2014	62.79	11.24	9.64	16.33	39.59	40.40	2.12	17.90

二、城乡居民分项收入变动情况

城乡居民的收入结构很大程度与分项收入的基数有关，相比于从已形成的分项收入现状寻找城乡收入差距的原因，更应从分项收入的变动情况分析其未来的发展状况，找出城乡收入差距缩小的路径。从城乡居民分项收入的年均增速来看，在2003—2013年这10年城镇居民的经营性收入年均增速最快，为18.76%，其次为财产性收入，为17.59%，工资性收入年均增速与可支配收入年均增速基本相同，为13.37%，转移性收入的年均增速最慢为12.04%；农村居民年均增速最快的是转移性收入，为21.77%，财产性收入次之，为19.76%，工资性收入排在第三，为13.27%，最后则是经营性收入为9%。

将城镇居民和农村居民分项收入的年平均增速对比来看，城乡居民间工资性收入的年均增速几乎相同，从表2-4也可以发现相比于其他几项收入，城乡居民间工资性收入年增长率的差别也是最小的，但从城乡收入比看，居民工资性收入却是除转移性收入外占比最大的，即农民工资性收入若以现有的速度继续增长是不可能起到缩小城乡收入差距的效用的。农村居民工资性收入的增加，依赖于农业劳动力转移到非农产业的人数和工资水平的提高，但目前在江苏农村大多数能够从事非农工作的劳动力都已转移到非农产业，并且随着产业的转型升级，劳动密集型产业日益减少，非农产业对农村劳动力的消化能力也会逐渐降低，同时由于人力资本的差异，城镇居民的工资水平提升的往往要比农村居民快。

经营性收入现已不再是农民收入最主要的来源，与其所占比重下降对应的是增速的降低，几乎每年的增长率都低于其他几项收入，也要远低于城镇居民经营性收入增长率。从绝对值看2003年农村居民经营性收入是1 794.3元，为城镇居民的2.8倍，到了2015年农民的经营性收入为5 046元，仅为城镇居民的1.22倍。

转移性收入在农村居民收入中的年均增速是最大的，在城镇居民收入中的年均增速是最小的，从这一点看似乎继续增加转移性收入能够起到缩小城乡收入差距的作用，但由于长期的城市政策倾向，转移性收入的城乡差距却是巨大的，城乡收入比远高于其他几项收入。转移性收入与国家的政策息息相关，虽然这几年由于江苏支农力度的加大，农民转移性收入持续增长，但政策主要是起到引导作用，无法保证农民转移性收入的持续增长，这从其增长率大幅的波动中就可以看出，2011 年农民转移性收入增长了 55%，而 2012 年这一增长率迅速降到了 17%。

财产性收入的年均增速无论是在城镇居民收入中，还是在农村居民的收入中都排在第二位，增速较快，农村居民财产性收入的年增均速还要略高于城镇居民。从城乡居民财产性收入年增长率对比中可以发现，城镇居民财产性收入的变动要大于农村居民，也就是说农村居民财产性收入的增长相较于城镇居民更加稳定。城镇居民的财产性收入多来自于金融产品和房产，受金融市场和房地产市场的影响较大，因此波动性也较大，但随着金融市场和房产市场的发展其增长速度将会是很快的。农村居民由于理财意识不足，农村金融市场发展的落后，目前来自于金融产品的财产性收入较少，其财产性收入的主要来源是土地，包括宅基地和承包地。

表 2-4　2003—2015 年江苏城镇居民分项收入变动情况

Table 2-4　Change of Jiangsu urban residents' multiple incom, 2003-2015

年份	可支配收入		工资性收入		经营性收入		财产性收入		转移性收入	
	绝对值	增长率（%）	绝对值	增长率（%）	绝对值	增长率（%）	绝对值	增长率（%）	绝对值	增长率（%）
2003	9262.46		6091.04		638.82		151.13		3031.10	
2004	10481.93	13.17	6869.00	12.77	752.10	17.73	202.02	33.67	3413.56	12.62
2005	12318.57	17.52	8397.15	22.25	1028.69	36.78	240.43	19.01	3663.68	7.33
2006	14084.26	14.33	9501.35	13.15	1259.84	22.47	259.57	7.96	4227.90	15.40
2007	16378.01	16.29	10791.22	13.58	1523.29	20.91	402.85	55.20	4990.35	18.03
2008	18679.52	14.05	12319.86	14.17	1999.61	31.27	307.31	-23.72	5548.78	11.19
2009	20551.73	10.02	13480.73	9.42	2139.83	7.01	381.71	24.21	6492.69	17.01

续表 2-4

年份	可支配收入		工资性收入		经营性收入		财产性收入		转移性收入	
	绝对值	增长率（%）	绝对值	增长率（%）	绝对值	增长率（%）	绝对值	增长率（%）	绝对值	增长率（%）
2010	22944.26	11.64	14816.87	9.91	2519.06	17.72	471.04	23.40	7308.57	12.57
2011	26340.73	14.80	17761.58	19.87	3026.57	20.15	667.06	41.61	7516.76	2.85
2012	29676.97	12.67	19602.05	10.36	3421.90	13.06	689.96	3.43	8805.20	17.14
2013	32538.00	9.64	21355.00	8.94	3565.00	4.18	764.00	10.73	9447.00	7.29
2014	34346.00	5.56	20720.00	-2.97	4063.00	13.97	3373.00	341.49	6189.00	-34.49
2015	37173.00	8.23	22460.00	8.40	4134.00	1.75	3682.00	9.16	6897.00	11.44

表 2-5　2003—2015 年江苏农村居民分项收入变动情况

Table 2-5　Change of Jiangsu rural residents' multiple income, 2003-2015

年份	纯收入		工资性收入		经营性收入		财产性收入		转移性收入	
	绝对值	增长率（%）	绝对值	增长率（%）	绝对值	增长率（%）	绝对值	增长率（%）	绝对值	增长率（%）
2003	4 239.30		2 189.10		1 794.30		94.30		161.60	
2004	4 753.90	12.14	2 443.40	11.62	2 018.50	12.50	110.30	16.97	181.70	12.44
2005	5 276.30	10.99	2 786.10	14.03	2 125.00	5.28	150.40	36.36	214.80	18.22
2006	5 813.20	10.18	3 104.80	11.44	2 271.40	6.89	178.50	18.68	258.60	20.39
2007	6 561.00	12.86	3 443.00	10.89	2 566.40	12.99	226.80	27.06	324.80	25.60
2008	7 356.50	12.12	3 895.50	13.14	2 812.00	9.57	253.50	11.77	395.50	21.77

续表 2-5

年份	纯收入		工资性收入		经营性收入		财产性收入		转移性收入	
	绝对值	增长率（%）	绝对值	增长率（%）	绝对值	增长率（%）	绝对值	增长率（%）	绝对值	增长率（%）
2009	8 003.50	8.79	4 238.50	8.81	2 938.70	4.51	325.60	28.44	500.70	26.60
2010	9 118.20	13.93	4 896.40	15.52	3 215.00	9.40	398.90	22.51	607.90	21.41
2011	1 0805.00	18.50	5 969.00	21.91	3 490.30	8.56	414.30	3.86	931.40	53.22
2012	1 2202.00	12.93	6 775.90	13.52	3 873.90	10.99	458.50	10.67	1 093.70	17.43
2013	1 3597.80	11.44	7 608.50	12.29	4 258.40	9.93	572.10	24.78	1 158.70	5.94
2014	1 4958.00	10.00	7 170.00	— 5.76	5 031.00	18.14	472	— 17.50	2 286	97.29
2015	1 6257.00	8.68	8 015.00	11.79	5 046.00	0.30	545	15.47	2 651.00	15.97

表 2-6　2003—2015 年江苏城乡居民分项收入比与全国的比较

Table 2-6　Jiangsu and National residents' multiple income ratio between city and country, 2003-2015

年份	江苏城乡居民分项收入比				全国城乡居民分项收入比			
	工资性	经营性	财产性	转移性	工资性	经营性	财产性	转移性
2003	2.78	0.36	1.60	18.76	6.98	0.26	2.05	21.82
2004	2.81	0.37	1.83	18.79	7.16	0.28	2.10	20.09
2005	3.01	0.48	1.60	17.06	6.64	0.37	2.18	17.98
2006	3.06	0.55	1.45	16.35	6.38	0.42	2.43	16.03
2007	3.13	0.59	1.78	15.36	6.41	0.43	2.72	15.23

续表 2-6

年份	江苏城乡居民分项收入比				全国城乡居民分项收入比			
	工资性	经营性	财产性	转移性	工资性	经营性	财产性	转移性
2008	3.16	0.71	1.21	14.03	6.10	0.60	2.61	12.15
2009	3.18	0.73	1.17	12.97	6.01	0.60	2.58	11.35
2010	3.03	0.78	1.18	12.02	5.64	0.60	2.57	11.24
2011	2.98	0.87	1.61	8.07	5.20	0.69	2.84	10.13
2012	2.89	0.88	1.50	8.05	5.03	0.72	2.84	9.27
2013	2.81	0.84	1.34	8.15	4.70	0.74	2.76	8.94
2014	2.89	0.81	7.15	2.71	4.32	0.77	12.66	2.57
2015	2.80	0.82	6.76	2.60				

三、苏南、苏中、苏北地区城乡居民分项收入情况对比

在 2008 年之后，相较于其他两个地区，苏北地区一直位居末位，但从分项收入的对比来看，除经营性收入外，苏北地区其他三项收入的城乡收入比均是最高的，苏中地区次之，苏南地区最小。从收入的构成来看，苏中地区与江苏省总体差不多，而苏南和苏北地区差异较大。经营性收入目前仍是苏北农村居民的重要组成部分，2015 年约占总收入的 34.78%，远高于苏南的 18.82%，苏中地区 2013 年城乡经营性收入比差别最小，次之分别为工资性收入、转移性收入，最大的是财产性收入。2015 年苏南地区城乡财产性收入比为 3.2，而苏北地区为 6.74，是苏南地区的两倍多。从城乡居民分项收入的对比来看，三大地区间财产性收入的差别也是最大的，2015 年苏南地区城镇居民财产性收入是苏北地区的 2.7 倍，农村居民财产性收入达到了苏北地区

的 5.8 倍。苏南城镇居民工资性收入是苏北的 1.9 倍，经营性收入与苏北地区差不多，转移性收入是苏北地区的 1.46 倍，苏南农村居民工资性收入是苏北的 2.2 倍，经营性收入为其 0.89，转移性收入是其 1.2 倍。

表 2-7　2008—2015 年苏南、苏中、苏北地区城乡居民分项收入变动情况

Table 2-7　Changes of residents' multiple income of three major regions in Jiangsu, 2008-2015

		年份	总收入	工资性收入	占比（%）	经营性收入	占比（%）	财产性收入	占比（%）	转移性收入	占比（%）
苏南	城镇居民	2008	24 704	15 481	62.66	2 067	8.37	629	2.54	6 528	26.42
		2009	27 404	16 768	61.19	2 237	8.16	733	2.67	7 666	27.97
		2010	30 494	18 346	60.16	2 647	8.68	880	2.89	8 621	28.27
		2011	35 106	21 871	62.3	3 280	9.34	1 159	3.3	8 796	25.06
		2012	39 541	24 637	62.31	3 697	9.35	1 263	3.19	9 944	25.15
		2013	43 034	26 850	62.39	3 936	9.15	1 391	3.23	10 857	25.23
		2014	42 753	27 773	64.96	4 481	10.48	4 829	11.30	5 670	13.26
		2015	46 222	29 867	64.62	4 826	10.44	5 302	11.47	6 228	13.47
	农村居民	2008	10 458	6 925	66.22	2 517	24.07	458	4.38	558	5.34
		2009	11 517	7 639	66.33	2 693	23.39	541	4.7	644	5.59
		2010	12 978	8 608	66.33	2 934	22.61	640	4.93	795	6.13
		2011	15 213	9 982	65.61	3 443	22.63	767	5.04	1 020	6.70
		2012	12 978	11 321	87.23	3 730	28.74	889	6.85	1 220	9.40
		2013	17 160	12 611	73.49	4 028	23.47	1 021	5.95	1 447	8.43
		2014	20 954	13 190	62.95	4 058	19.37	1 494	7.13	2 211	10.55
		2015	22 760	14 331	62.97	4 284	18.82	1 657	7.28	2 488	10.93

续表 2-7

		年份	总收入	工资性收入	占比（%）	经营性收入	占比（%）	财产性收入	占比（%）	转移性收入	占比（%）
苏中	城镇居民	2008	17 698	11 162	63.07	2 098	11.85	219	1.24	4 218	23.84
		2009	20 029	12 558	62.7	2 283	11.4	297	1.48	4 891	24.42
		2010	22 522	13 840	61.45	2 635	11.7	395	1.75	5 652	25.1
		2011	26 209	16 033	61.17	3 289	12.55	519	1.98	6 368	24.3
		2012	29 529	17 984	60.9	3 771	12.77	588	1.99	7 186	24.34
		2013	33 010	20 003	60.6	4 138	12.54	609	1.84	8 260	25.02
		2014	31 969	19 458	60.87	5 177	16.19	2 755	8.62	4 578	14.32
		2015	34 758	21 097	60.70	5 339	15.36	3 048	8.77	5 275	15.18
	农村居民	2008	7 582.1	4 402	58.06	2 682	35.37	103	1.35	396	5.22
		2009	8 444	4 945	58.56	2 919	34.57	110	1.31	470	5.56
		2010	9 626	5 651	58.71	3 245	33.71	167	1.73	562	5.84
		2011	11 396	6 623	58.12	3 798	33.33	271	2.38	704	6.18
		2012	9 626	7 504	77.96	4 207	43.7	325	3.38	841	8.74
		2013	12 877	8 474	65.81	4 556	35.38	372	2.89	973	7.56
		2014	15 476	9 112	58.88	3 617	23.37	421	2.72	2 325	15.02
		2015	16 862	9 915	58.80	3 971	23.55	491	2.91	2 485	14.74

续表 2-7

		年份	总收入	工资性收入	占比（%）	经营性收入	占比（%）	财产性收入	占比（%）	转移性收入	占比（%）
苏北	城镇居民	2008	13 273	7 983	60.14	1 811	13.65	250	1.88	3 228	24.32
		2009	15 124	8 937	59.09	2 066	13.66	297	1.96	3 824	25.28
		2010	17 153	10 019	58.41	2 383	13.89	334	1.95	4 417	25.75
		2011	19 771	11 560	58.47	3 103	15.69	417	2.11	4 691	23.73
		2012	22 366	13 128	58.7	3 527	15.77	433	1.94	5 278	23.6
		2013	25 069	14 767	58.91	3 973	15.85	560	2.23	5 769	23.01
		2014	24 177	13 878	57.40	4 683	19.37	1 742	7.21	3 874	16.02
		2015	26 349	15 160	57.54	5 020	19.05	1 907	7.24	4 262	16.18
	农村居民	2008	6 038	2 840	47.04	2 911	48.21	68	1.12	220	3.64
		2009	6 738	3 201	47.51	3 184	47.26	93	1.39	259	3.84
		2010	7 724	3 698	47.88	3 582	46.37	131	1.7	313	4.05
		2011	9 246	4 488	48.54	4 123	44.59	156	1.69	480	5.19
		2012	7 724	5 219	67.57	4 530	58.65	185	2.4	568	7.35
		2013	10 502	5 962	56.77	4 919	46.84	214	2.04	674	6.42
		2014	12 670	6 097	48.12	4 459	35.19	251	1.98	1 862	14.70
		2015	13 841	6 662	48.13	4 814	34.78	283	2.04	2 082	15.04

表 2-8　2008—2015 年苏南、苏中、苏北地区城乡居民分项收入比

Table 2-8　Residents' multiple income ratio between city and country of three major regions in Jiangsu, 2008-2015

年份	工资性收入			经营性收入			财产性收入			转移性收入		
	苏南	苏中	苏北	苏南	苏中	苏北	苏南	苏中	苏北	苏南	苏中	苏北
2008	2.24	2.54	2.81	0.82	0.78	0.62	0.88	3.42	3.70	11.69	10.66	14.71
2009	2.20	2.54	2.79	0.83	0.78	0.65	0.86	3.36	3.18	11.91	10.41	14.78
2010	2.13	2.45	2.71	0.90	0.81	0.67	0.87	3.00	2.55	10.84	10.06	14.11
2011	2.19	2.42	2.58	0.95	0.87	0.75	0.91	2.70	2.67	8.62	9.05	9.77
2012	2.18	2.40	2.52	0.99	0.90	0.78	0.91	2.54	2.34	8.15	8.54	9.29
2013	2.13	2.36	2.48	0.98	0.91	0.81	0.90	2.53	2.62	7.50	8.49	8.56
2014	2.11	2.14	2.28	1.10	1.43	1.05	3.23	6.54	6.94	2.56	1.97	2.08
2015	2.08	2.13	2.28	1.13	1.34	1.04	3.20	6.21	6.74	2.50	2.12	2.05

四、城乡收入差距与分项收入间的关系分析

（一）测算方法

1. 差值法基尼系数

这里运用差值法基尼系数计算城乡间的收入差距，其计算结果与公式 2.1 中第三部分城乡间差别加权基尼系数的计算结果相同，可由其化简得到，计算公式为：

$$G = I_U - P_U = P_R - I_R \quad \text{公式（2.1）}$$

其中 IU、IR 分别为城镇居民收入、农村居民收入在总收入中的比重，PU、PR 分别为城镇人口、农村人口占总收入人口的比重。在选取收入指标时，由于《江苏省统计年鉴》中只有城镇居民人均总收入的分项收入，没有按可支配收入进行分解的数据，因此考虑数据的完整性这里采用的收入指标江苏城镇居民人均总收入和分项收入以及农村居民人均纯收入和分项收入。

2. 按收入来源的基尼系数分解

假设收入由 *n* 个部分组成，那么 $G=\sum_{i=1}^{n}u_ic_i$，式中 U_i 为第 i 项收入在总收入中的比重，C_i 是第 i 项收入的集中率，集中率是第 i 项收入的基尼系数，计算方法与 G 相同。第 i 项收入分配差距对总收入分配差距产生的影响被称为贡献率：$e_i = u_i\times\frac{c_i}{G}$。由此可以看出，分项收入对收入差距的贡献率主要受到该项收入的集中率以及其在总收入中的比重影响。当总收入差距基尼系数小于分项收入的集中率时，该项收入具有扩大收入差距的效应，反之则呈现缩小收入差距的效应，效应大小与其占总收入比重有关。

（二）江苏城乡收入差距按收入来源的分解

根据上述方法得到的分项收入集中率与贡献率结果见图 2-6 和 2-7。从变动趋势看，工资性收入贡献率的变化并不明显，在 2005—2010 年有一个略微的下降，之后又有所上升，2013 年工资性收入的贡献率仅比 2003 年降低了 0.05，随后在 2014 年和 2015 年出现小幅度提高。分项收入贡献率的大小与其集中率和所占总收入的比重相关。与其他三项收入相比，工资性收入的集中率与其贡献率相似变动幅度很小，在 2009 年之前基本保持不变，2010 年从 2009 年的 0.243 下降到 0.217，之后几年都有小幅度的下降，但上文中已分析过城乡居民间工资性收入差距并不会持续缩小，同时工资性收入占总收入的比重大概会保持在 0.6 左右。

转移性收入对城乡收入差距的贡献仅低于工资性收入，但其集中率却要远高于工资性收入，这主要是由于其占总收入的份额相较工资性收入要低。

从变动趋势看，转移性收入的贡献率与集中率均有较大幅度的降低。贡献率有两个很明显的下降节点，2005 年贡献率从 2004 年的 0.499 下降至 0.428，2011 年的贡献率从 2010 年的 0.418 下降至 0.362。集中率从 2003—2015 年一直在降低，尤其是 2010 年降速明显加快，2003 年转移性收入集中率为 0.646，2009 年为 0.552，2013 年为 0.475，2015 年为 0.445。

经营性收入的集中率逐年下降，贡献率一直为负，说明其一直在缩小城乡收入差距，但近年来经营性收入的贡献率出现不断上升的态势。经营性收入的集中率从 2003 年的 0.364 下降至 2015 年的 0.214，可见城乡间经营性收入差距正不断缩小，同时经营性收入占总收入的比重也在逐渐降低，在这两方面影响下，经营性收入对城乡收入差距的缩小效应正逐步减弱，从其贡献率来看，2003 年工资性收入的贡献率为– 0.23，到 2015 年已上升至 0.096。

从图可以看出，财产性收入对减少城乡收入差距的效果甚微，它的曲线几乎与横坐标轴重合，这主要是由于财产性收入占总收入的比重过低造成（见图 2-7）。但在几项收入中财产性收入的集中率变化是最大的，并且它的变化不像其他几项收入那样总体上呈现出单一的变化趋势，而是一种有上升有下降的大幅波动。结合城乡居民财产性收入的增长率来看，城乡居民财产性收入差距的波动与城镇居民财产性收入增长率的波动相关，当城镇居民财产性收入增长率上升时，收入差距扩大，反之则缩小。

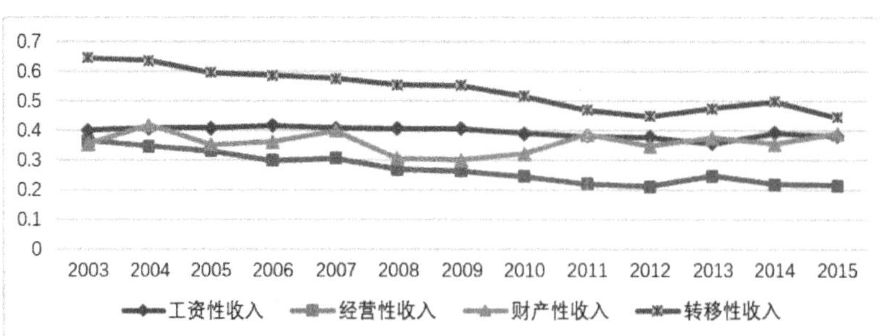

图 2-6　2003—2015 年江苏城乡居民分项收入集中率

Figure 2-6　2003-2015 Concentration rate of Jangsu residents' multiple income

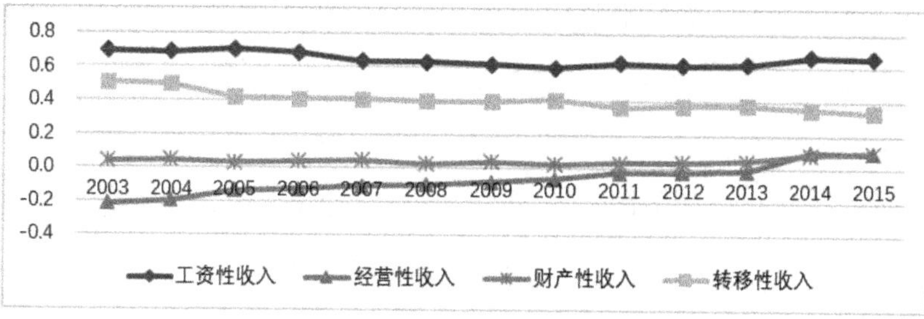

图 2-7　2003—2015 年江苏城乡居民分项收入贡献率

Figure 2-7　2003-2015 Contribution rate of Jangsu residents' multiple income

总之，目前江苏城乡居民间的收入差距虽略小于全国，但与大多数国家相比仍处于较高的水平，并且整体上出现持续扩大的趋势。通过在第三部分中对江苏城乡居民收入的调整，江苏城乡间收入差距进一步扩大。

第三节　江苏城乡居民总体及分项收入的基尼系数测算

一、测算方法

基尼系数是在 20 世纪初，由意大利经济学家基尼在洛伦兹曲线的基础上提出的一种衡量收入分配均等程度的指标。图 2-8 是洛伦兹曲线图，OL 是表示收入分配绝对均等时的曲线，OE_3L 则是实际的收入分配曲线，实际分配收入曲线将三角形 OLH 分为 A、B 两个部分，A 部分的面积表示实际收入分配偏离均等水平的程度，A 部分的面积比上三角形 OLH 的面积就是基尼系数，即 G=A/（A ＋ B）。基尼系数处于 0—1，系数越大则表示收入分配越不公平，根据联合国有关组织发布的约定显示，当基尼系数低于 0.2 时，则认为收入分配处于绝对平均状态；在 0.2—0.3，收入分配比较平均；在 0.3—0.4 收入分配还处于相对合理的范围；当超过 0.4 未超过 0.5 时，表示收入分配差距较大；而当超过 0.5 时，收入分配差距则过度悬殊了。

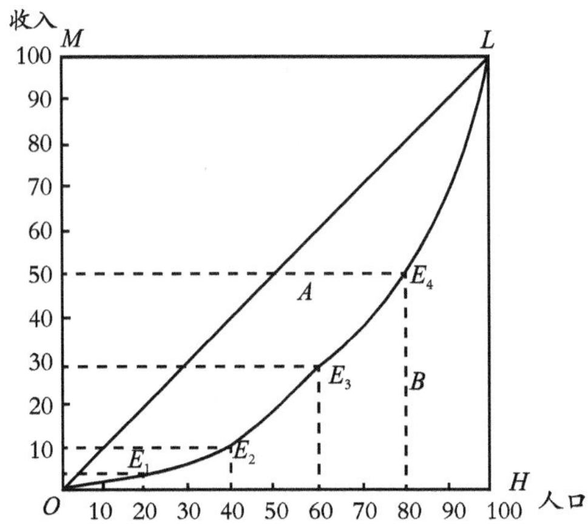

图 2-8　洛伦兹曲线图

Figure 2-8　Lorenz Curve

计算基尼系数有很多的方法，在本文中主要通过等分法和 Sundrum 基尼系数分解法进行研究。

1. 等 分 法

按照收入水平由低到高将全部人口（家庭）分为数量相同的 N 组，用 Y_i 表示第 i 组人口（家庭）收入总额占总收入的比重。即：

$$y_1 = \frac{Y_i}{\sum_{i=1}^{n} Y_i}$$

基尼系数的计算公式为：

$$G = \alpha U - \beta \qquad \text{公式（2.2）}$$

其中，$\alpha = \frac{2}{n}$，$\beta = \frac{n+1}{n}$，$U = \lambda_1 y_1 + \lambda_2 y_2 + ... + \lambda_n y_n$，$\lambda$ 取自然序数，$\lambda_1 = 1$，$\lambda_2 = 2$，...，$\lambda_n = n$。

2. 基尼系数分解法

发展经济学家 Sundrum（1990）[1] 提出了基尼系数分解法，也被称为城乡加权法。计算公式如下：

$$G = P_1^2\left(\frac{u_1}{u}\right)G_1 + P_2^2\left(\frac{u_2}{u}\right)G_2 + P_1P_2\left|\frac{u_2 - u_1}{u}\right| \qquad \text{公式（2.3）}$$

其中 P_1、P_2 分别为城镇人口、农村人口在总人口中所占的比重，U_1、U_2 分别为城镇居民、农村居民的人均收入，U 为全体居民的人均收入水平，G_1、G_2 分别为城镇内部、农村内部的基尼系数，G 为总体基尼系数。

二、江苏城乡居民收入差距的基尼系数

从《江苏统计年鉴》（2004—2016 年）中获取城镇居民人均可支配收入和农村居民人均纯收入的分组数据，将其运用公式 2.2 中，则可计算出城镇内部和农村内部的基尼系数，再通过公式 2.2 可以计算得到江苏总体的基尼系数，计算结果见表 2-9。继续采用 Sundrum 基尼系数分解法计算出城镇内部、农村内部以及城乡之间收入差距对总收入差距的贡献率，结果见表 2-10。从表中数据可知，江苏总体基尼系数在 2009 年以前均处于上升状态，2009—2015 年呈波动性下降，并且江苏总体基尼系数一直高于农村和城镇内部基尼系数，说明江苏省城乡间总体收入差距大于农村内部以及城镇内部。从贡献率看，城乡间收入差距对总收入差距的贡献率虽然有所下降，但其仍要高于城镇、农村居民收入差距对总收入差距的贡献率。

[1] R.M.Sundrum. *Income Distribution In Less Developed Countries*, Routledge, 1990: 50.

表 2-9　2003—2015 年江苏城乡居民收入差距基尼系数

Table 2-9　The Gini Coefficient of Jiangsu, 2003-2015

年份	2003	2004	2005	2006	2007	2008	2009	2010	2011	2012	2013	2014	2015
农村内部	0.324	0.315	0.277	0.310	0.278	0.314	0.330	0.330	0.339	0.339	0.329	0.304	0.313
城镇内部	0.326	0.337	0.332	0.330	0.332	0.314	0.320	0.317	0.300	0.290	0.307	0.292	0.287
总体	0.349	0.353	0.358	0.369	0.372	0.372	0.377	0.368	0.354	0.347	0.351	0.339	0.336

表 2-10　2003—2015 年江苏城乡居民收入差距对总收入差距的贡献率（%）

Table 2-10　The rate of urban - rural income gap contribute to total income gap, 2003-2015

年份	2003	2004	2005	2006	2007	2008	2009	2010	2011	2012	2013	2014	2015
城镇	28.73	30.92	32.97	33.52	35.12	34.41	36.00	41.45	41.90	42.38	45.38	46.28	47.42
农村	16.89	15.15	11.34	11.18	9.10	9.61	9.20	7.25	7.36	7.03	6.38	5.98	5.74
城乡之间	54.37	53.93	55.70	55.30	55.78	55.98	54.79	51.30	50.74	50.58	48.24	47.75	46.84

三、江苏城乡居民分项收入差距的基尼系数

与江苏城乡居民收入差距基尼系数的计算方法相同，要想获得江苏城乡居民分项收入差距以及城乡居民的分项收入差距对于分项总收入差距的贡献率，仅把数据换成2004—2015 年江苏省城、乡居民分项收入的分组数据即可，计算结果分别见表 2-11 和表 2-12。

从表中数据看，在四项收入中，转移性收入的基尼系数最大，经营性收入的基尼系数最小，工资性收入基尼系数在大多数年份要高于财产性收入，但其中2004 年、2011 年、2013 年、2014 年和 2015 年这五年要低于财产性收入。从四项收入基尼系数的变动趋势看，除财产收入呈现上下波动的状况外，其

余三项收入基尼系数均出现明显的下降态势，转移性收入基尼系数下降的最多。从城、乡居民内部看，财产性收入城镇内部和农村内部基尼系数是四项收入中最高的，远高于总体基尼系数，这表明财产性收入对于城乡收入差距的影响是微弱的，与之类似的经营性收入，在 2006 年后总体基尼系数要小于城乡内部基尼系数，而工资性收入和转移性收入总体基尼系数都要大于城、乡内部基尼系数。

表 2-11　2003—2015 年江苏城乡居民分项收入差距基尼系数

Table 2-11　The multiple income's Gini Coefficient of Jiangsu, 2003-2015

		2003	2004	2005	2006	2007	2008	2009	2010	2011	2012	2013	2014	2015
工资性收入	农村内部	0.344	0.354	0.228	0.286	0.196	0.269	0.280	0.302	0.319	0.319	0.272	0.323	0.322
	城镇内部	0.316	0.332	0.343	0.339	0.333	0.308	0.308	0.305	0.292	0.296	0.274	0.316	0.306
	总体	0.400	0.408	0.408	0.416	0.407	0.405	0.405	0.390	0.380	0.376	0.355	0.391	0.381
经营性收入	农村内部	0.276	0.242	0.337	0.319	0.386	0.358	0.371	0.354	0.367	0.375	0.390	0.323	0.322
	城镇内部	0.208	0.230	0.271	0.298	0.317	0.375	0.366	0.366	0.354	0.335	0.385	0.316	0.306
	总体	0.364	0.346	0.331	0.298	0.305	0.267	0.262	0.244	0.220	0.211	0.246	0.218	0.214
财产性收入	农村内部	0.429	0.525	0.291	0.528	0.309	0.491	0.503	0.468	0.476	0.484	0.601	0.323	0.336
	城镇内部	0.519	0.557	0.583	0.537	0.603	0.520	0.515	0.554	0.515	0.458	0.548	0.416	0.467
	总体	0.354	0.418	0.352	0.361	0.399	0.306	0.300	0.321	0.385	0.347	0.375	0.554	0.589
转移性收入	农村内部	0.514	0.448	0.300	0.365	0.237	0.334	0.383	0.326	0.280	0.252	0.336	0.316	0.321
	城镇内部	0.352	0.351	0.307	0.305	0.310	0.283	0.298	0.290	0.263	0.237	0.287	0.276	0.264
	总体	0.646	0.637	0.595	0.586	0.576	0.554	0.552	0.516	0.469	0.448	0.475	0.498	0.445

四、江苏城乡居民收入差距的进一步估算

对于城乡居民收入差距的估算，虽有争议，但总体上认为实际差距要远高于官方公布的数据。

邱晓华（2002）在中国成长企业CEO第五届峰会上提出，中国城乡居民收入事实差距是远远大于账面数据的，2001年全国城乡收入比为3 ∶ 1，但若减除农民的实物性收入以及第二年扩大生产的成本，城乡差距将会达到5 ∶ 1。如果再加上城市居民收入中的各种各样隐性福利等折算收入，数值将会达到6 ∶ 1。按照这一说法，农民实际收入与账面统计收入相比要少40%，而城市居民实际收入与账面统计收入相比要多20%。

李实等人（2007）根据课题组调研情况，重新估算了我国2002年城乡居民收入差距，运用国家统计局公布的数据，2002年城乡的收入差距为3.12 ∶ 1，他们按照城乡居民的各种补贴及自有住房归算租金的估计，认为城市、农村居民人均收入分别为14 081元、3 289元，城乡居民收入差距为4.28 ∶ 1。在这里，城市、农村居民实际人均收入比统计收入分别高74%、27%，城乡实际收入比高出了账面数据的1.16倍。

上述研究都认为城市居民收入若加上各种隐性收入要比统计收入高20%以上，就城乡收入差距的估算而言，李实等人的估计可能更切实际一些。但他们的研究中未考虑农民收入中的实物性收入以及用于第二年扩大生产的开支的扣除问题，对此问题应如何看？对于用于第二年扩大生产的约20%开支部分收入，因为这部分每年都要作为成本开支不能用于生活消费，所以应该扣除。据此，假定江苏在2003—2012这10年，在未进行价格指数调整情况下，城市居民实际人均收入比统计收入高出20%，农村居民实际人均收入比统计收入低20%，按此假设，对江苏省城乡收入差距做进一步估算，估算结果见表2-12修正1。

这里的估算，还没有把财产差距考虑进来，按照统计年鉴数据，城乡居民财产性收入占整个收入比例很小，而且没有什么差距。以 2012 年为例，城市居民人均财产性收入为 690 元，在总收入占比仅为 2.1%，农村居民人均财产性收入是 562 元，比城市居民少了 128 元，在整个收入占比仅为 3.7%。

为了说明此问题，我们把过去调研的资料作一佐证。2013 年暑期我们组织院里部分学生对城乡居民生活情况进行了入户调研，学生分布在全省 14 个市（包括南京市），就各自所在的城市或农村进行随机入户调研，学生共走访了 1 790 户，城市与农村分别为 1 088 户、702 户，其中所了解到的住房情况是这样的：城市户均 3 口人，户均拥有住房 1.31 套，户均面积为 147.90 平方米，每平方米的平均房价为 10 277 元；农村户均 4 口人，农村户均拥有住房 1.29 套，户均面积为 182.46 平方米，每平方米的平均房价为 1 100 元。即城市住房的人均面积为 49 平方米、人均住房价值为 503 573 元，农村住房的人均面积是 45.6 平方米，人均住房价值 50 177 元。假设城乡住房的使用期限均为 70 年，如果将住房价值折算成年租金，则城市住房的人均年租金为 7 194 元，农村住房的人均年租金为 717 元。

表 2-12　江苏城乡居民实际收入差距估算情况（2003—2012）

Table 2-12　Estimation of Real Income Disparity between Urban and Rural Residents in Jiangsu Province (2003-2012)

年份	城乡居民收入比		基尼系数		
	统计数据	修正数据	统计数据	修正 1	修正 2
2003	2.18	3.28	0.349	0.432	0.485
2004	2.20	3.31	0.353	0.465	0.764
2005	2.33	3.5	0.358	0.473	0.731

续表 2-12

年份	城乡居民收入比		基尼系数		
	统计数据	修正数据	统计数据	修正 1	修正 2
2006	2.42	3.63	0.369	0.484	0.713
2007	2.50	3.74	0.372	0.488	0.686
2008	2.54	3.81	0.372	0.486	0.657
2009	2.57	3.85	0.377	0.492	0.649
2010	2.52	3.78	0.368	0.481	0.619
2011	2.44	3.66	0.354	0.464	0.581
2012	2.43	3.65	0.347	0.456	0.558

第四节　农村居民财产性收入现状与问题

一、农民财产性收入内涵

农民财产是指农民所拥有的具有价值或使用价值的东西，可大致分为金融资产、实物资产以及无形资产三类。[1] 从具体财产组成看，农村居民财产总值主要由净房产、土地价值、生产性固定资产价值、耐用消费品价值、金

[1] 李济广:《居民财产收入的范围、统计及其对个人收入的影响》,载《中国地质大学学报》2010 年第 6 期。

融资产以及其他资产的估计现值等几项构成[1]，在这几项财产中，金融资产、净房产、土地价值占比较高。

土地：虽然在目前的土地制度下，农村土地的所有权归农民集体，但农民对土地拥有长久不变的承包经营权，政府若要将农村土地转为国有建设用地需通过土地征用，按土地面积支付给农民相应的补偿。

房屋：农村居民的住房是以其宅基地为基础建造的，由于农民的宅基地与承包的土地相同是属于农民集体所有，故而农民的房产只是包含宅基地上面的房屋而不包括宅基地本身。

金融资产：包括农民所拥有的全部银行存款、自留现金和各种有价证券等。

农民财产性收入是指农民通过让渡其财产的使用权、所有权或直接对财产进行经营收获的那部分利益。由于房屋、土地以及金融资产是农民所拥有的主要财产，其财产性收入也主要来源于以下几个方面：一是土地财产性收入，包含土地征用补偿、土地承包经营权流转收入等；二是住房财产性收入，包含房屋拆迁补偿、出租收益等；三是资金财产性收入，包含股息红利等。其他像通过出让无形资产获得的收入，例如出售专利收入，出让车辆、收藏品等实物资产获得的收入占农民财产性收入的比重非常小。

总之，农民如果想要获得财产性收入前提是必须拥有财产，但并非拥有了财产就一定能够获得财产性收入。从定义来看，农民要获得财产性收入首先要拥有财产的所有权和使用权，并且二者能够分离，这里需要指出能够带来财产性收入的是“资产”而非“财产”，“资产”是经济学中认为能够带给所有者相关收益的资源[2]，而财产需要通过产权认定才能成为资产，资产的使用权可以有偿的放弃和让渡才能带来收入；其次还需要相应的

---

[1]　李实、魏众、丁赛：《中国居民财产分布不均等及其原因的经验分析》，载《经济研究》2005年第6期。

[2]　杨灿：《国民经济核算教程》，中国统计出版社2008年版，第61页。

市场让资产进行交易。

二、江苏农村居民财产性收入现状

（一）增速与总量情况

近年来，江苏农村居民财产性收入不断增长，2003 年江苏农村居民的财产性收入仅为 94 元，到 2013 年上升到 545 元，增幅超过 5.8 倍，年平均增速达 19.76%，高于 12.4% 的农村居民人均纯收入年平均增速，与其他几项收入相比仅略低于转移性收入 21.77% 的增长速度。虽然江苏农民财产性收入的增速较快但其绝对值偏低，在农村居民总收入中的占比依旧很小，2003 年农民财产性收入在总收入中占比 2.22%，2015 年这一比重也仅有 3.35%。与全国农村居民财产性收入相比，江苏农村居民的财产性收入水平一直高于全国水平，并且其增速不断扩大。据资料显示，江苏 2015 年的农村居民财产性收入约为全国的 2.45 倍。同江苏城镇居民的财产性收入相比，江苏农村居民的财产性是偏低的，但除 2007 年城镇居民财产性收入突然上升外，在 2010 年之前城乡间的财产性收入差距并不大，拐点出现在 2010 年，在这之后城镇居民财产性收入增速陡增，且 2014 年增幅显著。若与其他国家或地区相比，江苏农村居民财产性收入水平则严重偏低，21 世纪初，美国居民财产性收入在总收入的占比约为 17%，德国居民为 11%，加拿大居民为 11%，而江苏农村居民约为 3%。

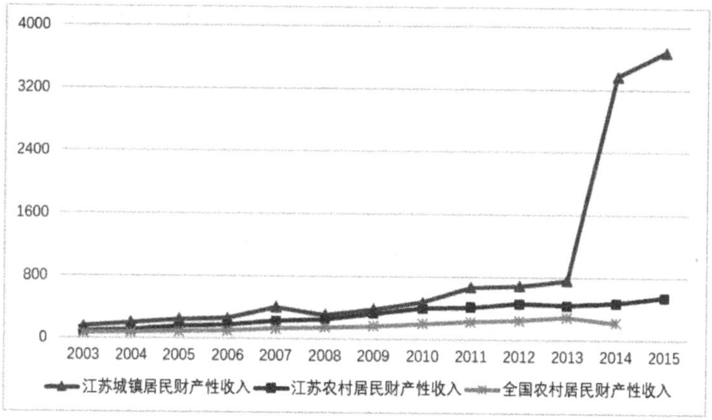

图 2-9　2003—2015 年江苏城乡居民及全国农村居民财产性收入情况

Figure 2-9　2003-2015 Jiangsu and national rural residents' property income

（二）财产性收入分组情况

尽管目前财产性收入在江苏居民总收入的占比还很小但其分配的不平等性却已表现的非常明显。2003—2013 年，江苏农村内部财产性收入基尼系数分别为 0.429、0.525、0.291、0.528、0.309、0.491、0.503、0.468、0.476、0.484、0.601，仅有两年的基尼系数在 0.4 以下，大部分都在 0.45 以上，2013 年的基尼系数甚至突破了 0.6，远高于农村居民总收入和其他几项分项收入的基尼系数。从江苏农村居民不同收入层级的财产性收入情况来看，高收入组居民的财产性收入增速非常快，尤其是在 2007 年之后，与其他几组间的差距迅速拉开，2003 年高收入组居民财产性收入为 285 元，高于中高收入组 194 元，高于低收入组 251 元，2013 年高收入组居民的财产性收入增长至 2 345 元，约为 2003 年的 8.2 倍，与两组间的差值分别增加到了 1 960 元和 2 260 元。中高收入组农户的财产性收入在 2007 年之后也有一个较为明显的增长，和余下的三组拉开了一定的差距，2013 年中高收入组农户财产性收入是 385 元，比 2003 年增加了 294 元。中等收入组农户财产性收入在这十年间从 50 元增长到了250元，增加了200元，而中低收入组和低收入组农户增加的还不到100元。总体而言，江苏农民财产性收入更多流向了高收入农户，从数据可知，2013年占总人口20%的高收入农户拥有了73%的财产性收入，剩余27%的财产性收入中，中高收入组农户占据12%，占60%总人口数的低收入农户仅分配到15%的财产性收入，江苏农村内部财产性收入分配的不均等现象可见一斑。

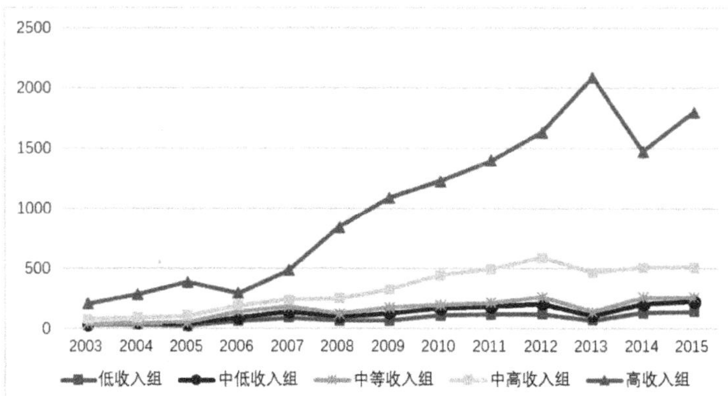

图 2-10　2003—2015 年江苏农村按收入分组财产性收入情况

Figure 2-10　2003-2015 Jiangsu rural residents' property income grouped by income level

（三）地区间差异情况

江苏省内不同地区间农村居民财产性收入的差异很大（见图2-11）。苏南地区农村居民财产性收入要远高于苏中和苏北地区，2013年苏南地区农村居民财产性收入为1 447元，是苏中地区的2.7倍，苏北地区的4.8倍；2015年财产性收入为1 657元，分别是苏中、苏北的3.4和5.9倍，地区间差距不断拉大。其中，苏州地区的农民财产性收入非常高，在2015年达到2 712元，是第二高南京地区的2.9倍，甚至高于其他地区的城镇居民的财产性收入。宿迁地区的农村居民的财产性收入最低为285元，仅是苏州地区的1/5。从

2013年、2015年的三大区域内部来看，苏北几个地区间农民财产性收入的差距最小，2013最低的为宿迁175元，最高为徐州245元；2015年最低为连云港164元，最高为盐城503元，内部的收入差距增大，同时盐城的农村居民财产性收入超过了苏中部分地区，地区间的差距有缩小趋势。苏中地区的差别较大，最低的为扬州366元，最高的为泰州720元。

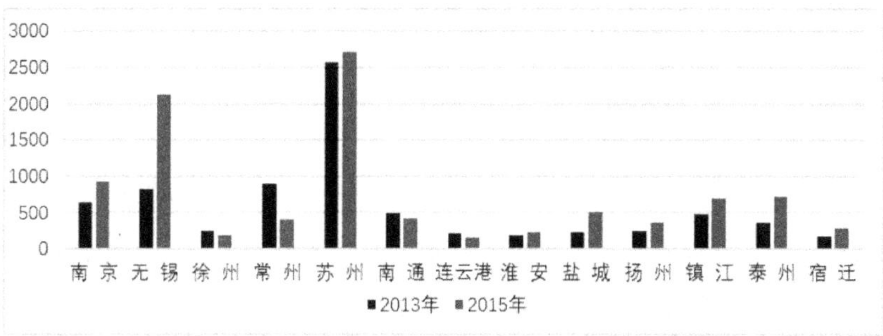

图2-11　2013与2015年江苏各地市财产性收入情况

Figure 2-11　2003 and 2015 rural residents' property income of different places in Jiangsu

三、江苏农村居民财产性收入的来源及增长潜力

上文中提到我国目前农村居民财产性收入主要来源包括自有资金、土地和房屋等，江苏省的农村居民也是如此。2011年，土地财产性收入在总收入中占比40.8%，房屋财产性收入占比15.8%，资金财产性收入占比43.4%。[1]2012年，比重稍有变化，分别为：53.05%、9.09%、31.36%，另外，其他来源为6.5%。[2]

[1]　房琪：《江苏省农民土地财产性收入现状与影响因素研究》，南京农业大学2013年硕士论文。

[2]　凌宇：《江苏省土地市场化与农民土地财产性收入变化研究》，载《现代农业科技》2014年第12期。

是否拥有财产是是否获得财产性收入的必要条件，拥有财产的数量就决定了获得财产性收入的潜能。在这三项财产性收入中，资金财产性收入占比相对较高，但与城镇居民相比，农村居民所拥有的金融财产非常有限。根据江苏统计局公布的数据，2010—2013 年江苏城镇居民每年存入储蓄款分别为 9 207.47 元、10 130.13 元、12 021.95 元、11 421 元，这部分储蓄款是城镇居民可以选择用于投资的资金，而 2010—2015 年农村居民人均纯收入在扣除生活消费支出后的余额分别为 3 076 元、3 496 元、3 939 元、3 991 元、3 138 元、3 374 元，即使农民将这部分资金全部用于投资，并且与城镇居民处于相同的金融市场环境，其获得的财产性收入也要远低于城镇居民。农民住房财产性收入虽然在三项财产性收入中占比最低，但农民所拥有的房屋数量却要多于城镇居民所用的房屋数量，据统计数据显示，2013 年江苏城镇居民人均住房面积是 36.8 平方米，农村居民人均住房面积是 43.6 平方米。土地财产性收入是农村居民相对于城镇居民来说所独有的，也是组成农民财产性收入的重要部分。

为了解江苏农村居民土地和住房财产性收入的具体情况，我们于 2013 年的暑假组织了一部分学生对江苏省内各地区农村居民家庭土地及住房情况进行了入户调查，共收回有效问卷 702 份，包含江苏省内除淮安市外的 12 个地级市的数据，其中苏南地区 80 份，苏中地区 254 份，苏北地区 368 份。[1] 根据调查的结果，江苏农村居民人均拥有承包地 1.12 亩，平均流转价格为 1 150 元，若农村居民均将承包地流转则人均每年可收入 1 288 元。在宅基地上所盖住房面积户均为 175 平方米，宅基地未利用面积为 258 平方米，若将闲置宅基地转让，则可以获得 33.2 万元，人均增收 7.37 万元，若按照人均 75 年的寿命，平均每年增收 982 元。在调查的农户中有 58% 的农户存在闲置住房，闲置面积约为 104 平方米，若将这部分房屋出租，每年可增收 2 000 元左右，若将房屋出售，可获得 9.1 万元（根据《江苏统计年鉴中》2013 年

[1] 本节中所涉及的调查数据等均指 2013 年调查数据，下同。

农村居民住房价值为 875 元 / 平方米计算）。可见如果农民能够充分利用其土地和房屋，不存在闲置浪费，每年可从这两部分中获得 4 000 多元的财产性收入。

因此，虽然目前江苏农民财产性收入在总收入的占比相对较低，但其增长潜力巨大，因而要充分释放农民土地和房屋等财产性收入的潜能，在农民收入水平提高后再提高其资金财产性收入，进而缩小城乡收入差距。

四、江苏农村居民财产性收入中存在的问题

（一）土地财产收入问题

长久以来，土地是我国农村居民最主要的生产生活资料，也是农民目前最最重的财产。我国农村土地由农民承包地、宅基地和农村集体建设用地组成，根据《土地管理法》的规定农村土地的所有权属于农民集体，由农村进行集体经营、管理。为满足农业生产活动的需要，集体内部成员可以家庭为单位依法对本集体的农用地进行承包，农民依法拥有对承包地使用、收益以及经营权流转的权利。为满足内部成员的基本居住需求，将农村集体建设用地中的部分被用于农民住宅建设，即为农民宅基地，农村居民可无偿获得，并拥有其占有、使用的权利。除此之外，农村集体建设用地还包括用于发展乡镇企业的经营性建设用地和公益性用地等，由于物权法规定“共同共有人对共有的不动产或者动产共同享有所有权”，因此这部分集体建设用地与承包地一样是广大农村居民最主要的财产。土地财产性收入本质就是土地财产权在经济利益上的实现，通过对这些土地财产相关权益进行转移，农村居民主要可以获得这样几项收入：

首先，承包地经营权流转收入，即指在农村土地承包期内，承包方以出租、入股、转包、互换、转让等多种形式将承包土地的使用权让渡给第三方，第

三方向愿意支付给承包方的最高费用。

其次，集体建设用地使用权流转收入，即在不改变集体建设用地所有权前提下，其使用权以有偿的方式进行流转等行为，农民可获得宅基地的出租、出让收入和集体经营性建设用地使用权流转的分红收入。

最后，征地补偿收入，即国家因建设需要，按照法律规定，将集体所有土地征归为国家所有的一项法律举措，以满足文化教育、交通供给、商业经营、市政建设、国防工程等的需要。土地被国家征用后，按规定能得到相应的补偿，补偿项目主要包含三个方面：一是土地补偿费；二是安置补偿费；三是青苗补助费和地上附着物。

（二）住房财产性收入问题

随着房地产市场的快速发展，房价不断攀升，房地产已是我国居民财富集聚的重要来源，房屋租赁收入也是增加居民财产性收入的一个重要方式。但从调研结果看目前江苏农村居民通过房屋出租、出让而获得财产性收入的较少。在 2013 年我们调查的 702 户农村家庭中仅有 137 户进行了房屋出租、出让，占总户数的 19.5%。农村家庭的住房套数与其宅基地套数基本一致为 1.2 套，住房面积为 175 平方米，苏南地区的住房面积为 219 平方米，要大于苏中、苏北地区。有 404 户家庭常年有房屋处于闲置状态，占总户数的 57.5%，闲置房屋面积约为住房面积的 59.7%。苏南地区农户有常年闲置房屋的比例是 73.8%，苏中这一比例是 57.9%，苏北是 53.8%。在存在闲置房屋的这些家庭中选择将房屋对外出租或转让的户数仅为 137 户，占 33.9%，苏南地区为 61%，苏中地区为 34%，苏北地区为 25.7%。房屋闲置又未交易的农户达 139 户。对于不愿交易空闲房屋的原因，29% 的农户表示想要将房屋用作养老，24% 的农户是由于只能向农民出售，22% 的农户认为房屋交易价格太低，还有 21% 的农民表示是因为没有产权证。具体可将限制农村房屋交易的原因分为以下几点：

表 2-13　2011 年江苏农村居民住房情况

Table 2-13　Jiangsu rural residents' housing situation, 2011

地区	住房套数	住房面积（平方米）	有房屋常年处于闲置状态的户数	闲置房屋面积（平方米）	房屋对外出租或转让户数
苏南	1.3	219.0	59	116.8	36
苏中	1.1	178.1	147	99.8	50
苏北	1.3	163.3	198	104.3	51
江苏	1.2	175.0	404	104.5	137

表 2-14　2011 年江苏农村居民闲置住房原因

Table 2-14　The reasons of Jiangsu rural residents' empty houses, 2011

地区	无产权证	只能向农民出售	留作养老	价格低	其他
苏南	10	3	5	5	0
苏中	33	13	16	30	5
苏北	45	23	44	32	3
江苏	88	39	65	67	8

1. 房产价值偏低

江苏农村居民的人均住房面积一直要略高城市居民，但房价却要远低于城镇。虽然农村居民住房价值也在逐年增长，据江苏统计局公布的资料显示，农村人均住房面积高于城市，但城市住房面积增速高于农村，见表 2-15。2013 年农村居民新建住房价值为 875 元 / 平方米，近 2003 年的 3 倍，但其绝对值却远远低于城镇居民，见表 2-16。表 2-17 中数据是我们调研的江苏各地区居民的转让价格，可以看出住房价值的区域差别、城乡差别非常大。从区域差别看，苏南、苏中地区城市房价要高于苏北地区，南京城市住房出售价格最高为 13 889 元，是房价最低的宿迁地区的 2.8 倍，相差 9 010 元，农村住房价值的区域差异虽然没有城市住房的大，但也明显表现出苏南房价高于苏中，苏中高于苏北。从城乡差别看，江苏各市城市居民住房出售价格均在农村居民住房的 6 倍以上，南京地区的这一比值到了 11 倍多，苏州、扬州这一比值在 9 倍以上。

表 2-15　2003—2013 年江苏城乡居民人均住房面积（平方米）

Table 2-15　Per capita housing area in Jiangsu, 2003-2013

	2003	2004	2005	2006	2007	2008	2009	2010	2011	2012	2013
城市居民	26.86	27.24	28.76	29.68	30.9	32.41	32.87	33.39	34.72	35.15	36.8
农村居民	35.9	36.5	38.6	40.8	42.9	44.1	45.2	46.3	48.6	49.9	43.6

表 2-16　2003—2013 年江苏农村居民新建住房价值（元 / 平方米）

Table 2-16　Jiangsu rural residents' home values, 2003-2013

年份	2003	2004	2005	2006	2007	2008	2009	2010	2011	2012	2013
住房价值	300	302	401	412	435	464	508	558	627	649	875

表 2-17　2011 年江苏城乡居民住房出售价格（元 / 平方米）

Table 2-17　Jiangsu residents' home Sale prices, 2011

	南京	**苏州**	**常州**	**无锡**	**镇江**	**南通**	**扬州**	**泰州**	**盐城**	**宿迁**	**连云港**	**淮安**	**徐州**
城市	13 889	11 988	7 290	8 163	6 565	8 812	8 970	6 520	5 645	4 879	5 786	4 923	5 969
农村	1 223	1 311	1 068	1 265	956	1 011	943	814	765	778	792	785	852

2. 产权利不明晰，转让受限制

拥有完整的产权是住房能够在交易市场自由流通的前提。目前，城市房屋产权已厘清，城市居民拥有的住宅都有清楚的房产证，具有住房的完全财产权，可通过转让享受整个资产市场发展带来的房产增值收益，获得相应的金融功能。农户的房产不能转让、质押，不能进入市场自由交易，因而农户的住房财产性收入得不到保障。

（三）资金财产性收入问题

1. 农村金融市场发展滞后

首先，农村地区的金融服务机构相对较少，缺少良好的理财投资环境。而城镇的金融机构相对来说，种类更多，服务更到位。农村地区的金融服务机构主要为农村信用合作社，缺少基金、债券、股票等资本市场。同时，农民获得金融信息，学习理财知识主要通过听取金融机构销售人员的宣讲，其他获取途径非常有限，然而此类专业人员农村相当缺乏，也制约了金融机构相关理财服务的深度推广。民间借贷的较高利息是农户愿意放贷的重要原因，供给产生，当自由资金无法满足生活的必须时，部分农户也就会考虑民间借贷的方式，从而需求也产生。

其次，在农村缺少适合农民的一些理财产品。现有理财产品主要是针对城镇居民设置的，针对农民而设置的理财产品相对匮乏，并且多数存在着周期固定且较长等特性。然而农户收入在很大程度上会受到季节因素的影响，具有间断性以及不稳定性，因而这类理财产品一般不会受到农户的投资青睐。与此同时，市场上不断推出的理财产品也是将城镇居民作为主要的目标群体，产品认购起点一般是 5 万元、10 万元、20 万元。从而，投资门槛过高的设置也限制了农民的参与。

2. 农民理财意识较低

居民如果想提高财产性收入，在拥有足够财产的条件下，还应该具备相应的投资理财知识储备，知识水平的差异也是财产累积以及财产性收入总量存在差异的重要原因。与城镇市民相比，农村居民的整体素质偏低，投资理财意识匮乏、缺少专业培训，分散风险意识差，因此不但难以通过投资获得收益，还要被迫接受通货膨胀高企带来的实际负利率情况，从而限制了农民实现自有资金增值的可能性。因为农村地区比城市具有更突出的地缘特点，更容易将亲戚朋友的观点作为理财投资唯一的凭据，存在着农户盲目、被动、跟风投资的现象，因而会在金融产品价格出现跌幅波动时做出不准确的判断，导致损失。

第五节　收入差距扩大对经济社会发展的影响

城乡居民收入差距是城乡居民收入不均等的一种状况，要么是指城市居民人均可支配收入高于农村农民，要么是指农村居民人均可支配收入高于城市居民。一般情况下，在二元经济社会通常是第一种情况，二元经济一元化后即农业完成现代化后，会出现农村居民人均可支配收入高于城市居民的情况。无论是在二元经济社会还是现代化社会，收入差距是一定存在的。如果收入差距不大或是适度的，那么收入分配基本上是公平的，并且有助于经济效率的提高和社会稳定。

一、收入差距扩大对经济发展的影响

（一）适度收入差距对经济发展的积极作用

刘易斯从农业人口向城市转移以满足工业化发展对劳动力需求的角度，提出城市收入水平高于农村必然会吸引农业人口向城市流动，从而促进工业化和城市化快速发展。与此同时又带动了农业自身发展，因为大量农业人口转移到城市后，土地规模经营得以发展，农业生产率得以提高。

国内也有学者认为，收入差距拉大能提高全社会资源配置效率，体现了“效率优先，兼顾公平”的原则，是改革和发展的一项重要动因。[1] 相关产业主要在城镇地区集中，贸易的发展也就主要有利于提高城镇居民的收入，因此由于国际直接投资（FDI）主要在城镇地区，那么 FDI 的流入自然也就主要有利于城镇居民。这样，经济的开放将加大城乡收入差距[2]，这种差距有利于形成一定投资群体与投资来源。

（二）收入差距过大对经济发展的消极作用

1. 对城乡、区域经济发展影响

收入分配不均导致资源配置倾向于城镇地区或者高收入阶层和较富裕地区，相对于农村居民来说，较富裕的城镇居民拥有更高的资源优势和市场选择能力。由于非农产业占经济增长的比重大，城市优先的经济政策在短期可

---

[1] 专家特别调查：我国居民收入分配走势预测 EB/OLhttp://www.people.com.cn/GB/jinji/31/179/20011029/592802.html/2001-10-29/2014-08-26。

[2] 陆铭、陈钊：《城市化、城市倾向的经济政策与城乡收入差距》，载《中国史研究》2004 年第 6 期。

能对经济增长的贡献显著，但在长期却可能由于没有考虑到城乡收入差距被进一步拉大的结果，而造成社会整体付出昂贵代价。

城乡收入差距扩大、资源受制于制度约束而不能自由流动、城市高房价和户籍制度限制了非技能劳动力在城乡之间自由流动，然而城镇的集聚效应使得劳动力、资金不断从农村流向城镇，这导致农村户口的居民一方面在城市的发展受限，另一方面也使农村失去了一定数量的劳动力。并且由于农村土地不能自由流转，从而农村居民主要收入来源、农村的发展还是依靠传统耕作。

2. 对产业结构升级的影响

市场机制作用下，收入差距引起的收入结构变动直接影响市场需求结构变动，市场需求结构变动又必然引起产业结构调整。生产决定消费，反之，消费的方向与层次也决定着生产。

“生产过剩”使得实力较弱的中小企业面临生产不足、规模缩减甚至停工破产的风险，从而出现企业利润率下降、相关人员利益降低，进而投资者的投资信心不足，投资总量减少，导致经济增长动力不足。收入分配的不平等导致资源配置倾向于城镇或者高收入阶层和较富裕地区，则城镇居民就掌握了有利的资源和市场选择能力。城镇居民的消费倾向将引导投资和其他经济资源流入主要生产目的在于满足城镇居民需要的生产及服务部门，进而推动为城镇居民生产产品和提供服务的相关行业快速发展。城镇居民收入水平较高，其消费水平也相对较高，带动城镇产业部门的发展，农村收入水平低，要素外流，产业发展不断萎缩，进而又扩大了城乡收入差距。

3. 对投资的影响

市场需求变动以及产业结构调整会造成投资信心下降、投资总量减少，从而对社会整体的就业率提出挑战。就业作为民生之本，不仅关系到低收入群体的收入水平，更是维护社会和谐稳定的关键，但就业岗位数量增长缓慢在一定程度上抑制了很大一部分低收入者通过就业来提高收入水平；同时由于企业投资信心不足、投资回报率下降也会阻碍经济发展，进而造成国家财政收入增速随之放缓，财政转移支付对低收入者和低收入地区的力度也将相应降低。通常来看，同样的投资增量投向与农村、农业、农民相关项目，比投向城市对国民经济的拉动作用更大，即农村投资乘数高于城市。

就江苏而言，农业人口仍占很大比例，过大的城乡收入差距若不能抑制或缩小，广大农民的消费需求就不能提高，投资需求就必然被抑制。并且，三次产业对资本的需求量不同，主要分布在农村的第一产业投资需求量占比极小，且逐年递减，而主要分布在城镇地区的第二、三产业投资需求量极大，第二产业可达60%。这样一来，由于收入差距造成平均消费倾向降低，将进一步造成物质资本投资分散化，也包括对人力资本投资影响。江苏大量人口还在农村，而农民收入水平较低，负担能力有限，则相应的必然会减少对农村的教育投入，因而农村的人力资本投资必然受影响。[1]

4. 对消费需求影响

（1）江苏收入差距对消费影响的实证分析。在支出角度上GDP作为投资、消费、净出口这三种需求之和，被定义为最终需求，因此经济学将这三种需求统称为拉动国民经济增长的“三架马车”，它们的占比直接关系到国民经济能否保持稳定、健康发展。

十二届全国人大二次会议中，商务部部长高虎城答记者问时介绍，2013年我国全年社会消费品零售总额达23.4万亿元，增长13.1%，若去除价格因素则增长为11%以上，对经济增长贡献率达到50%。国家发展改革委员会宏观经济研究院常务副院长王一鸣在2014年3月10日由国际经济交流中心举

[1] 陈斌开、张鹏飞、杨汝岱：《政府教育投入、人力资本投资与中国城乡收入差距》，载 http://max.book118.com/html/2013/0917/4700862.shtm。

办的第 57 期“经济每月谈”上表示，如果从需求角度考虑，目前投资和出口对于我国经济的拉力正在减弱，但消费对经济增长的贡献正在随着居民收入水平的提高而逐步增强。王一鸣指出，2013 年的消费虽然略低于投资，但其贡献率已达 50%，对比来看出口的贡献为– 4.4%。“我个人认为再往后消费的贡献率还会继续提升，动力结构变了。金融危机后出口都是负贡献，内需尤其是消费需求势头越来越好，内需是中国经济增长的主引擎。”[1]

根据 2012 年的有关统计数据，江苏在外向型经济引导下，外商直接投资与国内资本的充分利用、消费内需的扩大对江苏经济的发展做出了很大的贡献。如图 2-12 为江苏生产总值各项构成要素的数量情况。

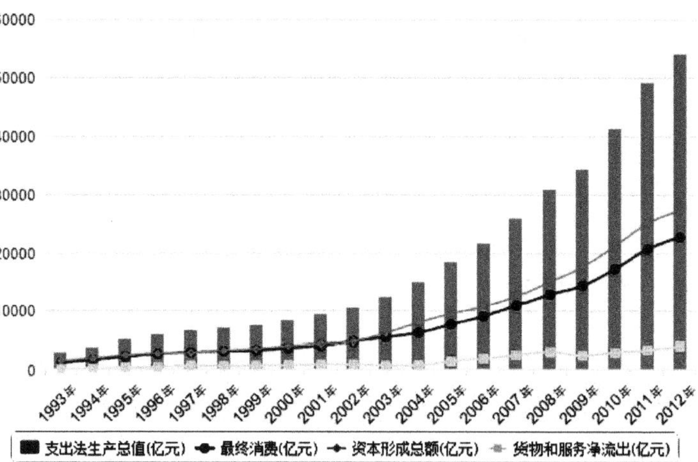

图 2-12　生产总值构成

Figure 2-12　The Composition of GDP

注：数据来自国家数据网。

1993 年以来，消费总量与资本形成总额不断上升，在 2002 年加大引进

[1]　商务部部长：去年国内消费对经济增长贡献率达 50%，http://finance.people.com.cn/n/2014/0308/c1004-24571378.html/2014-03-08/2014-4-21。

外资，加快建设中外合资项目后，资本贡献率逐渐与消费拉开差距，两者在2012年分别为22 714.57亿元和27 258.07亿元，分别占生产总值的42.02%和50.42%。所以，可以说，从支出法计算的生产总值来看，江苏的生成总值基本取决于资本形成总额与消费总量。

根据江苏统计年鉴数据，从各产业贡献量来看，第一产业包括农林牧渔业，近年来产业贡献率保持在2.1%；第二产业包括制造业、建筑业、采矿业、电力、煤气及水的生产和供应业，是主要的发展对象，产业贡献率达60%左右；第三产业为非第一、二产业的其他行业，近年来上升稳定，其贡献率达38%左右。农村突出表现为第一产业，而城镇则主要是第二、三产业。江苏引进的FDI主要投资于第二产业，而投向第一产业的比重最小，投向第三产业的投资比重虽高于第一产业但仍偏低，且主要集中于房地产业这种关联效应较低的产业。

可以说，城乡的收入差距重点在于农村的总体经济水平偏低，而农村经济动力主要来源于消费内需。因此对于农村，经济总量的提升必须靠拉动广大农村群体的消费水平。

根据有关统计数据，江苏省居民消费水平稳定增长，同比2011年，2012年涨幅达13.31%。其中农村消费与城镇消费分别占比39.74%和60.26%。农村消费与城镇消费分别从1993年的1 062元、2 673元增长至2012年的11 721元、24 101元，分别增长了11.04倍和9.02倍。但是农村与城镇的消费水平在不断扩大，如图2-13所示，随着消费水平的不断提高，农村与城镇消费支出出现剪刀差，差距不断加大。

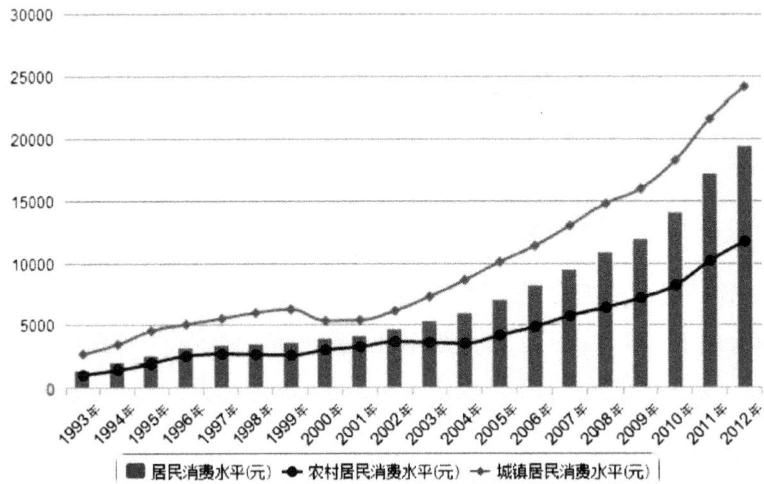

图 2-13　居民消费水平

Figure 2-13　Consumption Level of Residents

从城乡收入方面而言，根据凯恩斯的消费函数理论：收入与边际消费倾向决定消费水平，可知消费需求规模的扩大和消费结构升级是推动经济增长的源动力。并且对于江苏来说，农村仍有较大的消费增长空间。

收入是众多影响农村居民消费支出的因素中最主要和最关键的经济因素。那么，城乡居民收入差距扩大将如何影响消费支出？下面将从总量收入角度来分析城乡收入差距扩大对消费支出如何发生影响，在构建 ECM 模型和 Granger 因果模型的基础上，运用数据处理软件，结合相关数据，实证分析总量收入以及收入差距对消费支出影响的具体程度。

第一，研究方法。

传统上，时间序列分析对时间序列的要求是必须平稳，如果时间序列存在随机趋势或确定性趋势将会出现“伪回归”问题。为了防止所采用的时间序列是不平稳的，需要对各变量分别进行单位根检验以验证各变量的时间序列平稳性，常用方法有 DF 检验法、ADF 检验法和 PP 检验法。本研究将用 ADF 检验法检验变量的平稳性，即对时间序列 y 进行如下回归：

$$\Delta y_{t-1} = a + by_{t-1} + \delta\sum_{i=1}^{p}\Delta y_{t-1} + U_t \qquad \text{公式（2.4）}$$

其中，Δ 表示一阶差分符号，a 是常数项，U_{t-1} 是随机误差项，P 表示最佳滞后期数。作如下假设检验：H0：δ = 0；H1：δ < 0。如果接受原假设 H0，则表明序列 y 中存在单位根，因此就是非平稳；否则，表明序列 y 中不存在单位根，序列是平稳的。为了使误差项成为白噪声而在方程中加入 P 个滞后项。实际中回归的最佳滞后期数 P 是未知的，本研究拟用 AIC 准则来确定方程（3-1）的最佳滞后期数，对 Mackinnonl 陆界值进行判断。对于非平稳的变量仍需要再检验其差分是否平稳。若某一变量的 d 阶差分平稳，就称此变量为 d 阶单整，记为 I(d)。

如果两个变量是滞后的 n 阶单整，则需要 Engle-Granger 协整检验进一步判定数列的平稳性。对简单二乘得到的残差序列进行平稳检验，通过残差序列的平稳性可以判断数列是否有协整关系。

两个经济变量 X、Y 之间的格兰杰因果关系在时间序列中通常定义为：对变量 Y 的预测如果在包含了 X、Y 的过去信息条件下的效果要优于单独由 Y 的过去信息对 Y 进行预测的效果，或者可以说变量 X 的存在有利于对变量 Y 的将来变化进行解释，那么我们就把变量 X 看作是引致变量 Y 的格兰杰原因，此时 X 的滞后期系数是具有统计显著性的。

第二，变量说明。

a. 相对收入差距：城乡收入比 Inc。城镇居民收入与农村居民收入的比值即城乡收入比。有人对此提出质疑，认为城乡收入比指标在实际研究中存在收入口径不一致问题，但该指标仍是目前计算城乡差距中比较直观同时也是具有可比性的一个指标，这是因为它能够直接反映出城乡收入水平的相对差距，关于其不可比或比较结果不客观等问题往往是运用资料而非统计指标本身的原因，因此在保证城乡收入来源的动态可比性前提下，本研究认为城乡收入比指标是较为恰当的度量城乡收入不均等的核心指标。

b. 江苏经济水平：最终消费总量 Coms。以江苏农村消费引导的产值构成为主导，综合城镇产值的结构特点，以居民最终消费量作为江苏经济水平的衡量标准。

表 2-18 江苏城乡居民收入差距与最终消费

Table 2-18 The Income Gap between Urban and Rural Areas and Final Consumption in Jiangsu Province

年份	城乡收入比	最终消费（亿元）
1993	2.19	1 251.08
1994	2.06	1 721.45
1995	1.89	2 250.66
1996	1.71	2 721.84
1997	1.76	3 020.94
1998	1.78	3 161.90
1999	1.87	3 339.79
2000	1.89	3710.71
2001	1.95	4 141.92
2002	2.05	4 801.91
2003	2.18	5 484.04
2004	2.20	6 227.21
2005	2.33	7 658.70
2006	2.42	9 045.95

续表 2-18

年份	城乡收入比	最终消费（亿元）
2007	2.50	10 933.68
2008	2.54	12 843.37
2009	2.57	14 357.40
2010	2.5	17 238.08
2011	2.4	20 649.28
2012	2.4	22 714.57

注：数据来自《江苏统计年鉴2013》。

第三，序列平整性检验（ADF 检验）。

结果如表 2-19 所示：

表 2-19　各变量 ADF 检验结果

Table 2-19　ADF Test Results

变量	检验形式（C,T,L）	ADF 检验值	ADF 临界值			P 值
			1%	5%	10%	
LnInc	（C,T,1）	－1.78	－3.89	－3.05	－2.67	0.3776
DLnInc	（C,T,1）	－5.44	－3.89	－3.05	－2.67	0.0005***
LnComs	（C,T,1）	1.47	－3.95	－3.08	－2.68	0.9981
DLnComs	（C,T,1）	－2.96	－3.86	－3.04	－2.66	0.0577*

注："C"表示常数项，"T"表示趋势项，"L"表示滞后期。"*"表示在10%显著水平下拒绝原假设，"**"表示在5%显著水平下拒绝原假设，"***"表示在1%显著水平下拒绝原假设。

由以上的检验结果可以看出，原数据序列的 LnInc & LnComs 都是非平稳的时间序列，但其一阶差分序列都平稳，DLnInc 在 1% 的显著性水平下达到平稳，DLnComs 在 10% 的显著性水平下达到平稳，即两个变量均为非平稳的一阶单整过程，这满足继续进行协整关系检验的前提条件，从而可以进一步对其进行协整分析。

第四，协整关系检验。

若这些时间序列具有相同的单整阶数，同时存在某种线性组合（协整向量）能够降低组合时间序列的单整阶数，那么就认为这些时间序列之间存在显著的协整关系。

表 2-20 残差项 ADF 检验结果

Table 2-20 ADF Test Results of Residual

变量	检验形式（C，T，L）	ADF 检验值	ADF 临界值			P 值
			1%	5%	10%	
e_t	（C，T，1）	－2.85	－3.85	－3.04	－2.66	0.0708*

由检验结果可知，残差序列的 ADF 检验值而非 e_t 小于显著性水平在 10% 下的临界值，也就是说残差序列是稳定序列，因此可以得出序列 LnInc & LnComs 之间有协整关系的结论，即表明江苏省城乡居民收入差距与总体消费支出之间存在着均衡的长期稳定关系。

第五，ECM 误差修正模型。

根据 1983 年 Granger & Weiss 提出的 Granger 定理表述，若因变量、自变量间是协整关系，那么可用误差修正模型对两者之间的关系进行表述。

以残差序列 e_t 作为误差修正项，误差修正模型建立如下：

$$D(LnComs) = 0.149264 - 0.218275D(LnInc) - 0.098961e_{t-1} \quad \text{公式(2-5)}$$

t 值：　　16.90118　　－ 0.975526　　－ 4.844313

R^2 = 0.822764　　F = 20.85630　　D.W. = 1.358478

其中，残差项由二乘法回归得，即：

$$e_{t-1} = LnComs_{t-1} - 4.983633 - 4.807437LnInc_{t-1} \quad \text{公式（2-5）}$$

误差修正模型主要用于表示江苏省城乡收入差距与居民最终消费支出之间的短期动态均衡关系。从模型中可以看到，两者的拟合程度比较高，达82.28%。误差修正项的调整系数为－ 0.098961 ＜ 0，是负数，这符合反向修正机制要求。同时－ 0.218275 ＜ 0，表明江苏省城乡收入差距与居民最终消费支出之间负相关。

当 t－1 期 $LnComs_{t-1} - 4.983633 - 4.807437LnInc_{t-1} > 0$，即 t－1 期的居民生活消费支出向上偏离长期均衡时，调整系数会以 0.098961 的速度减少 t 期居民生活消费支出的增量，从而调整 t 期居民的生活消费支出接近长期均衡。

当 t－1 期 $LnComs_{t-1} - 4.983633 - 4.807437LnInc_{t-1} < 0$，即 t－1 期的居民生活消费支出向下偏离长期均衡时，调整系数会以 0.098961 的速度增大 t 期居民生活消费支出的增量，从而调整 t 期居民生活消费支出接近长期均衡。

第六，格兰杰因果关系检验。

检验结果如表 2-21。

表 2-21　变量间格兰杰因果检验结果

Table 2-21　Granger Causality Test Results between Variables

原假设	F 统计量	P 值	滞后期
LnInc 不是 LnComs 的 Granger 原因	60.1001	8.E-07***	1
LnComs 不是 LnInc 的 Granger 原因	6.46791	0.0217**	1

如表 2-21 所示，滞后一期时，居民消费水平的 Granger 原因是城乡居民收入差距，并且在 1% 水平上显著；城乡收入差距的 Granger 原因是居民消费水平，并且在 5% 的水平上显著。所以，城乡收入不均等和居民消费总量互为因果关系，城乡收入差距拉大（缩小）是引起居民消费总量提高（缩小）的原因。

（2）收入差距对消费影响的实证分析。首先，由表 2-21 可知，江苏城乡居民收入差距与居民消费支出（或需求）之间存在长期稳定的因果关系。收入差距对消费支出的影响非常显著，两者之间表现出很强的负相关，由最终修正的误差模型可知，人均纯收入增加 1 单位使得农村居民消费支出减少 0.218275 单位。引起居民消费变化的 Granger 原因是江苏省城乡居民收入差距，而引起城乡居民收入差距变化的 Granger 原因又是居民消费变化。因此，如果想要提高居民总体消费支出水平，以达到扩大消费需求，关键是必须提高农村居民的整体收入水平，从而缩小城乡居民的收入差距。

从理论上来说，消费通常随着收入的增加而增长，但收入的增加中用于消费的比重是不断下降的，即宏观经济学中关于边际消费倾向递减理论的内涵。一个关于该理论的推论是：同一时期内低收入者的边际消费倾向较高于高收入者，也就是说低收入者更倾向于将收入中增加的部分用于消费。

消费需求与收入增长呈正相关，有效需求是推动经济增长的源泉。一般情况下消费者的收入水平与其边际消费倾向成反比，即收入水平低时边际消费倾向高，收入水平高时边际消费倾向低。

5. 对宏观经济目标实现的影响

综合来看，收入差距是影响我国宏观经济运行的重要因素。收入差距扩大一方面会阻碍经济增长、降低增长速度；另一方面也会抑制消费和投资；同时，根据胡晓（2011）实证分析收入差距扩大对宏观经济影响的结果可以看出，收入差距扩大在一定程度上促进进口增长。

收入差距扩大不仅会影响到经济增长，也会对农村劳动力流动产生重要影响。不可否认农村剩余劳动力流向城市追求高收入对于农村发展和二元经济转型是有利的，但如果人口流动的太多太快，会造成城市内的人口规模超过最优规模，城市部门的经济效率不增反降，进而整体经济效率降低。

二、收入差距扩大对社会发展的影响

收入差距的扩大对江苏整体社会的影响既有积极因素，也有消极因素，关键在于收入差距是否存在在一个适度范围内。

（一）适度的收入分配差距对社会发展的积极作用

1. 适度的收入差距能促进社会发展

从20世纪50年代计划经济的平均主义到如今社会主义市场经济中多种所有制经济并存的基本经济制度及相应的多种分配制度，历史城乡收入分配差距过大问题在处理过程中，都致力于将收入分配差距调整到一个最适水平。邓小平提出允许一部分人先富起来，先富帮后富，这就允许并需要一定的差距来刺激经济。这种收入差距既不会激发社会矛盾，又能在最大程度上推动经济社会发展。不同社会都有体现不同特征的收入分配结构，要想在实现我国低收入群体改善和提高生活水平的同时保证经济发展，一个重要的基础就是维持市场经济中存在的非均衡分配制度，这是保证社会和谐稳定的基础。具体来讲，保持适度的收入分配差距优于人为追求平均主义，前者有助于调动劳动者的积极性和创造性。现实情况中，收入水平较高、增长较快的多为参与技术改革和推动制度创新的群体，必须要承认人们追求技术改革和制度创新，最直接和最有力的利益激励就是收入分配差距的存在。因此，在社会主义初级阶段，适度的收入分配差距不仅有助于形成与之相适应的创业机制，也有助于发挥劳动、资本、知识、技术和管理等生产要素的活力，从而加快全面建设小康社会的步伐。[1]

2. 适度收入差距对社会发展的积极作用

由上文可知，江苏在1978—1992年，基尼系数呈总体上升趋势，但并未达到警戒线0.4。1995—2002年江苏基尼系数稳定在0.4线以下，GDP发展位居全国前列，城镇居民人均收入增长14.3%，农村居民人均纯收入增长10%左右。此时江苏已实现了从贫困到温饱再到小康的跨越。

（二）过度收入分配差距对社会发展的消极作用

1. 收入差距过大会给人们带来机会不均等，从而影响社会公平与社会和谐

自改革开放以来，各阶层民众都感受到了社会主义建设各项事业蓬勃发展所带来的实惠，城乡居民的收入水平普遍提高，生活水平明显改善。发达国家的中等收入群体占比普遍在60%—80%，社会收入分配格局呈“中间大、两头小”的橄榄型结构。但目前我国的收入分配基本格局仍是金字塔形结构，中低收入阶层比重仍偏大。据测算，2002年我国中等收入者占比只有7%左右，与全面小康社会中占比50%以上的标准还有很大差距。因此，如何实现全面协调发展和全面建成小康社会面临的重要挑战，就是如何更好地协调好收入分配关系，缩小收入分配差距。

2. 收入差距过大会引起社会冲突，从而影响社会稳定

城市化进程与城乡分割体制难以调和的矛盾之中日益扩大的城市边缘人群农民工流动人口以及其第二代的犯罪率与日俱增，就对江苏海安法院刑庭

[1] 胡晓：《我国收入差距扩大对宏观经济的影响》，载《中央财经大学学报》2011年第4期。

案件的调研结果来看，统计数据显示农民工犯罪问题近几年来呈现居高不下的局面：2002—2005 年的 4 年，该院共判决有罪案犯 1 189 人，其中农民犯罪人数为 606 人，农民工犯罪人数占农民犯罪人数的 40.1%，各年所占比率分别为 39.37%、39.62%、40.49%、41.51%。犯罪农民工中，外来人员犯罪为 62 人，占比 25.51%。[1]

3. 收入差距扩大会导致两极分化，从而导致社会分层加剧

改革至今的 30 多年中，不同社会阶层获利程度差别明显，由此而形成不同利益阶层。在这样的利益分层结构的背后，更值得我们注意的是已经开始形成社会分化的动力系统。

4. 收入差距扩大会导致低收入地区发展缓慢

现实中，由于较发达地区有着更好的资源、区位与发展前景，则会吸引来更多的投资，创造更多的财富，这形成了一个良性循环。而对于收入较低的地区，自有资金不足，且吸收投资的能力不足，则会导致没有资金与有效资源用以进一步发展，从而形成一个恶性循环。

第六节　缩小城乡居民收入差距所采取的举措和面临的挑战

城乡收入差距大主要是农民收入太少，这个问题在苏北尤为突出。由于自然、历史和社会政治经济等各方面原因，省内经济的梯度发展特征明显，

[1] 《关于农民工犯罪问题的调查研究》，http://www.chinalawedu.com/news/20800/216/2006/4/zh8805304820154600212880-0.htm/2006-04-05/2014-05-31。

其中苏南5市发展水平领先，苏中3市基本与全省平均水平一致，苏北5市相对落后，特别是废黄河沿线的相对贫困带，约2.7万平方公里、1 500万人口。所以，在江苏要缩小城乡收入差距，重点是要提高苏北农民收入。省委省政府为提高苏北农民收入，缩小城乡收入差距在统筹城乡协调发展方面采取了许多重大举措，也取得了很大成效。新中国成立以来，省委、省政府从本省实际出发，积极采取多种措施，不断加大扶持苏北经济薄弱地区发展的力度。

一、为缩小城乡居民收入差距所采取的举措

（一）扶贫开发

例如，从扶贫及相关政策的制定和实施来看，20世纪80年代中后期以财政资金扶贫为主，主要对象是农村的“五保户”与特困户；20世纪90年代后工作重心转向“扶贫”与“开发”并重，并于1995年确定了扶贫开发“两步走”战略，制定了“五方挂钩”的政策措施。

其中，统筹工作的切入点是对农民进行扶贫，重点是经济协调发展，实质是统筹农村经济发展，统筹政策的重心是开发农村、农业。整个统筹工作的中心是“扶贫开发”。最初的扶贫工作主要是财政单一扶贫，后来在此基础上发展开发式扶贫，主要方式是加大基础设施建设与加快工业化发展。扶贫标准不断提高，帮扶措施也从派驻工作队、财政转移支付到实施科技项目帮扶、产业及相关设施带动等。

以江苏省灌南县的扶贫开发工作为例，在2010年2月26日江苏省召开的全省脱贫攻坚会议中指出，2009年全省投入的各类扶贫资金总计17.8亿元，其中省财政投入9.5亿元；投放小额信贷总额突破12亿元，共培训农村贫困劳动力11.6万人，苏北25个县（市、区）的贫困户均落实了帮扶措施，全年共有122万人实现脱贫；1 011个贫困村中绝大部分都已实现村级集体经济

零的突破，其中超过 1/4 的村创造经济效益超过 5 万元，总计 292 个村已经实现脱贫目标。[1]

实施脱贫攻坚工程以来，灌南县始终坚持科学发展观，以实现贫困户脱贫增收为核心，以经济薄弱村“八有”建设为抓手，推动脱贫攻坚工作取得实效，工作成果惠及广大群众。至 2009 年 4 月底，全县建档立卡的贫困户共计 3.3 万户、10.2 万人，其中已脱贫人数达 2.37 万人，脱贫率 23.4%。44 个省定经济薄弱村中已有 17 个村基本实现“八有”，6 个村成立新农村服务中心。共整合财政资金 6 371.5 万元，参与落实 147 个帮扶项目，并带动社会投入 1.2 亿元；通过 3 000 多名党员干部结对帮扶 6 000 余户贫困户方式深入开展帮扶活动。共培训贫困劳动力 3 326 人，发放小额贷款 2 795 万元，共计 3 370 户农户受益。[2]

徐州市按照省委、省政府扶贫开发工作部署，2012 年，启动实施了脱贫致富奔小康工程，制定了到 2015 年全市人均年纯收入低于 4 000 元的 27.9 万户、87.7 万低收入人口全部脱贫、359 个经济薄弱村全面实现新“八有”目标。几年来我市按照“工作到村、扶贫到户、责任到人、措施到位”的思路，坚持上下联动、点面统筹、村户齐抓，实行精准扶贫、推行新“八有”建设、全面推进黄墩湖滞洪区、黄河故道沿线集中连片地区扶贫开发，在多措并举加快培育壮大村级集体经济收入的基础上，加大扶贫小额贷款发放力度，提升扶贫互助社建设水平，做好挂钩帮扶工作，加强扶贫资金管理，加大扶贫工作督查考核力度，认真落实各项帮扶措施。到 2015 年底，全市人均年纯收入低于 4 000 元的人口全部脱贫，359 个经济薄弱村收入全部达到新“八有”的目标。

[1] 宋宇馨：《江苏城乡收入差距现状、原因及对策分析》，载《现代商贸工业》2011 年第 23 期。

[2] 范小建：《赴江苏苏北革命老区调研东部地区扶贫工作》，http://www.gov.cn/gzdt/2010-03/02/content_1545136.html，2010-03-02。

（二）基础设施建设

以1996年省政府提出“挥师北上，加快苏北高速公路建设”的战略决策为起点，统筹工作进入基础设施建设阶段。

随着省“一池三改”（是指以农户为单元，通过改造厨房、改建厕所、改造栏圈，利用农村沼气建设，以可再生能源开发和推广生态农业技术为手段，致力于农民增收、农业增效、农村致富、生态环境改善，最终实现“家居温暖清洁化，庭院经济高效化，农业生产无害化”）工程建设，苏北地区很多农户的简易旱厕消失，并加建三格化粪池，厕所以水冲式为主，有效改善了农宅卫生状况。然而实际入户调研结果表明，仅占调研总数46.8%的农户实现厕改。

相较于农村卫生设施建设，苏北农村的入村道路及村庄主干道路状况较好。调研结果显示，所有中心村均已开通等级公路，村庄与外部联系较便利。村内主干道中大部分村庄都修建了水泥干道，如果算上石子路面，苏北5市村庄主干道的硬化率达到92.4%。

苏北农村的电力电信等设施覆盖情况良好，达到100%的农电覆盖率。以户为单位的电话普及率差别较大，50%—95%，但在移动通信设施方面目前已达100%。[1]

一是农村公路等级提升，城乡客运网络初步建成。初步形成从市到县、从县到乡镇、从乡镇到行政村的各级城乡客运网，各乡镇之间都实现了班车通达，行政村的班车通达率也已达到96.8%。二是农村水利建设加快，城乡水环境质量明显改善。三是实施区域供水工程，基本解决了农村饮水安全问题。四是实施农村环境整治，农村生态环境逐步修复。

---

[1] 肖禹：《江苏灌南“五下工夫”推动脱贫攻坚惠及百姓》，http://kxfz.people.com.cn/GB/136094/9281754.html，2009-05-12。

（三）优化产业结构

2001年，省委省政府针对苏北工业化与城市化发展召开座谈会决定成立苏北发展协调小组，并于第二年该小组召开的第二次会议上出台了8项推进“四项转移”的政策措施。省委省政府确立在随后召开的关于加快苏北发展会议上，将新型工业化确定为苏北加快发展的第一方略，苏北的统筹工作进入到工业化推进阶段。近年来，苏北各市的国民经济均实现较快增长，生产力水平与之前相比也得到了显著提高，三次产业结构逐步改善，但第一产业仍占较大比重，科技生产力落后，经营方式落后，苏北统筹在这些方面做了较大努力。2006年江苏省出台“支持南北挂钩共建苏北开发区政策措施”，2008年出台“关于进一步支持苏北地区加快发展的支持意见”，并编制了“沿海开发总体规划”，2011年又出台了“关于促进苏北地区又好又快跨越发展的若干政策意见”。2012年春省政府又提出要加快苏北新型工业化、农业现代化与城镇化同步发展。

以徐州为例，“十二五”规划期间，以加快农业现代化建设为引领，以农民增收为抓手，不断深化农村改革，在提升粮食生产能力的基础上，大力调整产业结构，发展高效设施农业，2015年全市设施农业面积达到205万亩，与2010年相比，5年增加了79万亩，设施农业占比22%，连续10年保持江苏省第一；全市设施农业面积、设施农业占耕地比重、蔬菜面积、水果产量、家禽出栏、肉类总产量、牛奶产量、林木覆盖率、材木蓄积总量、林产品加工业10项指标保持全省第一。2015年全市农林牧渔业总产值、增加值分别为1 468亿元和637亿元，与2010年相比，总产值年均增长19.1%，增加值年均增长14.4%。

农业综合生产能力稳步提高，农民收入持续增长。粮食生产能力不断提高，重点开展粮食高产创建，扩大粮食适度规模经营，加强粮田专业化托管服务，粮田社会化托管服务面积达到261万亩。引进了9个优质专用新品种，推广5项增产实用技术，粮食高产创建万亩示范片达到122个，面积160万亩，新沂环骆马湖、睢宁黄墩湖、铜山、沛县沿微山湖等一批现代粮食产业园相继建成，2015年粮食总产达95亿斤，与2010年相比，粮食总产年均增长7%，实现12年连丰。农业产业结构不断优化，优势产业布局基本形成，规模养殖业稳定发展，高效设施农业效益凸显。“十二五”规划期间，我市重点培育设施菜、林果业、肉鸭、奶业、大蒜、食用菌6大主导产业。农业产业化龙头企业加快发展，全市县级以上规模龙头企业达到973家，其中省级以上67家，带动农户数278万户。农民收入持续增长，我市2011—2015年农民人均纯收入分别为9 490元、10 762元、12 052元、12 811元、13 982元，农民人均纯收入年均增长12.65%，2011—2015年我市城乡收入比分别为2.02 ∶ 1、2.02 ∶ 1、1.97 ∶ 1、1.88 ∶ 1、1.83 ∶ 1，五年平均下降速度为2.84%，城乡居民收入差距在不断缩小。

农业产业化水平显著提升，开放型农业健康发展。2015年，全市规模以上农产品加工业销售收入2 550亿元，与农业总产值之比为3.6 ∶ 1。园区建设水平有了显著提高，建成2个国家级农业园区和产业化示范基地、9个省级现代农业产业园区、7个省级农产品加工集中区，获省级以上集中区认定数量全省第一。创建国家级一村一品示范村镇7个、省级11个，总数位居全省第二位。两大新型业态健康推进，一是大力推进农村电子商务发展，形成了“前店后厂、两头在外”的沙集模式、“农产品基地（合作社＋网络）”的李大楼模式、“农村传统工业＋网络”的前八段模式，全市已有3个县、4个镇、16个村先后被省命名为电子商务示范县、示范镇、示范村。二是持续推进休闲观光农业发展，全市建设各类观光农业景区（点）819个，年接待游客1 200多万人次，年营业收入超过50亿元，带动农民就业近15万人。开放型农业平稳发展，“十二五”规划期间，全市农产品年出口额保持在3亿美元以上，2015年为3.8亿美元，同比增长11%，增幅为全省第三。省级农产品出口示范基地17个，出口农产品创汇企业149家。

（四）推动农村劳动力转移

要加快城乡一体化进程，必须保证要素充分流动，淮安市根据“城乡规划、产业布局、基础设施、公共服务、劳动就业”的五个一体化要求，通过城乡统筹，合理引导人口城市化进程，统筹各县区以及重点地区的协调发展、保护区域生态环境和各类资源，引导土地、资本、劳动力、技术、信息等资源在城乡间的合理流动，促进资源在地区间的合理配置，逐步缩小城乡差距，实现城乡经济社会协调、可持续发展。农村人口流动是农民融入城市社会的重要途径。淮安市2009年统计年鉴数据显示，全市共554万人，其中农村人口339.12万人，劳动力总量192.02万人，转移155.54万人，劳务输出104.82万人，转移比重达81%，输出比重为54.59%，其中新增转移人口5.1万人，新增输出人口3.83万人，大部分农村劳动力目前已实现就地转移或异地输出，80%左右的劳动力离开传统农业生产，有序转移至第二、三产业就业，这符合城镇化进程对农村劳动力就业转移的要求。[1]

南通市近年来在当地经济社会发展规划中增加对协调城乡就业、加快农村劳动力内转外输和解决农民工问题的考量，通过逐步推行统一的就业政策以消除其中包含的城乡、身份等限制因素，逐步减少劳动报酬和社会保障等方面的城乡差异，致力于形成人口在城乡间自由流动、城乡统筹就业的劳动力格局。一是实施户籍制度改革。2003年南通市政府出台《关于进一步深化户籍管理制度改革的试行意见》确定了以合法固定住所、稳定职业（生活来源）为迁户条件的新型户籍管理制度，采取实际居住地登记户口形式，进一步调整和放宽市区居民的户口准入政策。小城镇（含县城）实行开放式管理，通

[1] 《淮安积极发挥规划引领作用着力推进城乡一体化》，http://www.mohurd.gov.cn/dfxx/201301/t20130108_212512.html，2013-01-06。

过取消城乡户籍限制，实行户籍登记制实现城乡人口的自由流动。南通市通过户籍改革制度，着力解决农村富余劳动力在市民化进程中“进得去”问题，促进了城乡人口自由流动。相对于2000年，2007年全市人口减少了18.4万，而市区人口却由原来的65.14万增长到87.25万，增长了34%，城乡人口之比由37∶63变为49∶51。二是统筹城乡就业制度。为了促进农村劳动力的转移，2004年市委、市政府出台《关于进一步加强农村劳动力转移工作的意见》，按照建立城乡统筹就业机制的要求，全面清理和取消了流动就业证卡制度等各种限制农村劳动力就业的规定。各地建立健全各级组织领导机构和工作机制，建立城乡统筹的就业管理制度，完善覆盖城乡的就业服务和信息网络，提升农村劳动力的职业技能培训质量，建立农民工进城就业相关援助制度。为提高农民的职业技能、就业竞争力以及未来就业稳定性，各地加大职业技能培训力度，建立了地方劳动保障部门带头、多部门共同参与、利益直接到人的培训券补助机制，实现了培训主体多元化、培训专业品牌化、培训方式多样化、培训就业一体化。

（五）加快农村土地流转

苏中地区，以南通为例。南通在全市范围内深入实施高效农业规模化“133行动计划”。一是依托“一个抓手”——以农业项目建设为抓手，扩大农业招商引资水平，全力推进以“一条主线、四个主体”为主要内容的农业项目建设。二是推进“三大工程”：高效种植业“三超工程”——“十一五”规划期间，全市高效蔬菜面积达100万亩以上，高效特经特粮面积90万亩以上，高效蚕桑及花卉苗木面积超80万亩；规模养殖“三百工程”——“十一五”规划期间，全市发展年出栏5 000头以上生猪规模养殖小区（场）100个，年存栏5万羽以上蛋禽、年出栏10万羽以上肉禽规模养殖小区（场）100个，连片800亩的海水养殖、连片100亩的淡水养殖小区（场）100个；龙头企业“翻番工程”——“十一五”规划期间，全市农副产品加工企业发展到5 000家左右，

50 家市级以上龙头企业实现销售收入 300 亿元，比 2005 年底翻一番以上。三是开展“三创活动”：创建农业高效规模化先导乡镇、优质示范村和特色基地。各县（市）区结合本地实际，制定现代农业发展的具体引导扶持政策。特别是加强对农户发展高效农业的政策扶持，市和县（市）区财政每年分别不少于 1 000 万资金用于引导高效农业的发展，调动了千家万户发展高效农业的积极性和创造性。2007 年底，全市亩纯收益 2 000 元以上的现代高效农业面积已发展到 225.5 万亩，占耕地面积的 32.1%。高效渔业面积达 30 万亩，在省内处于领先地位。

苏南地区以苏州、无锡为例，这些地区农村土地多数进行了土地流转。在土地流转方面，基于调查的 441 户人家的数据，江苏省平均每户承包地面积为 3.9 亩，有 135 户人家在第二轮承包期内进行过调整，平均调整次数为 1.6 次。在调查的 441 户家庭中，进行过土地流转的仅有 98 户，涉及 101 次流转。其中土地流转的形式以租赁和有偿转包为主，分别为 54 户和 37 户，以股份形式进行土地流转的只有两户。在土地流转约定方式的选择上，80% 的家庭选择了合同约定的方式，20% 选择以口头约定的方式。土地流转期限以短期为主，60% 的流转期限为 1—5 年，20% 在 6—10 年，土地流转价格在 2 600 元 / 年。作为土地流转主体，家庭、村、镇政府平分秋色，分别为 62 户、66 户和 67 户。

省委省政府于 2008 年 9 月正式将苏州作为省城乡一体化综合配套改革试点市，并于 2008 年 10 月被国家发改委纳入城乡一体化发展综合配套改革联系点。随后苏州市连续出台了《中共苏州市委、苏州市人民政府关于城乡一体化发展综合配套改革的若干意见》（2008）、《苏州城乡一体化发展综合配套改革三年实施计划》（2009）和《中共苏州市委、苏州市人民政府关于全面推进城乡一体化改革发展的决定》（2010）三个纲领性文件，用以指导城乡一体化改革发展全局。苏州的做法是：以土地股份合作，推进土地流转；以改革产权制度，重构集体经济组织；以新型经济组织，引导农民抱团发展。

土地承包经营权变“股权”，解放了土地，也解放了农民；加快了土地流转，为农民获取长期土地收益构建了政策和制度框架。社会保障，是破解城乡二元结构的重点所在、难点所在、关键所在。随着政府财政投入力度逐年加大，苏州市对所有符合条件的农村家庭，在义务教育、合作医疗保障、最低生活保障、养老保险、扶贫帮困等方面实现全覆盖。通电、通公路、通公交、通自来水、通电话、通有线电视、通宽带网，谓之“七通”，苏州所有建制村全都实现了。七通，促进了资源要素在城乡之间的合理流动，加快了工业化、城市化、国际化“三化”与“三农”的互动并进。为了进一步优化土地资源配置，苏州又独具创造性地深入开展“三个集中”，推进农民人口向社区集中居住、工业企业向园区集中办厂、农业用地向规模化集中经营，优化城镇、产业、居住、环境、水资源等规划布局。至 2010 年 6 月，全市由 2.1 万个自然村规划调整为 2 517 个农村集中居民点，33% 的农户迁入集中居住点居住，75% 的农村工业企业迁入工业园区，56% 的耕地实现规模化集中经营。

苏州的现代农业发展正在形成自身优势。根据“四个百万亩”的规划要求，以形成现代农业示范园区为目标，苏州正在不断创新农业发展载体，形成农业经营高效机制和合理完善的农业支持保护制度，集中促进“水稻规模化、蔬菜设施化、水产标准化、营销现代化”。目前苏州已经基本形成了比较完善的农业担保体系，农业总担保金额达 45 亿元，位于全国同类担保的第一位；形成以国家、省、市、县为单位的四级农业保险体系，累计投保农户 289 万户，投保金额总计 54 亿元。同时，率先实施对粮食规模经营户的收购价外补贴，并不断探索建立基本农田保护机制和生态补偿机制。[1]

无锡市以从土地资源制约和规模集约发展问题出发，在 2003 年前后合理

[1] 《浅谈农村城镇化过程中苏北农村劳动力转移问题探究》，http://myeducs.cn/lunwen-resource/keyonglunwen/free-lunwen/qiantannongcunchengzhenhuaguochengzhongsubeinongcunlaodonglizhuanyiwentitanjiu/。

有序推行工业向园区集中、农民向城镇集中、土地向规模集中的“三集中”发展模式。到 2008 年末共计迁入园内企业 2 889 家，规划调整农民集中居住的新型农村社区 182 个，促进城乡空间资源整合和良性 。[1]

（六）统筹城乡发展与健全社会保障

在统筹城乡社会保障上，苏北地区也采取了相应措施。目前苏北五市已将新型农村社会养老保险和城镇居民社会养老保险制度并轨，统一实行城乡居民养老保险制度。也就是说，无论是城镇居民还是农村居民，都能够享受到同样的政策规定，这样不仅有利于促进社会公平和基本公共服务均等化，同时随着城市化进程的不断加快和居民在城乡间的频繁流动，也有利于社会保障制度间的相互衔接转换。

苏北以徐州为例，“十一五”规划期间末徐州已在全省率先实现了新农保和城镇居民养老保险的并轨，这两大保险已合并为一种保险，即城乡居民社会养老保险，简称“城居保”。城居保的推行，让广大城乡没有工作的“社保夹心层”有了保障。2009 年徐州市“新型农村合作医疗”参保人数已达 629.4 万人，实现了农村人口全覆盖。2008 年，全市参合病人次均住院补偿达到 1 401.03 元，较 2007 年提高 45.62%；住院补偿比达到 35.99%，较 2007 年提高 7.59 个百分点；参合住院病人次均补偿 1 500.72 元，住院补偿比例达到 38.04%。另外，持续推进中心镇和管理示范镇建设，城镇承载能力不断提升。2010 年 4 月，徐州开始启动中心镇创建达标活动，按照“1530”城镇框架，在 30 个镇中开展集中创建，目前 30 个镇被命名为创建达标中心镇。到 2015 年底，30 个镇建成区面积达到 166 平方千米，人口达 88.3 万人，分别是创建初期的 1.7 倍和 2.1 倍，公共财政收入达 60 亿元，是创建初期的 3.1 倍，

[1] 肖依：《城乡统筹发展中的农村建设：国外经验与启示》，华中师范大学 2011 年硕士论文。

新增公共财政收入超亿元镇27个，超5亿元的镇2个。创建以来，总计投入333.6亿元，完成千余个城镇功能性项目，先后建设一批工业强镇、商贸重镇和生态靓镇、文化名镇。新农村建设步伐加快，先后完成了全市114个镇（办事处）的镇村布局规划，30个中心镇的控制性详细规划、3 000余个农民集中居住点规划，以及产业发展、基础设施建设、生态环境保护等10多个专项规划。全市抢抓“一事一议财政奖补政策”机遇，累计投资15亿元，兴建村内水泥道路6 620千米，绿化、亮化、文化等工程项目611个。用足用好省农村公共服务运行维护政策，有效解决当前农村基础设施管护、环境卫生维护、综合服务中心运行维护、文体活动设施管护等经费问题。深入开展“六整治六提升”村庄环境整治活动，建成“组保洁、村收集、镇转运、县处理”垃圾处置体系，农村面貌得到显著改善。2015年，全市已建成市级达标示范村460个，省级示范村79个。

苏中地区仍是以南通市为例。一是编制完成镇村布局规划。2005年南通市组织开展了镇村布局规划和村庄建设规划编制工作。在编制过程中，充分体现了城乡统筹发展的思路，促进农民住房合理集聚，土地集约使用，配套集中建设。目前全市共计4万多个自然村落统一调整规划成4 481个居民集中居住点，每个点规划人口在680人左右，平均每个行政村设立2.3个集居点。全市所有乡镇的镇村布局规划和居民点规划全面编制完成，并由县（市）区人民政府批准组织实施。已经开工建设农民集中居住点1 000多个，竣工各类房屋建筑面积600多万平方米，累计入住3.5万多户。在全面完成县（市）城市、县城总体规划修编的基础上，以城镇体系规划为依据，围绕做大做强重点中心镇的目标要求，积极推进新一轮乡镇总体规划修编工作，准确进行城镇功能定位，合理确定城镇规模与布局。全市新一轮乡镇总体规划修编率达100%，为进一步统筹全市城乡发展、推进城市化进程、优化区域空间布局奠定了基础。二是制定实施城乡发展规划。根据全市产业分布现状和发展趋势，“十五”规划期间提出要开发建设“三沿”经济带，优化区域经济结构。所谓“三沿”，即沿江、沿海、沿线（铁路线、高等级公路线）。以“三沿”经济带建设为抓手，将整个市域作为一个整体统筹规划，突破城乡地域界限。同时，实施积极的城市化发展战略，大力推进南通中心城市建设，加快发展中小城市，择优培育中心镇，实现城市化与工业化互动发展，增强城镇对全市经济的辐射带动力。通过两个五年规划的制定和实施，农村经济结构发生巨大变化，县域经济发展速度加快。2008 年，全市生产总产值中，农业产值占比为 7.94%，县域 GDP 总量达到 1 902.11 亿元，占全市 GDP 总量的 75.78%。

在此基础上农村基础教育水平大大提高。从 2003 年开始，全面实施完成了农村中小学危房改造工程，农村中小学布局调整，农村中小学“六有”“三新一亮”“校校通”工程，深入实施农村中小学合格学校建设，全面完成农村中小学“四项配套”工程的建设任务。建立和完善了农村中小学危房改造长效机制，不断改善义务教育阶段学校办学条件。从 2008 年将校舍维修资金全部纳入财政部门的年度预算，促进了城乡学校硬件资源均衡配置。推进“以县为主”管理体制，保障农村中小学教师工资和福利待遇及时足额到位。二是农村公共服务能力不断增强。以“县有两馆、乡有一站、村有一室”为目标的农村文化设施建设稳步推进，县“两馆”（图书馆、文化馆）全部建成。通过整合卫生资源，全面建设农村社区卫生服务体系，基本建成乡镇社区卫生中心 117 个，建成村级社区卫生服务站 1 738 个，覆盖率均达到 96% 以上。同时着力推进农村公共卫生服务项目，按人均不低于 6 元的标准设立了农村基本公共卫生服务基金，显著加强了三大类八大项基本公共卫生服务。自 2006 年起，市财政每年划拨 700 万元专门用于对农村科技和农业生产技术推广的扶持，积极引导和鼓励农业企业加强科技创新和农业企业自主创新，2008 年我市农业科技贡献率达 53% 以上。三是初步建立农村社会保障体系。加快各项农村社会保障制度建设，并不断加以完善，逐步实现城乡社会保障制度接轨，全面落实农村社会养老保险制度。2008 年市政府出台了《南通市农村居民养老保险试行办法》，标志着新农保制度已在全市建立。新农保制度降低了农民个人缴费比重，增加了财政补贴标准，提高了农民养老保障水平。通过政府推动、政策引导，建立了个人缴费、集体补助、政府补贴相结合的基本模式，全市基本实现新型农村社会养老保险制度全覆盖，参保总人数达 109.03 万，基金累计达 33.13 亿元，参保覆盖率达 95.78%。有 12.1 万人领取养老金，90 574 名 70 岁以上农村老人领取了养老补贴。农村新型合作医疗制度建设不断深化，市政府连续三年将发展“新农合”列入为民办实事项目，筹资标准和参合率逐年递增，截至 2008 年末，以大病统筹为主的新型农村合作医疗实现了县（市、区）全覆盖，农民人均年筹资水平达到 100 元（各级财政负担 80%），全省参合率达到 95%。各地均成立了“新农合”经办机构，逐步优化“新农合”补偿方案，统一建立网络结报系统，实现乡镇以上医院在线实时结报，显著改善了农民健康保障水平。失业保险机制逐步实现城乡统一。2006 年出台相关意见，农村劳动者在城镇单位办理录用备案，用人单位按就业者工资总额的 2%、本人按其工资总额的 1% 缴纳失业保险金，履行失业保险缴费义务满 1 年后失业的，与城镇职工享受同等的失业保险待遇。初步建立农村最低生活保障机制。从 2003 年开始，普遍建立农村最低生活保障制度，着力保障农村贫困人口和农民工等特殊人群的权益。2007 年明确建立低保标准自然增长机制，按上年度农民人均纯收入 20%—25% 的比例确定。低保资金主要由县（市、区）财政安排，省市财政适当补助。市区农村的标准为每人每月 210 元，已实现了省政府提出的“1 美元”保障标准。同时对农村五保户、农村最低生活保障对象的家庭成员、因患大病造成生活特别困难又无自救能力的其他农村家庭成员实行医疗救助机制。资金来源为政府拨款和社会捐助，民政部门每年从留成的社会福利彩票公益金中安排不低于 10% 的资金用于救助，市财政适当补助。农村扶贫攻坚工程全面实施。加快经济薄弱地区发展步伐，促进贫困人口尽快脱贫，是推进区域协调发展、全面建设小康社会的重点和难点。市委、市政府从 2008 年起组织实施脱贫攻坚工程，按照农村贫困人口人均年纯收入基本达到 2 500 元，力争在 2010 年基本消除绝对贫困现象。

苏南地区仍以苏州为例，在“三集中”过程中为了切实保障农民的相关利益，并使广大农民真正充分享有工业化、城镇化发展带来的各项成果，苏州在探索农民变市民的途径上创造性地提出了“三个置换”。率先出台相关政策文件，以鼓励农民将其所有的集体资产所有权、土地承包经营权和宅基地及住房置换成股份合作社股权、城镇保障和住房，实行换股、换保、换房进城 / 镇。据统计，2009 年全年苏州共计 17 万农民，即 5 万多户农村家庭通过“三置换”实现了城镇化。“三置换”的好处在于既能够为“三化”协调发展腾出空间，又能够促进城镇化进程。通过进一步完善“三大保障”建设，提高城乡社保并轨的力度，给农民进城吃了“定心丸”。截至 2010 年 6 月，苏州农村劳动力的基本养老保险覆盖率达 98.5%，其中 55.3% 为城镇职工养老保险，社会养老补贴在老年农民中的覆盖率达 99.5%。通过加快推进新型农村合作医疗保险向基本医疗保险制度的过渡，农村基本医疗保险参保率达 97%，已基本实现农民持医保卡就诊看病。通过城乡一体全覆盖、空间规划和产业规划相融合，将城市化从分散型导向集中型，逐步形成城乡一体化空间格局，促进城乡经济社会协调发展。

2002 年无锡取消了城市和农村户籍差别，将其统一为城市居民，打破了早期的城乡二元户籍制度。着力开展以农民住宅和宅基地置换城镇安置房、以农村土地承包经营权置换城镇相关社会保障，农民转化为市民的“两置换、一转化”工作。建设“三基本一补充”的养老保障体系和“三基本一救助”的医疗保障体系；2004 年开始形成“城乡一体、内外一致、培就结合、权益保障”的城乡就业模式；2008 年仅投入农村社保的政府财政资金就达 27.6 亿元。无锡城乡统筹发展的新阶段正在逐步实现城乡公共服务水平一体化和城乡基本公共服务均等化。随着城市公共服务资源的进一步延伸，农村地区的教育体系、社区服务体系、公共交通体系和社会福利体系逐步完善；政府通过加大财政投入力度、积极鼓励和引导社会资本参与其中，促进公共服务产品供给主体多元化。[1]

（七）区域协调发展

江苏统筹苏北城乡协调发展的政策措施不断演进，其演变的路径是：扶贫开发→“五方挂钩”→“四项转移”→南北共建开发区→推进沿海开发，实行“一市一策”等。统筹工作至今主要分为以扶贫开发、基础设施建设、工业化发展为重点的三大阶段，其中统筹政策的演变主要体现以下几点规律性特征：

一是以对农民进行扶贫作为统筹工作的切入点，以统筹经济协调发展作为工作重点，以统筹农村经济发展作为统筹工作实质，各项政策的重心是开发农村、农业生产，全部工作的中心都是“扶贫开发”。早期的扶贫工作主要是单一化的财政扶贫，在此基础上实行推进基础设施建设、加快工业化发展的开发式扶贫。同时，扶贫标准不断提高，帮扶措施从最初的派驻工作队、财政转移支付到当前以科技项目帮扶、设施产业带动等为主要方式。

二是以政策作为统筹工作的主要工具，体现了政策的稳定性、持续性，并对以往政策有所创新。统筹工作的三大阶段具有承前启后关系，后两个阶段有利于促进第一阶段的进一步深化。同时，伴随统筹工作的逐步推进，政策措施也从早期的扶贫为主转向以开发为主，其中政策创新主要体现在实施“五方挂钩”和“南北合作”的帮扶机制、“开发式”与“救助式”扶贫方式并举的双轮驱动机制。

三是以政策创新促进制度变革。例如，南北共建开发区就是在“五方挂钩”与“四项转移”政策措施基础上的一个创新，它实际是打开了土地管理制度变革的一个缺口，帮助苏南与外地资本、技术、产业等向苏北转移。

---

[1] 蔡孝箴：《城市经济学》，南开大学出版社 1998 年版。

近年来，省各级紧密结合中央发展要求和江苏自身实际，通过切实把握上升为国家战略的长三角一体化、江苏沿海开发和苏南现代化建设示范区，采取分类、因时、因地制宜以及错位发展方式，增加政策的叠加效应，取得了明显的成效。其中，重点把握以下几点：一是沿海开发。通过大力推进基础设施建设、产业升级发展、滩涂围垦以及载体平台建设等沿海开发规划工作，近 3 年沿海地区的生产总值年均增长 12.7%，高于全省平均水平 1.5 个百分点，成为省域增长速度最快的区域之一。二是沿江开发。自 2003 年实施沿江开发以来，10 年间沿江 6 市 13 县的生产总值增长 5.34 倍，成为促进苏中崛起的主要动力。接下来的工作重点将放在促进苏中、苏南和长三角核心区的融合发展，致力于形成长江流域对外开放门户和沿江现代产业核心区。三是“四项转移”。主要是指以促进苏北发展作为战略重点，着重推进财政、产业、科技、人才的“四项转移”工作。2006 年以来，苏北累计接收省级财政转移支付和各类专项资金 2 310 亿元；累计接收来自苏南的 500 万元以上项目共计 12 282 个，总投资额达到 8 405 亿元；省级以上科技计划项目共 3 157 项，2012 年共接收转移人才 13 万。四是南北共建园区。自 2006 年起，以政府引导、市场运作为原则共设立南北共建园区 37 个，其中苏南投入园区的注册资本共计超过 23 亿元。通过一系列财税扶持政策，以及园区内的招商引资和利益分配机制，南北共建园区正在成为承接苏南以及上海产业转移的有效载体。2013 年又把苏中与苏北结合部中各方面相对落后地区的省级开发园区列入共建园区建设与管理。五是“五方挂钩”、扶贫开发。坚持“输血”与“造血”相结合、项目帮扶与社会保障相结合，加大省级机关、部省属企业、高校和科研院所、苏南县（市、区）与苏北经济相对薄弱县“五方挂钩”的帮扶力度。2011 年，年人均纯收入 2 500 元以下的苏北农村贫困人口提前一年全部脱贫，并于 2012 年开始实施新一轮扶贫开发，确保到 2015 年实现提标后的脱贫目标。六是“一市一策”“一市一试点”。苏北实行的“一市一策”战略，包括振兴徐州老工业基地，加快推进淮安作为苏北重要中心城市的建设工作，推进连云港成为国家东中西部区域合作示范区，支持盐城发展成为国家级可持续发展实验区，促进宿迁未来经济社会发展实现更大突破。[1]

（八）南北共建开发区

在江苏省委、省政府提出实现“两个率先”的背景下，加快苏北地区的发展已迫在眉睫。为此，江苏省委、省政府先2006年提出南北挂钩共建苏北开发区战略举措，截至2008年9月底，江苏南北10个共建园区（苏州宿迁工业园，张家港宿豫工业园，无锡新沂工业园，常州新区大丰园、江宁淮阴工业园、镇江东海工业园、南京涟水工业园、江阴靖江工业园、昆山连云港工业园）共完成基础设施投入20.1亿元，引进注册项目170个，总投资190亿元（占苏北5市合同引资额的29.3%），实际到账注册资金35.5亿元（占苏北5市实际引资额的16.1%），共建开发区正日益成为苏北接受苏南产业转移的最有效载体。2007年，苏北地区生产总值达到4 976亿元，是2000年的2.5倍，人均GDP突破2 000美元。可以说新模式下的产业转移有力地促进了苏北区域发展。[2]

江苏提出了南北共建苏北开发区问题，其目的是要解决如何加快苏南产业向苏北转移的问题。苏南产业发展遇到的最大瓶颈就是土地资源的约束，而苏北土地资源却大量闲置，但国家又不允许土地指标跨地区使用，因此，南北共建开发区正可突破这一制度难题，既使资源共享，又不违背国家政策法律。所以，它是由政府推动、促进产业转出地与转入地联手，使产业转移充分考虑苏南地区产业结构调整升级需求以及苏北地区资源、环境等因素，这是“看得见的手”与“看不见的手”高度结合、破解发展难题的一大创举。

---

[1] 《江苏省委书记谈区域协调发展：不张扬悄然进取》，http://news.sina.com.cn/c/2013-08-26/014128044288.shtml，2013-08-26。

[2] 毛广雄：《基于社会资本理论的产业转移研究：江苏南北共建开发区模式解析》，载《人文地理》2010年第4期。

南北共建开发区是对现行土地管理制度的一个重要突破，也取得了很大绩效，短短几年中，共建开发园区 30 个，苏南向苏北转移 500 万元以上产业项目达 6 656 个，总投资 3 251.2 亿元，实际引资 1 576.5 亿元，对苏北经济发展做出了重要贡献。但它也存在一些问题，还带有行政指定的性质，且主要限于省内共建，还没有拓展到省外共建。

完善异地共建开发区模式，可以在江苏南北共建开发区政策措施基础上扩大共建范围，由省内共建扩大到省外共建，还可将这种拓展了的共建开发区模式推广到沿海滩涂开发，即实行沿海滩涂开发的共建模式，尤其要鼓励与上海政府、开发区、企业共建，使苏北现代化发展真正融入到长三角经济体中。江苏异地合作共建产业园区的模式较多，主要包括：

（1）全省统一部署的南北挂钩合作共建产业园区。南北挂钩共建产业园区推动了苏北发展，同时也促进了苏南采用转移，基本做法是：苏北五市与苏南五市相互结对，由苏北地区设立省级以上开发区，然后在开发区中划出一定面积的土地作为区中园，在运营方面，由苏南地区负责开发区规划、投资、引资和管理等工作，苏北地区主要负责房屋拆迁、人员安置、基础设施配套等工作，然后，在此基础上实现利益共享。

（2）自愿结合、政府鼓励的合作共建产业园。园区通常由合作双方成立的合资股份公司管理，收益按照双方股本比例分成。如南通的苏通科技产业园，其开发公司由中新苏州工业园区开发股份有限公司（占 51%）控股，南通经济技术开发区有限公司（占 39%）和江苏农垦集团有限公司（占 10%）参股。锡通科技产业园的投资发展有限公司是无锡方（占 51%）和南通通州方（占 49%）以国有投资公司为主体合资成立，由无锡市政府和南通市政府签订合作协议，双方各自成立锡通产业园建设协调小组，两市协调小组建立联席会议制度，定期研究、协调推进锡通产业园的共建工作。

（3）跨省合作共建产业园区。上海和江苏两地的地（市）、区政府按照资源互补、合作双赢的原则，设立共建园区，为企业转移打造平台。如上海杨浦（海安）工业园由南通市海安县与上海杨浦区政府合作共建，园区规划面积 5 平方千米，一期规划 2 平方公里，两地政府相关职能部门共同组成园区管委会，双方派员，统一负责园区的建设管理。

江苏异地合作共建产业园区的实践丰富多样，不同类型的共建产业园区都具有“飞地经济”的性质：即一地政府在不属于自己行政管辖的区域获得一片土地，与所在地政府通过规划、建设、管理、税收分配等合作机制，建设产业园区，实现互利共赢。[1]

二、缩小城乡居民收入差距面临的挑战

（一）缩小城乡居民收入差距所取得的绩效

通过不断推进与创新统筹苏北城乡协调发展政策，苏北的经济发展迅猛，自 2006 年以来主要经济指标增速均高于全国、全省均值，人均 GDP 超过 5 500 美元，提前完成并远远超过“全面小康”所规定水平，同时其他指标也多已达到或接近小康。工业化推进效果显著，第一、二、三产业比重由 2000 年的 26.40% ∶ 41.44% ∶ 32.16% 调整到 2010 年的 13.71% ∶ 47.74% ∶ 38.55%；城市化率已由 2000 年的 31.2% 提高到 2010 年的 51.5%，2011 年的 53.3%，2012 年上升为 54.7%，至 2013 年，苏北地区城镇化率上升到 55%；城乡收入差距也开始由 2007 年的 2.55 ∶ 1 降为 2010 年的 2.07 ∶ 1，2011 年为 1.99 ∶ 1，2012 年为 1.98 ∶ 1，到 2013 年，城乡收入差距为 2.25 ∶ 1。“十一五”规划期间，农民收入水平增幅明显，2013 年的人均纯收入是 2005 年的 2.7 倍，达 11 497 元。到 2016 年全省实现生产总

[1] 《广东、江苏探索异地合作共建产业园区》，载《中国经济时报》，http://wenku.baidu.com/link?url=77tFc_VDTkHq0Dl9Dvu_ffgqh9evdy1efLyaGgBry4mjdJg7AWI1QiroCzCXJ7OP-Tgc7z_DHudoyDzhfXUQbe7R23HuYz5TM0NR3ruYBga2011-07-11。

值7.6万亿元，多年位居全国第二位，区域创新能力已连续8年位居全国第一，人均可支配收入达32 070元，比全国平均水平高34.6%，其中城镇居民为40 152元，农村居民为17 606元，城乡居民收入差距连续自2009年以来一直呈缩小趋势。

自21世纪以来，为加快苏北农业现代化，省委省政府在扶贫开发、基础设施建设、工业发展带动、财政转移支付等方面采取了一系列倾斜举措，使苏北现代农业有了长足发展。以徐州为例，到2014年，徐州农业综合生产能力稳步提高，其中有7项指标居于全省第一，分别是：设施农业面积、设施农业占耕地比重、蔬菜种植面积、水果产量、家禽出栏数、肉类总产量、牛奶产量。其中设施农业面积从“十二五”规划期间初不足70万亩，发展到现在的近200万亩，设施农业占比达到20%，连续9年保持江苏省第一，粮食产量实现11年连丰，全市粮食优质专用化率80%以上，粮食商品化率85%以上，粮食万亩示范片稳定在120个，面积160万亩；农民收入持续增长，农民人均可支配收入从2010年的7 955元提高到2014年的12 811元，年均增长12.65%；农业生态环境逐步改善，森林覆盖率达到32.6%，高出全省10个百分点，农业废弃物综合利用率达89%，种植业“三品”比重达87%；农业物质装备水平显著提升，农机总动力达653万千瓦，农业机械化水平达78%，高标准农田比重为50%；农业技术状况明显改善，农业科技贡献率达64%；全市流转土地面积已达329.77万亩，土地适度规模经营比例达30%。

（二）缩小城乡居民收入差距面临的挑战

由前面分析知，江苏城乡收入差距在低于全国的同时，其自身的城乡收入比却在不断扩大。在统筹城乡关系，缩小城乡居民收入差距上还是存在一定挑战的。

在城乡居民的四项收入中，江苏历年的农民的财产性收入与转移性收入占总收入比例多在5%以下，大部分居民收入来自工资性收入和经营性收入。

工资性收入主要是打工收入，经营性收入则主要为农村土地种植经营。所以，要提高农民收入即要提高经营性收入，这就迎来了缩小城乡收入差距的一大挑战，即现今土地分散，此部分收入很难提高，需要农业现代化。但在经历了30多年改革开放的现代化建设的今天，工业化、城镇化在不断推进，农业现代化建设却明显滞后。这种滞后表现在一是资金、技术都随着经济发展投入转移到工业上，农村资源不能进行有效配置，农村发展力滞后。二是在农业成本上升同时，还存在农业技术水平低、服务体系不健全等问题，造成生产率低下，生产效益严重偏低。三是农业发展方式与农村劳动力素质低下、人才流失等阻碍农业生产标准化、集约化、规模化和经营专业化。农业应从传统经营模式中突破出来，采用规模现代化科技装备生产。这些都是农业现代化所面临的挑战。

在土地流转方面，基于调查的441户人家的数据，江苏省平均每户承包地面积为3.9亩，有135户人家在第二轮承包期内进行过调整，平均调整次数为1.6次。在调查的441户家庭中，进行过土地流转的仅有98户，涉及101次流转。其中土地流转的形式以租赁和有偿转包为主，分别为54户和37户，以股份形式进行土地流转的只有两户。在土地流转约定方式的选择上，80%的家庭选择了合同约定的方式，20%选择以口头约定的方式。土地流转期限以短期为主，60%的流转期限为1—5年，20%在6—10年，土地流转价格在2 600元/年。作为土地流转主体，家庭、村、镇政府平分秋色，分别为62户、66户和67户。

第三章　城乡收入差距缩小与农业现代化发展 [1]

农民收入水平低，城乡居民收入差距过大，是因为工业生产率远高于农业生产率，或者说，是由于工业现代化水平远高于农业现代化水平。缩小城乡之间的收入差距的关键在于提高现代化农业的发展水平。江苏要实现现代化面临的基本问题就是农业要实现现代化，苏北是江苏乃至全国的农业重要生产区域，江苏农业要实现现代化关键就取决于苏北的农业现代化是否能够顺利实现。2014 年 12 月，习近平总书记在江苏考察时对江苏工作提出“五个迈上新台阶”，其中之一就是“推动现代农业建设迈上新台阶”，并要求在全国率先实现农业现代化。2003 年省委政府提出的“两个率先”的目标，全面小康目标已经基本实现，下一步的工作就是把实现现代化摆在最重要的位置。现代化包括工业现代化、农业现代化、城市化和信息化，江苏的工业

[1]　该章第一节有一部分内容是引用作者发表的《农业经营企业化——破解城乡二元结构的重要途径》（《徐州师范大学学报（哲学社会科学版）》2009 年第 6 期）以及《城镇化进程中土地资本化问题研究——以江苏省徐州市为例》（《徐州师范大学学报（哲学社会科学版）》2012 年第 6 期）文章中的；第二至三节中有一部分内容引自作者指导的研究生周洁同学毕业论文中，未在引用处一一注明。

化和信息化发展水平在全国一直处于领先地位，城市化水平也保持较高的发展速度，到2015年底，按统计口径，我省的城市化水平已达66.6%，但实际城市化水平还不到40%。

农业现代化是缩小城乡居民收入差距的重要途径，而农业现代化的关键是要使农业经营企业化、农民市民化、农村土地资本化，所以，本章首先从这三个方面分别论述了与城乡居民收入差距缩小的关系，然后分别论述了江苏农业现代化的现状与问题。

第一节　农业现代化是缩小城乡居民收入差距的重要途径

一、农业经营企业化与城乡收入差距缩小

为了从根本上改变这种落后的生产方式，实现从小生产方式向大生产方式或从传统农业向现代农业转变，农业经营就必须由户均分散经营向家庭农场、合作组织、农业企业等新型经营主体的规模经营转变，即实现农业经营企业化。

1995年12月11日《人民日报》社论中对农业产业化内涵的表述具有广泛的认同，即农业产业化“是以国内外市场为导向，以提高经济效益为中心，对当地农业的支柱产业和主导产品，实行区域化布局、专业化生产、一体化经营、社会化服务、企业化管理，把产供销、贸工农、经科教紧密结合起来；形成‘一条龙’的经营体制。在社会主义市场经济体制的要求下，将传统的

自给半自给的农业和农村经济改变其经营模式，解放思想，放开影响生产力的束缚，与市场需求相结合，在家庭经营的基础上，逐步实现农业生产的专业化、商品化和社会化”。国外学者所讲的“农业一体化经营”与中国“农业产业化是指农工商一体化或生产、加工、销售一体化”[1]的基本含义是一致的。

首先要弄清什么是产业与产业化。产业是通过投入产出活动以实现财产增值的生产服务业的总和。投入产出具有同类属性的家庭与企业生产经营活动的集合即为同一产业。三次产业分类法是产业分类应用最广泛的一种方法，即将产业分为第一、二、三（次）产业。不同产业间界限分明，互相独立，彼此不包含。同一产业内可以有几个甚至无数个企业或家庭生产经营该产业产品，但同一企业或家庭可以生产经营不同产业的产品。产业化中的“化”用在产业这个名词后作为动词表示转变或转化，这里的转化是一种趋势或过程，是事物的一种属性或状态转变成另一种属性或状态的趋势或过程，这个过程是一个量变到质变的过程。因此，可这样理解产业化，一种非产业的性质或状态转变成产业的性质或状态的过程或趋势。

根据我国农村的改革实践应该是“农业产业化经营”或“农业经营产业化”。所谓“经营”，从产业角度是指产业经营，即人们在所从事的产业中，对投入进行计划、调度、管理等以实现产出或效率最大化的活动。在我国，农户与农业企业即农业经营的主体，可以依据市场需要自主决定如何生产经营产品，故农业的产业化是可行的。这里的“农业产业化经营”与“农业经营产业化”是一致的，所不同的是，前者表示的是一种状态，是静态概念；后者表示的是一个过程，是动态概念。

对于农业企业化的表述有多种，主流的一种观点认为，农业企业化是一个发展的过程，是根据市场经济运行的要求，以市场为导向，以经济效益为

[1]　郭书田：《农业产业化的几个问题》，载《科技日报》1996-8-30。

中心，以农业资源开发为基础，在保持家庭联产承包责任制稳定不变的前提下，在现有农村生产力水平和经济发展水平基础上，把分散经营的农民组织起来，优化资源组合，全面提高农业生产力，从而解决农业生产过度分散化和非组织化这一当前我国农业问题的主要症结的过程。[1] 还有一种比较具有代表性的观点认为，农业企业化是指使农业微观经营主体逐步按照企业特点与要求进行生产经营的过程，包括两个方面，一是农业微观经营主体组织形式企业化，二是农业微观经营主体经营行为企业化。[2]

农业经营组织的企业化是指农业经营从无组织、组织程度低向有组织、组织程度高转变的过程。结合我国当前农村的具体情况，在农业现代化的实践过程中，可以从如下几个方面入手：第一，农户经营企业化，农户的经营方式由家庭经营方式渐渐过渡、转型为家庭农场经营或农业综合企业经营方式，这需要农户自身具有较强的经营和资本运作能力。第二，农民合作组织经营企业化，它是通过社区、专业及股份把分散的农户联合起来所形成程度化较低的组织，在市场中企业经过完善自身的管理组织，使其逐渐走向正规化，保持一定的生产利润，最终组织化程度越来越高。第三，非农组织经营企业化指的是为实现农户、家庭农场及合作组织从无组织到有组织或组织程度的转变，加工、贸易等企业通过合作与股份等形式把农户、家庭农场或农民合作组织纳入到企业生产、加工、贸易一体化的生产经营中。即工商企业向农业延伸与渗透的企业化。

农业经营行为的企业化是指农业非企业经营行为向企业经营行为转化的过程，主要包括以下四个方面：第一，规模化，即农户经营规模与模式的变化，由原来的小规模经营转变为大规模经营；由原来的分散经营不断向企业规模

[1] 胡鞍钢：《农业企业化：中国农村现代化的重要途径》，载《农业经济问题》2001 年第 1 期。

[2] 郭振宗、杨学成：《农业企业化：必然性、模式选择及对策明》，载《农业经济问题》2005 年第 6 期。

经营转变。第二，商品化，即农产品生产由原来的自给自足的行为转变为专为他人生产行为。第三，雇工化，这是农业由无雇工经营、雇工人员不足及无技术知识雇工向有雇工经营、雇工人员充足及有技术知识雇工的转变过程。第四，追求利润或效率最大化，这是农业经营由无计划、调度、管理向有计划、调度、管理转变的过程。

农业经营企业化与农业企业化经营两种提法是同样的道理，都可以理解为农业生产模式由家庭小规模经营渐渐演变成企业化大规模生产经营的过程。

学者们关于农业产业化与农业企业化二者之间的关系主要可以划分为以下两类：有学者认为农业企业化属于微观经济范畴，农业产业化属于中观经济范畴，而农村经济发展属于宏观经济范畴。农业产业化的微观基础及表现形式是农业企业化，农业产业化的过程也是农业企业化的过程。[1] 还有学者认为，农业企业化是农业产业化的替代战略，农业企业化是农业产业化发展的高级阶段。[2]

二、农民市民化与农民收入差距缩小

如果能走出一条农民市民化之路，农业现代化就能尽快实现，农业现代化过程在很大程度上是农民市民化过程。因为大量农民进城后，留在农业部门的人少了，土地就可实现规模经营，生产效率就可大幅提升，农业现代化水平就会不断提高。农业现代化若能尽快实现，城乡收入差距就能从根本上缩小。根据生产决定分配的原理，农业生产水平提高了，农民收入才能增加，当农业和工业一样都实现现代化了，城乡收入差距就会消失。

[1] 胡鞍钢：《农业企业化：中国农村现代化的重要途径》，载《农业经济问题》2001年第1期，第9—15页。

[2] 梁贤等：《农业企业化是农业产业化的替代战略——农业企业化创新研究之二》，载《广西农业科学》2007年第3期。

三、农村土地资本化与农民收入差距缩小

农业要现代化还必须使农民土地变为资本，通过农村土地资本化农民的财产性收入可以提高，同时城乡间的收入差距可以缩小。

在城镇化的发展过程中，任何国家或地区对土地的需求都是逐渐增加的，而土地资源的供应不可能是无限的。不同国家或地区对配置土地资源的机制、对土地的调控政策、规章制度等都是不一样，从而导致土地利用效率也产生差异，人们对土地资本的认识与利用方式直接决定了制定怎样的土地资源的配置机制与调节机制。如果人们认为土地要 素具有作为资本的天然属性，而资本只有在运动中才能实现增值。土地资源如果得到有效的配置，城镇化发展过程中的土地短缺问题也将迎刃而解。

要让农民得到真正的实惠，缩小城乡之间的收入差距，破解多年来形成的二元经济问题，真正发挥出土地作为资本的价值属性，实现土地的合理集约使用，价格机制起着最主导的作用。

第二节　农业现代化发展现状

一、江苏农业现代化发展的总体现状

自21世纪以来省委省政府一直重视农业现代化发展，使农业现代化一直走在全国前列，到2013年底，我省的农业科技进步贡献率为63.2%，稻麦两熟地区水稻亩产达565.6公斤，水稻机插比重70%，设施园艺面积比重

15.2%，国家级现代农业示范区 10 个，无公害农产品、绿色食品、有机食品“三品”总数 1.6 万个，农民专业合作社入社农户占比超过 61.3%、农业适度规模经营比重 61%。虽然这些指标排名位于国内前列，但是农业现代化的整体发展水平仍然与工业化和城镇化存在一定差距，这就要求省委省政府必须把“推进现代农业建设迈上新台阶”工作放在以后相当长一段时期的突出位置来抓。

江苏要基本实现农业现代化，相对于苏南、苏中这些发展条件优越的地区，苏北的农业现代化发展面临着更多的阻力，苏北农业占江苏省内农业产值的绝大部分，是全省实现农业现代化的关键。苏北农业现代化在江苏现代化中之所以重要，是因为苏北农业占全省的绝大部分，这可从以下几组数据得以说明：到 2014 年底，苏北农业从业人员 553.1 万人，占全省农业从业人员的 60.2%；苏北农业产值 1 758.38 亿元，占全省农业产值 52.5%；苏北农作物总播种面积 4 710.49 千公顷，占全省总面积的 60%；苏北粮食产量 2 387.92 万吨，占全省粮食产量的 61.2%；苏北农业机械总动力 2 958.48 万千瓦，占全省农机总动力的 63.6%。所以，江苏要实现农业现代化关键要看苏北什么时候能实现。

江苏农业现代化所取得的成绩主要表现在以下几个方面：

（一）农业适度规模经营稳步发展

农业适度规模经营包含农业生产的产前、产中、产后各环节的规模化经营，协同各种生产要素的使其发挥出最大的生产潜力。农业适度规模经营主要通过龙头企业带动、政府推动、种养大户或农场经营、农业社会化服务组织带动、龙头企业与农户合作、农民专业合作社等路径实现。农业现代化需要走农业适度规模经营道路。首先，农业现代化要求农业集约化和规模化生产，而精耕细作的小农生产模式难以适应这种要求，因此需要推进农业适度规模经营。其次，农业现代化要求农业生产标准化，而小规模个人、家庭生产模式不能满足标准化生产及安全追溯体系发展模式，因此需要推进农业适度规模经营。最后，农业现代化要求农业品牌化发展，而小农生产模式难以保证农产品质量、难以维护好品牌形象，因此需要推进农业适度规模经营。

江苏省农业适度规模经营起步较早，1983 年昆山种粮大户组建的家庭农场率先开始了农业规模经营的探索过程。随后在无锡、吴县、常熟三地进行试点，在探索规模化经营的实验取得一定成效的基础上进行规模化推广。最近几年，江苏农业人口流出增加，全省的农业生产机械化率上升、农村社保体系逐步完善，对全省农业适度规模经营产生了积极作用。

理论上讲，适度规模经营是由长期成本曲线和产品价格共同决定的，长期生产中的规模经济和规模不经济决定了长期成本曲线呈先降后升的 U 形。生产扩张初期，生产规模的扩大，经济效益提高的同时带来了成本的下降，当生产规模达到一定程度后，成本开始上升。

图 3-1 反映了适度规模经营在理论上的规模区间，Q_0 点对应长期平均成本曲线的最低点，其左边为规模经济区间，右边为规模不经济区间。当生产规模处在 Q_1 点左侧时，生产成本是高于产品价格的，生产处于亏损状态，然而生产规模的扩大能降低生产成本。当生产规模到达 Q_1 点时，到达保本状态，此时 Q_1 点为适度规模经营的起点。同理，当生产规模经过 Q_0 点时，生产进入规模不经济区间，随着规模的扩大，生产成本开始增加，当生产规模到达 Q_2，继续扩大生产规模会导致亏损。因此，适度规模经营区间为 [Q_1，Q_2]。

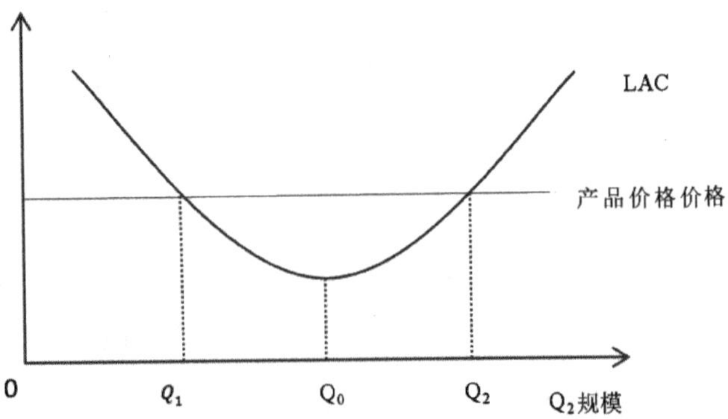

图 3-1　长期成本曲线

Figure 3-1　Long-run cost curve

根据上述规模经营理论分析，按照江苏实际测算江苏省农业适度规模经营区间，从而比较当前江苏省农业适度规模经营状况。依据适度规模经营区间的理论，本小节从生产成本与生产效益方面分析得出江苏省农业适度规模经营的区间。本节选取江苏省 1995—2014 年农村居民农业生产相关数据，运用 Eviews 软件分析江苏省单位面积生成成本与人均耕地规模之间的关系，得出江苏省农业适度规模经营区间。

表 3-1　江苏省 1995—2014 年农村生产经营情况

Table 3-1　Agricultural production in Jiangsu, 1995-2014

年份	人均生产投入现金支出（元）	人均农民家庭经营费用支出（元）	人均购买生产资料支出（元）	农民家庭人均经营耕地规模（公顷）
1995	1 255	675	580	0.1540
1996	1 236	615	621	0.1544
1997	1 286	628	658	0.1588
1998	1 346	654	692	0.1610
1999	1 221	598	623	0.1692
2000	1 345	678	667	0.1853
2001	1 393	677	716	0.1842
2002	1 473	715	758	0.1902
2003	1 514	728	786	0.1935
2004	1 966	952	1 014	0.1968
2005	2 446	1 185	1 261	0.2034
2006	2 438	1 194	1 244	0.2007

续表 3-1

年份	人均生产投入现金支出（元）	人均农民家庭经营费用支出（元）	人均购买生产资料支出（元）	农民家庭人均经营耕地规模（公顷）
2007	2 641	1 283	1 358	0.2050
2008	2 883	1 417	1 466	0.2117
2009	2 914	1 412	1 502	0.2180
2010	3 328	1 605	1 723	0.2457
2011	4 194	2 032	2 162	0.2547
2012	4 713	2 302	2 411	0.2612
2013	4 949	2 480	2 469	0.2697
2014	5 039	2 523	2 516	0.2773

数据来源：据江苏历年统计年鉴整理所得。

其中单位面积生产成本由人均生产投入现金支出 / 人均经营耕地规模计算得到。随后进行曲线拟合，得到表 3-2、3-3。

表 3-2　系数估计及检验

Table 3-2　Coefficient estimation and lest

	估计值	P 值
常数 C	1 141	0.028
人均耕地规模 Q	— 478603	0.092
人均耕地规模 Q^3	28 122	0.193

表 3-3　模型汇总

Table 3-3　Model summary

R 平方	调整的 R 平方	估计值的标准误
0.87	0.86	1 474

根据江苏省人均耕地规模与生产成本之间的长期关系可以看出，两者并不是简单的线性关系，三次函数能较好的与原数据进行拟合，其拟合优度 R 平方达到 0.87，符合分析要求。其拟合模型为：

$$C = 28122Q\hat{}3 - 478603Q + 1141 \qquad \text{公式（3.1）}$$

同时根据历年江苏省统计年鉴数据，利用农业总产值 / 农作物播种面积得到单位面积农产品价格，整理 1995—2014 年江苏省农产品平均价格，用以判断江苏省农业适度规模经营范围。

表 3-4　江苏省 1995—2014 年农业总产值及农作物播种面积

Table 3-4　Total output value of agriculture and sown area of crops in Jiangsu, 1995-2014

年份	农业总产值（亿元）	农作物播种面积（千公顷）	年份	农业总产值（亿元）	农作物播种面积（千公顷）
1995	986.15	7 909.01	2005	1 291.06	7 641.2
1996	1 062.39	7 914.1	2006	1 416.91	7 385.16
1997	1 085.26	7 966.78	2007	1 542.53	7 407.73
1998	1 096.88	8 058.28	2008	1 746.83	7 510.27
1999	1 095.13	8 023.43	2009	1 948.2	7 558.15
2000	1 096.02	7 944.87	2010	2 269.56	7 619.58

续表 3-4

年份	农业总产值（亿元）	农作物播种面积（千公顷）	年份	农业总产值（亿元）	农作物播种面积（千公顷）
2001	1 142.66	7 777.42	2011	2 640.95	7 663.25
2002	1 165.49	7 797.4	2012	2 966.72	7 651.57
2003	981.25	7 681.49	2013	3 167.78	7 683.64
2004	1 242.41	7 668.98	2014	3 362.81	7 678.63

数据来源：据江苏历年统计年鉴整理所得。

计算可得江苏省 1995—2014 年农产品平均价格为 21 658.4 元 / 公顷。通过公式 3-1 及农产品平均价格可计算得到江苏农业适度规模经营范围为 [0.23，0.48]，结合表 3-1 发现，江苏省 2010 年起人均耕地规模已进入适度规模经营区间，农业适度规模经营取得良好进展。

（二）农业技术改造总体态势良好

农业技术改造就是在新技术发明、扩散等的帮助下提升生产效率，降低农业生产成本，最终实现农业收益的过程。农业技术改造包括软件及硬件两方面，软件方面主要指从事农业生产的劳动者的素质及技能水平，硬件方面则来源于农业研究与开发部门所生产的新技术。农业技术改造是提高农业生产力的重要途径，它一方面可以对农业生产要素质量的提高起促进作用，另一方面对农业生产要素的配置起优化作用。江苏省 2014 年末农作物播种面积达 767.863 万公顷，农村劳动力达 2 604.86 万人，农林牧渔业总产值 644.37 亿元，是我国东部沿海的重要省份，其农业技术的改造经验对我国全面实现农业现代化具有重要的参考意义。本小节主要通过江苏省农业科技人员在农业劳动者中所占的比重衡量江苏省农业技术改造的软件水平，通过江苏省农业科技支出在科技支出中所占的比重衡量江苏省农业技术改造的硬件水平。

首先从整体上看，由图 3-2 江苏省及全国农业科技进步贡献率的折线图可以看出，农业科技进步贡献率在 2010—2014 年全省农业科技进步贡献率领先全国水平且优势逐步扩大。也要清醒地认识到发达国家农业科技进步贡献率已经达到了 70%—80%，我们与对方相比，还有很长的路要走。

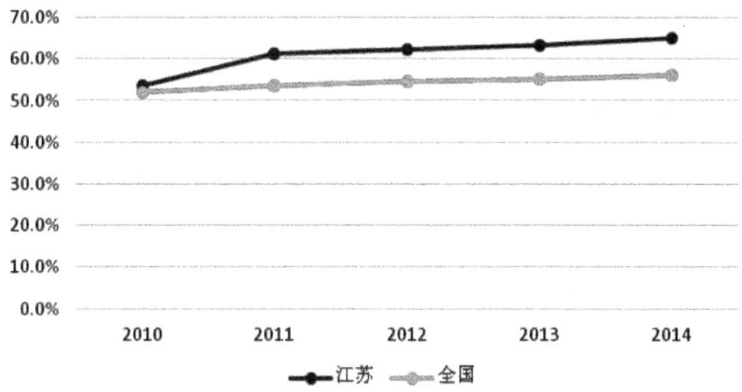

图 3-2　2010—2014 年农业科技进步贡献率

Figure 3-2　Contribution rate of agricultural science and technology progress, 2010-2014

其次，从江苏省农业技术改造软件水平来看，2010—2014 年江苏省农业技术人员在江苏省各类技术人员中所占的比重虽有波动但总体仍呈上升趋势。并且，从绝对值上看，江苏省农业技术人员存在下降趋势，由 2010 年的 2.72 万人下降至 2014 年的 2.63 万人。

表 3-5　2010—2014 年江苏省农业技术人员及所占比重

Table 3-5　Agricultural technical personnel and specific gravity in Jiangsu, 2010-2014

年份	各类技术人员数（万人）	农业技术人员数（万人）	农业技术人员占比
2010	140.53	2.72	1.94%
2011	140.51	2.85	2.03%
2012	140.65	2.69	1.91%

续表 3-5

年份	各类技术人员数（万人）	农业技术人员数（万人）	农业技术人员占比
2013	117.11	2.58	2.21%
2014	117.98	2.63	2.23%

数据来源：历年江苏统计年鉴。

最后，从江苏省农业技术改造硬件水平来看，2010—2014 年江苏省农业科技经费支出增长趋势明显，其中，绝对值增长极其明显，由 2010 年的 75 110 万元增长到 2014 年的 1 031 878 万元，绝对增长数额达到 966 768 万元。

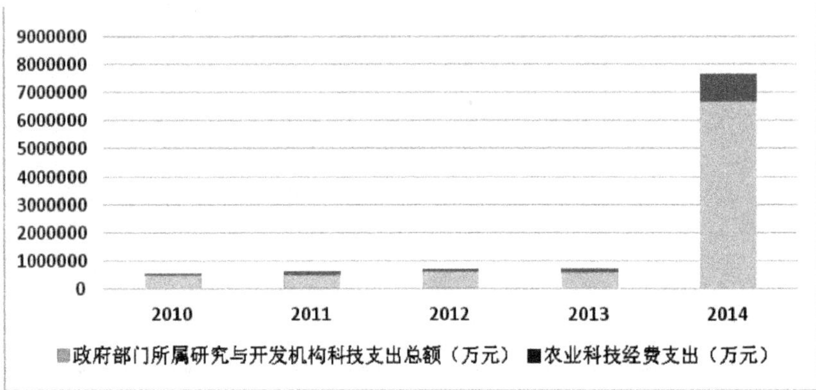

图 3-3　2010—2014 年江苏省科技支出及农业科技支出额

Figure 3-3　Agricultural expenditure and agricultural science expenditure in Jiangsu, 2010-2014

同时，2010—2014 年农业科技支出占农业总支出的比重总体呈下降趋势，江苏省农业科技支出占科技总支出的比重在 2011 年达到最高值 24% 之后开始持续下降，到 2014 年仅仅是 15.6%，这个水平与国外发达国家还存在相当大的差距。

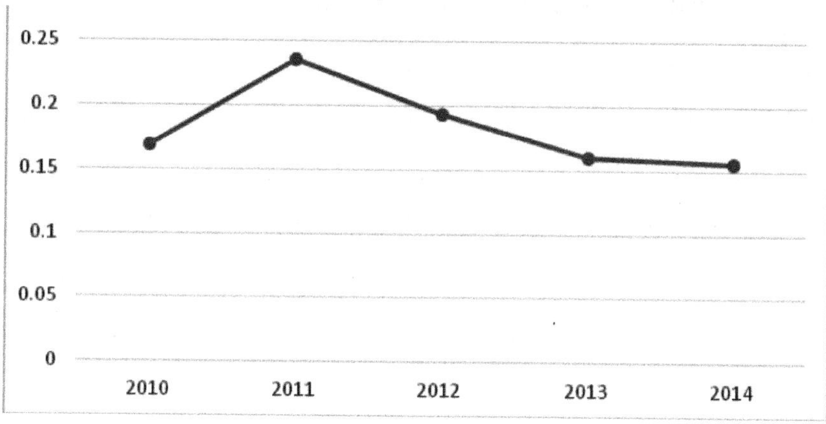

图 3-4　2010—2014 年江苏农业科技支出在农业总支出中的比重

Figure 3-4　Proportion og agricultural science and technology expenditure in Jiangsu, 2010-2014

从上文对江苏省农业技术改造的现状可以看出，江苏省农业技术改造总体呈良好态势，农业进步贡献率逐年上升且一直高于全国平均水平。然而江苏省农业技术改造软件及硬件方面仍存在问题，软件方面主要表现在高素质农业从业人员绝对值降低，硬件方面主要表现在农业支出在农业总支出中所占比例过小。为促进江苏省农业技术改造的稳步发展，需要注重专业农业技术人员的培养，同时加大农业科技资金投入力度。

（三）农业基础设施建设投资增加

农业基础设施建设的高质量有助于增强农产品增值转化能力、提高农业风险抵御能力、保护农村生态环境。农业基础设施的发展是保持农业生产效率提高、保证农业生产稳定增长的基础条件，有利于加快传统农业向现代农业的转变。

从农业基础设施投资建设的规模、结构及现有的建设成效方面入手是分析江苏省农业基础设施发展状况的主要手段。因为农业基础设施投资建设相关数据可得性有限，本节从江苏省农村社会固定资产投资角度代替间接分析江苏省农业基础设施投资规模及结构的变化情况。

图 3-5 反映历年江苏省农村社会固定资产投资规模变化情况，从此图可以看出，江苏省农村社会固定资产规模在 2004—2006 年经过缓慢增长后，出现快速增长态势。2004 年江苏省农村社会固定资产投资规模为 1 126.21 亿元，到 2014 年，江苏省农村社会固定资产投资规模增长到 5 392.15 亿元，11 年间增长了 3.78 倍。由此侧面反映出江苏省农业基础设施建设规模不断扩大且不断呈上升趋势。

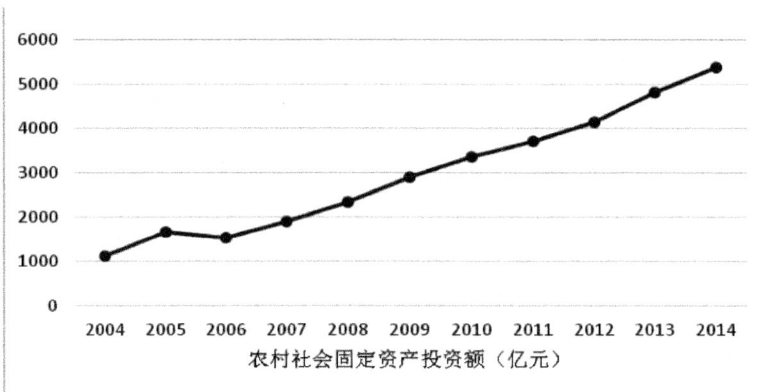

图 3-5　2004—2014 年江苏农村社会固定资产投资

Figure 3-5　Fixed-assets investment in Jiangsu rural area, 2004-2014

可以从江苏省农村社会固定资产投资结构中发现其投资不断增长的原由。由表 3-6 可以看出，就绝对值而言，2004—2014 年江苏省财政农业投入规模及金融机构投资规模均不断增长，金融机构贷款是江苏省农村社会主要固定资产投资来源，财政农业投入占到农村社会固定资产投资的将近两成。然而从江苏省农村社会固定资产投资结构的变化情况来看，财政投资的占比总体呈现上升态势，金融机构投资的占比则有所下降。

表 3-6　2004—2014 年江苏农村社会固定资产投资结构

Table 3-6　Fixed-assets investment structure in Jiangsu rural area, 2004-2014

年份	农业外部资金投入总额（亿元）	财政农业投入（亿元）	财政投资占比（%）	金融机构年末贷款余额（亿元）	金融机构投资占比（%）
2004	698.090	75.68	11	622.41	89
2005	783.970	97.57	12	686.4	88
2006	972.580	158.12	16	814.46	84
2007	1 338.020	193.63	14	1 144.39	86
2008	1 383.350	276.16	20	1 107.19	80
2009	2 058.860	403.27	20	1 655.59	80
2010	2 694.850	489.16	18	2 205.69	82
2011	3 304.040	618.13	19	2 685.91	81
2012	4 003.770	754.09	19	3 249.68	81
2013	4 863.000	868.34	18	3 994.66	82
2014	5 313.340	899.31	17	4 414.03	83

数据来源：历年江苏统计年鉴。

就江苏省农业基础设施建设现有的成效而言，从表 3-7 可以看出，江苏省有效灌溉面积、节水灌溉面积及除涝面积均有所增长，水土治理面积总体呈下降趋势，堤防长度虽总体增长，但地方保护面积却连年缩小。

表 3-7 2010—2014 年江苏农田水利情况

Table 3-7 Water conservancy and irrigation in Jiangsu, 2010-2014

年份	2010	2011	2012	2013	2014
有效灌溉面积（万公顷）			370.417	378.527	389.053
节水灌溉面积（万公顷）	162.793	173.333	192.337	200.543	218.954
除涝面积（万公顷）	280.251	277.825	281.202	285.325	296.197
水土流失治理面积（万公顷）	115.527	111.023	717.31	886.97	899.66
堤防长度（千米）	5 2262	5 1853	55 105	55 403	55 387
堤防保护面积（万公顷）	349.43	335.519	325.781	351.938	276.732

数据来源：历年江苏统计年鉴。

从上述图表可以看出，江苏省农业基础设施总体投入持续增长，然而财政农业投入在总体农业基础设施建设中发挥的作用虽有所增强，但江苏省农业基础设施投入主要依靠金融机构投资，政府应该继续大力支持农业发展。

（四）城镇化发展较快

江苏城镇化发展属于全国范围内城镇化发展较快的地区，整体领先全国平均水平。城镇人口占总人口的比重，由 1978 年的 13.7% 提高到 2015 年的 66.5%，每年平均增长 1.47 个百分点。从各个时期的增速来看，从“六五”规划期间到“九五”规划期间总体是上升的，年均增速由 0.55% 上升到 2.84%，从“九五”到“十二五”总体是下降的，由 2.83% 下降到 1.12%，见表 3-8：

表 3-8　各时期江苏省城镇化速度比较

Table 3-8　Uebanization rate in Jiangsu

时期	城镇人口增长规模（万人 / 年）	城镇人口增长率（%）	城市化年均提高幅度（百分点）
“六五”规划期间	42.2	23.4	0.55
“七五”规划期间	69.4	31.2	0.73
“八五”规划期间	94.0	32.2	1.15
“九五”规划期间	222.4	57.6	2.84
“十五”规划期间	158.3	26.0	1.80
“十一五”规划期间	187.1	24.4	2.04
“十二五”规划期间	107.6	20.0	1.12

数据来源：江苏省统计局网站。

苏南地区在江苏省内城镇化率最高，到 2010 年已达到 70% 以上，苏北地区城镇化率最低，2010 年仍不足 55%。伴随着苏中和苏北地区经济的发展，江苏省不同区域之间城镇化发展差距明显缩小，2000—2010 年的 10 年，苏南、苏中、苏北地区城镇人口比重分别增长 10.7、18.3、20.3 个百分点。

表 3-9　江苏省不同区域城镇化发展情况

Table 3-9　Uebanization development in Jiangsu different regions

区域	城镇人口数（万人）			城镇人口比重（%）		
	2000	2010	年均增长率	2000	2010	增长百分点
苏南地区	1 467	2 288	4.54	59.6	70.3	10.7
苏中地区	636	917	3.73	37.7	56	18.3

续表 3-9

区域	城镇人口数（万人）			城镇人口比重（%）		
	2000	2010	年均增长率	2000	2010	增长百分点
苏北地区	983	1 533	4.54	31.2	51.5	20.3

资料来源：江苏省第五、第六次人口普查。

上述分析可以看出，江苏省城镇化率有明显提高且达到全国较高水平，江苏省不同区域间城镇化发展差距不断缩小，地区发展更加平衡。可是，在这一过程中也产生了一些问题，其中，土地城镇化快于人口城镇化表现最为突出。2000—2010 年，江苏省市区土地面积年均增长率 7.68% 高于城市人口年均增长率的 5.31%，城市人口增长速度与土地扩张速度严重不协调。此外，城镇体系不合理问题在江苏省城镇化发展过程中也比较明显。经过近几年乡镇合并与行政区划调整后，江苏省城镇布局发生明显变化，2000—2010 年的 10 年江苏省小城市数量减少了 12 个，且现有的小城市基本集中在长江沿岸地区。

二、农业现代化总体水平

农业现代化的内涵不仅包含农业机械化、水利化及农业电气化，而且还包含现代经营管理方法、农业可持续发展、农民素质提高等内容。农业现代化的度量应构建多层次的农业现代化指标体系。本节在主要借鉴谭爱花对我国农业现代化评价指标体系设计的基础上，建立 4 个一级指标及 11 个二级指标组成的指标体系，见表 3-10。

表 3-10　农业现代化水平评价指标体系

Table 3-10　Evaluation system of agricultural modernization level

农业投入	农业产出水平	农村社会发展	农业可持续发展
劳均农机总动力 劳均农村用电量 单位耕地面积化肥施用量 有效灌溉率 乡村人员受教育水平	农民人均纯收入 土地生产率 劳动生产率	城镇化率 农村居民恩格尔系数	农业受灾率

（一）指标权重的计算

1. 数据来源

本节通过查阅江苏省统计年鉴及江苏省统计局网站得到 1995—2014 年 20 年 11 个二级指标值，详见表 3-11。

表 3-11　1995—2014 年农业现代化指标

Table 3-11　Agricultural modernization index, 1995-2014

年份	劳均农机总动力（千瓦/人）	劳均农村用电量（千瓦 / 人 / 公顷）	单位耕地面积化肥施用量（千克）	有效灌溉率(%)	乡村人员初中以上受教育比重（%）	农民人均纯收入(元)	土地生产率（产出元 / 亩）	劳动生产率（产出元 / 劳动力）	城镇化率（%）	农村居民恩格尔系数（%）	农业受灾率（%）
1995	1.08	0.12	43.80	0.26	7.21	2 457	2 527.97	10 943.67	27.30	54.80	0.60
1996	1.14	0.12	43.90	0.28	7.27	3 029	2 488.30	10 662.70	27.30	51.20	0.30
1997	1.26	0.13	43.90	0.30	7.55	3 270	2 517.40	11 384.30	29.90	48.90	0.84
1998	1.33	0.14	44.00	0.31	7.73	3 377	2 511.20	12 070.58	31.50	47.80	0.69

续表 3-11

年份	劳均农机总动力（千瓦/人）	劳均农村用电量（千瓦/人/公顷）	单位耕地面积化肥施用量（千克）	有效灌溉率（%）	乡村人员初中以上受教育比重（%）	农民人均纯收入（元）	土地生产率（产出元/亩）	劳动生产率（产出元/劳动力）	城镇化率（%）	农村居民恩格尔系数（%）	农业受灾率（%）
1999	1.45	0.15	44.40	0.33	7.96	3 495	2 450.14	12 102.41	34.90	44.70	0.35
2000	1.55	0.17	44.57	0.37	8.13	3 595	2 488.80	12 526.54	41.50	43.50	0.68
2001	1.61	0.19	45.15	0.42	8.25	3 785	2 543.32	13 340.76	42.60	42.60	0.46
2002	1.71	0.24	45.55	0.53	8.36	3 996	2 611.89	14 334.64	44.70	40.00	0.47
2003	1.88	0.33	45.70	0.72	8.36	4 239	2 606.12	15 107.25	46.80	41.40	0.68
2004	2.03	0.45	46.52	0.97	9.12	4 754	3 299.15	20 443.85	48.20	44.20	0.17
2005	2.22	0.58	47.46	1.23	10.99	5 276	3 593.83	23 500.48	50.50	44.00	0.45
2006	2.48	0.76	48.07	1.59	10.98	5 813	3 841.19	26 657.48	51.90	41.80	0.28
2007	2.76	0.94	48.20	1.95	11.92	6 561	4 332.68	32 947.96	53.20	41.60	0.21
2008	3.08	1.05	48.14	2.17	13.19	7 357	5 072.96	40 057.53	54.30	41.30	0.09
2009	3.40	1.18	48.92	2.40	13.29	8 004	5 426.58	43 053.71	55.60	39.20	0.21
2010	3.71	1.39	48.51	2.86	13.77	9 118	6 110.76	49 502.22	60.60	38.10	0.23
2011	4.01	1.57	48.83	3.22	14.26	10 805	7 583.40	62 294.20	61.90	38.50	0.38
2012	4.26	1.71	48.03	3.57	15.43	12 202	8 431.00	71 814.83	63.00	37.40	0.29
2013	4.60	1.88	47.43	3.97	16.17	13 598	8 936.98	78 342.40	64.10	36.30	0.10
2014	5.06	2.00	47.00	4.25	16.39	13 972	9 357.17	83 786.17	65.20	35.80	0.08

2. 熵权法确定指标权重

熵是表示对信息的度量，最早由申农引入信息论中。熵权法的基本思路是通过对指标变异程度的大小来确定客观权重，它是一种客观赋权方法，可以运用多个指标对多个赋权对象进行评价。熵权法由于可以通过挖掘原始数据蕴含的信息量对指标进行客观赋权，因此被广泛用于多指标综合评价问题中。江苏省农业现代化水平的测度包含多个指标，数据处理难度较大，因此采用熵权法进行赋权及测量，其具体步骤如下：

（1）数据的标准化处理。各指标由于含义不同，其计量单位也各不相同，为了消除计量单位对研究结果产生的影响，需要对指标进行标准化处理。数据标准化的处理方法有多种，本节采用极值法进行标准化处理，具体过程如下：

假设给定 i 个指标 $x_1, x_2, \ldots, x_k$（本节为 11），其中 $x_i = \{x_1, x_2, \ldots, x_n\}$（本节为 20），数据标准化处理后的值为 Z_{ij}

$$Z_{ij} = \frac{x_{ij} - x_{min}}{x_{max} - x_{min}} \qquad \text{公式（3.2）}$$

$$Z_{ij} = \frac{x_{max} - x_{ij}}{x_{max} - x_{min}} \qquad \text{公式（3.3）}$$

其中 X_{max} 表示第 i 项的最大值，x_{min} 表示第 i 项的最小值。本节农村居民恩格尔系数及农业受灾率使用公式 3.3 计算，所得结果表示指标值越小越好，其余指标选用公式 3.2 计算，所得结果表示指标值越大越好。

（2）各指标信息熵的计算。假设数据含 n 个评价指标（本节为 11）及 m 个评价方案（本节为 20），第 j 个评价指标的熵值 E_j 可通过如下公式计算得出：

$$E_j = -\frac{\sum_{i=m}^{i=1} P_{ij}\,\ln(P_{ij})}{\ln(m)} \qquad \text{公式（3.4）}$$

其中 P_{ij} 的计算公式为：

$$P_{ij} = \frac{1 + z_{ij}}{\sum_{i=m}^{i=1}(1 + z_{ij})} \qquad \text{公式（3.5）}$$

表示第 j 项指标在第 i 个方案中所占比重。且由于数据标准化过程中必然存在结果为 0 的数值，因此将 Z_{ij} 平移以单位。

根据上述公式推断可以看出，在给定第 j 项指标时，其指标差异性越小，则信息熵 E_{ij} 越大。

（3）确定指标权重。根据上文计算得出信息熵可计算各指标权重，具体计算公式如下：

$$W_j = \frac{1 - E_j}{n - \sum_{j=n}^{j=1} E_j} \qquad \text{公式（3.6）}$$

W_j 表示第 j 项的熵权，$0 < W_j < 1$ 且 $\sum_{j=n}^{j=1} W_j = 1$ 。按照公式 3.6 可以得到江苏省农业现代化评价体系的各指标权重，见表 3-12。

表 3-12　江苏省农业现代化指标体系权重分布表

Table 3-12　Index weight distribution of agricultural modernization in Jiangsu

一级指标	权重	二级指标	权重
农业投入	0.464	劳均农机总动力	0.0911
		劳均农村用电量	0.0925
		单位耕地面积化肥施用量	0.0954
		有效灌溉率	0.0925
		乡村人员受教育水平	0.0925
农业产出水平	0.2716	农民人均纯收入	0.0896
		土地生产率	0.0910
		劳动生产率	0.0910

续表 3-12

一级指标	权重	二级指标	权重
农村社会发展	0.1822	城镇化率	0.0941
		农村居民恩格尔系数	0.0881
农业可持续发展	0.0822	农业受灾率	0.0822

（二）江苏省农业现代化发展水平测评结果及分析

通过农业现代化发展水平计算模型（公式 3.7）可得历年江苏省农业现代化水平值，其中 V_i 表示第 i 年江苏省农业现代化发展水平。

$$V_i=\sum_{j=n}^{j=1}W_iZ_{ij} \qquad \text{公式（3.7）}$$

经过相关数据计算可得，江苏省 1995—2014 年农业现代化发展水平综合评价值如表 3-13 所示。

表 3-13　1995—2014 年江苏省农业现代化发展水平

Table 3-13　Development level of agricultural modernization in Jiangsu, 1995-2014

年份	农业现代化综合发展水平	年份	农业现代化综合发展水平
1995	0.15	2005	0.30
1996	0.15	2006	0.33
1997	0.16	2007	0.40
1998	0.16	2008	0.48
1999	0.16	2009	0.51
2000	0.17	2010	0.59

续表 3-13

年份	农业现代化综合发展水平	年份	农业现代化综合发展水平
2001	0.18	2011	0.73
2002	0.19	2012	0.84
2003	0.20	2013	0.92
2004	0.26	2014	0.85

由表 3-13 可知，江苏省农业现代化水平基本上逐年上升，只是上升的幅度有所差异，1995—2003 年，上升幅度比较小，年均上升 0.6%。而 2004—2013 年，有跳跃式上升趋势，年均上升达 7%。

第三节 农业现代化进程中的问题

一、农业人口流动规模大且流动不畅

农业现代化的发展必然伴随着农业劳动力的转移，人口流动作为劳动力要素配置的重要形式已发挥越来越大的作用。江苏省人口流动也在农业现代化及新型城镇化的进程中表现出：规模不断扩大、流动人口空间聚集度不断增强的新特点。苏南地区流动人口在江苏省流动总人口中的比重超过六成且有持续集中趋势。同时，流动人口年龄结构表现出青年化趋势。流动人口活动目的多数是务工经商。其次是流入人口社会网络的匮乏无法使流动人口具有良好的社会融入感，同时由于资金限制等原因无法为流动人口提供良好的

社会服务，最后农业流动人口自身的技能缺失，人力资本缺失无法应对人口转移过程中的各种挑战也是制约农业人口流动的重要问题。

二、农村土地流动不畅

农业现代化的发展受当前细碎化及分散化的农业生产方式阻碍，需要利用现代科学技术及现代管理方法才能实现资金、技术、管理等要素的规模效益，必须推动土地流动从而实现土地规模生产。江苏省近年来积极推行土地承包权与经营权的分离，同时实施各项惠农政策，有效引导江苏省土地规模化经营的发展。江苏省土地经营的细碎化程度仍较高，不同地区间土地规模化经营差别较大，苏北地区户均经营土地面积分别是苏中地区与苏南地区的3.9 倍和 2.9 倍。

三、农村金融问题

（一）农村资金单向流动

农业现代化的发展需要农村资金要素的有序流动和合理配置，江苏省农村资金在流动过程中主要存在资金外流的问题。

2013 年末江苏农村银行类金融机构年末存款余额为 27 904.24 亿元，较上年上涨 12%，其中个人存款余额为 16 386 亿元，单位存款余额为 11 518.24 亿元。江苏农村各类金融机构中国有商业银行和农村合作金融机构吸储能力较强，分别占 51.04% 和 27.72%。江苏农村银行类金融机构年末贷款余额为 24 485.98 亿元，较上年上涨 23%，且其中个人贷款余额为 5 713.12 亿元，单位贷款余额为 18 772.86 亿元。在江苏农村金融机构中，国有商业银行、农村合作金融机构和股份制商业银行是主要放贷主体，分别占江苏农村贷款余额的 55.02%、23.61%、16.46%。除此之外，江苏农村金融机构利润稳步提升，2013 年江苏农村金融机构营业收入中净利息收入、中间业务净收入、投资净收益占比分别为 74.63%、15.26%、3.77%。从以上数据可以看出，2013 年江苏农村金融机构存贷款差额虽较去年有所下降，但农村金融机构存款额仍比贷款额多 3 418.26 亿元。

（二）农村金融对农业现代化影响的计量分析

1. 农村金融指标的选取

对相关文献的梳理可知，在衡量金融对农业现代化的影响中最主要的指标是农村金融发展指标。农村金融发展指标主要包含两个维度，即农村金融规模（FIR）及农村金融效率（FE）。由于江苏省统计年鉴中关于农业存款及农业贷款的指标已经停用，因此本节计算县域存款及贷款指标来衡量农村金融发展水平。其中，农村金融规模用县域存贷款总量在农业总产值中所占的比重衡量；农村金融效率用农村固定资产投资与县域存款的比重来衡量。

2. 相关指标数据来源

江苏省县域存贷款规模通过计算县域存款规模之和及县域贷款规模之和得出。农业总产值及农村固定资产投资可直接通过查阅历年《江苏省统计年鉴》得出。经过计算可得表 3-14 所示农村金融发展指标观测值。

表 3-14　农村金融发展指标观测值

Table 3-14　Agricultural financial indicator

年份	农村金融规模	农村金融效率	年份	农村金融规模	农村金融效率
1995	0.307	2.109	2005	0.789	1.246
1996	0.388	1.871	2006	0.874	0.980

续表 3-14

年份	农村金融规模	农村金融效率	年份	农村金融规模	农村金融效率
1997	0.439	1.720	2007	0.976	1.038
1998	0.489	1.570	2008	0.937	1.036
1999	0.553	1.481	2009	1.214	0.976
2000	0.561	1.278	2010	1.276	1.029
2001	0.592	1.123	2011	1.301	0.899
2002	0.651	0.850	2012	1.399	0.852
2003	0.904	0.707	2013	1.533	0.886
2004	0.730	0.985	2014	1.666	0.853

3. 实证检验过程

（1）模型设计。根据农业现代化水平与农村金融发展之间的关系，本节设计如下计量模型：

$$\ln AMI = \beta_1 \ln FIR + \beta_2 \ln FE + \mu \qquad \text{公式（3.8）}$$

其中，AMI 表示江苏省农业现代化水平，FIR 表示江苏省农村金融规模，FE 表示江苏省农村金融效率。β 表示各自变量的系数，μ 表示随机误差项。

（2）单位根检验。保证系列平稳是对时间序列进行分析的前提。因此要判断序列的平稳性必须对原变量序列进行单位根检验。本节采用 ADF 检验方法，选取模型江苏省农业现代化水平（lnAMI）、江苏省农村金融规模（lnFIR）及江苏省农村金融效率（lnFE）进行检验，检验结果如表 3-15 所示。

表 3-15　ADF 单位根检验

Table 3-15　Augmented Dickey-Fuller Unit Root Test

变量	检验类型	ADF 检验值	5% 临界值	结论
lnAMI	(c,t,3)	－ 2.310853	－ 3.673616	非平稳
lnAMI(-1)	(c,t,3)	－ 1.876733	－ 3.690814	非平稳
lnFIR	(c,t,3)	－ 2.812239	－ 3.673616	非平稳
lnFIR(-1)	(c,t,3)	－ 3.784139	－ 3.7332	平稳
lnFE	(c,t,3)	－ 2.302241	－ 3.690814	非平稳
lnFE(-1)	(c,t,3)	－ 3.874375	－ 3.710482	平稳

由上述检验结果可知，lnAMI、lnFIR 及 lnFE 三个变量的 ADF 绝对值均小于其 P 值绝对值，因此不能拒绝原假设，认为三个变量都是非平稳的，同时 lnAMI 一阶差分也是非平稳序列，lnFIR、lnFE 一阶差分为平稳序列。

（3）协整检验。由于时间序列变量都是非平稳的，因此可以对序列进行协整检验，如果这些非平稳序列的线性组合为平稳变量，则说明这些变量之间存在长期的均衡关系。常用的协整检验方法有 E-G 两步法和 Johansen 协整检验。E-G 两步法主要针对两变量的协整检验，Johansen 检验可用于多变量的协整检验，因此本节采用 Johansen 协整检验方法对变量之间的协整性进行分析，结果见表 3-16。

表 3-16　协整检验

Table 3-16　Cointegration Test

	eigenvalue	trace statistic	0.05 critical value	prob
none	0.896423	56.07197	29.79707	0.0000
at most 1	0.63028	17.52546	15.49471	0.0244
at most 2	0.035262	0.610281	3.841466	0.4347

原假设 None 表示没有协整关系，该假设下迹统计量值为 56.07197，大于临界值 29.79707，且概率 P 值为 0.0000，因此可以拒绝原假设，认为至少存在一个协整关系。下一个原假设 at most 1 表示最多存在一个协整关系，该假设下计算的迹统计值为 17.52546，大于临界值 15.49471 且 P 值为 0.0244，因此拒绝该原假设，认为至少存在两个协整关系。下一个原假设 at most 2 表示最多存在两个协整关系，该原假设下的迹统计量为 0.610281，小于临界值 3.841466 且 P 值为 0.4347，因此接受原假设，认为存在两个协整关系。通过上述检验可以判断，lnAMI、lnFIR、lnFE 三个变量之间存在两个协整关系。

随后根据长期协整参数，可得到如下协整方程：

$$\ln AMI = 1.655\ln FIR + 0.675\ln FE \qquad \text{公式（3.9）}$$

公式3.9表明，江苏省农业现代化水平（AMI）与江苏省农村金融规模（FIR）及江苏省农村金融效率（FE）之间存在长期稳定的协整关系。具体而言，江苏省农村金融规模与江苏省农业现代化水平之间存在正相关关系，其系数为 1.655，说明农村金融规模每增加 1%，会带动农业现代化水平增加 1.655%。江苏省农村金融效率与江苏省农业现代化水平之间也存在正相关关系，其系数为 0.675，则表明江苏省农村金融效率每增加 1%，会带动江苏省农业现代化水平上升 0.675%。

（4）VEC 模型。此外，江苏省农业现代化水平与江苏省农村金融发展之间的正向关系可能是由于江苏省农村金融的发展促进江苏省农业现代化水平的提高，也可能是两者关系的互换。为了明确江苏省农业现代化水平与江苏省农村金融规模及江苏省农村金融效率之间的相互关系，建立矢量误差修正模型，对江苏省农业现代化水平与江苏省农村金融规模和江苏省农村金融效率进行格兰杰因果关系检验，继而证明三者之间是正向、逆向或是双向的关系。

根据 AIC 和 SC 最小准则确定模型的最大滞后期为 2 期，得到如下方程式:

$$\text{CointEQ} = \ln\text{AMI} - 1.655\ln\text{FIR} - 0.675\ln\text{FE} + 0.882 \qquad \text{公式（3.10）}$$

该误差修正项的表达式与 Johansen 协整检验中得到的协整关系式相同，区别只是 Johansen 协整检验关系式中存在一个常数项，造成估计值不同。通过这个公式计算的误差修正项就是误差修正模型中的 CointEQ1。由于在上述模型中的解释变量不是原序列而是原序列的差分序列，因此 VEC 模型可写成公式 3.11。

$$\Delta Y_{t-1} = \begin{bmatrix} -0.7142 \\ -0.6848 \\ 0.3749 \end{bmatrix} CointQ_{t-1} + \Delta Y_{t-1} + \Delta Y_{t-2} + \theta + \varepsilon_t ; \Delta Y = \begin{bmatrix} D\ln AMI \\ D\ln FE \\ D\ln FIR \end{bmatrix}$$

公式（3.11）

（5）格兰杰因果检验。格兰杰因果关系实质是基于 VEC 模型进行一组系数显著性检验。格兰杰因果关系可以用来检验某个变量的所有滞后项是否对另一个或几个变量的当期值有影响。如果影响显著，说明该变量对另一个或另几个变量存在格兰杰因果关系；如果影响不显著，则说明该变量对另一个或另几个变量不存在格兰杰因果关系。格兰杰因果关系的原假设是被检验变量不是因变量的因果关系，如果检验概率 P 值小于设定的置信水平，则认为被检验变量构成因变量的因果关系；反之，如果 P 值大于设定的置信水平，则认为被检验变量不是因变量的因果关系。本节基于上述 VEC 模型研究江苏省农业现代化水平（AMI）、江苏省农村金融规模（FIR）、江苏省农村金融效率（FE）之间的格兰杰因果关系，其检验结果如表 3-17 所示。

表 3-17　格兰杰因果检验

Table 3-17　Granger Causality Tests

原假设	obs	F-Statistic	P 值	结论
lnFE does not Granger Cause lnAMI	17	32.13827	0.0000	拒绝原假设
lnFIR does not Granger Cause lnAMI		11.14494	0.0038	拒绝原假设
lnAMI does not Granger Cause lnFE	17	8.321556	0.0156	拒绝原假设
lnFIR does not Granger Cause lnFE		6.84332	0.0327	拒绝原假设
does not Granger lnAMI Cause lnFIR	17	3.702198	0.1571	接受原假设
lnFE does not Granger Cause lnFIR		0.995808	0.6078	接受原假设

由上述格兰杰因果检验结果可以看出，江苏省农业现代化水平（AMI）与江苏省农村金融效率（FE）是双向格兰杰因果关系，且江苏省农村金融效率的滞后期能够非常显著的解释江苏省农业现代化水平的增长，其 P 值达到 0.0000，江苏省农业现代化水平的滞后期对江苏省农村金融效率也有较高的解释力，其 P 值达到 0.0156。江苏省农村金融规模（FIR）是江苏省农业现代化水平（AMI）的单向格兰杰原因，其 P 值达到 0.0038，说明江苏省农村金融规模的滞后期能够非常显著地解释或者预测江苏省农业现代化水平的提高。

格兰杰因果检验提供的三个变量之间的因果作用方向比较合适，得出江苏省农业现代化水平的提高与江苏省农村金融规模及江苏省农村金融效率有重要关系。

（6）IRF 脉冲响应函数。上述模型计算所得系数仅仅反映了一个局部的动态关系，不包含全面复杂的动态关系。通过绘制 IRF 脉冲响应函数来关注一个变量变化对另一个变量的全部影响过程，可全面地反映各个变量之间的动态影响。脉冲响应函数是用于衡量来自随即扰动项的一个标准差冲击，对内生变量当前和未来取值影响的变动轨迹，从而只管刻画变量之间动态交互作用及其效应的过程。基于上文中建立的模型，通过 Eviews 软件刻画江苏省农业现代化水平（AMI）、江苏省农村金融规模（FIR）、江苏省农村金融效率（FE）三者之间的脉冲响应函数（IRF），进而分析三者之间的短期动态关系。

基于上述脉冲响应函数结果。“Response of LNAMI to LNFE”代表江苏省农村金融效率 FE 对江苏省农业现代化水平 AMI 的脉冲函数图，由图可知受到江苏省农村金融效率 FE 的一个正向冲击，江苏省农业现代化水平 AMI 在前 3 年为下行且为负值，到第 4 年开始上行且围绕 0 值上下波动。“Response of LNAMI to LNFIR”表示江苏省农村金融规模 FIR 对江苏省农业现代化水平 AMI 的脉冲函数图，从图中可以明显看出，当受到江苏省农村金融规模 FIR 的一个正向冲击后，江苏省农业现代化水平 AMI 在前 6 年快速上行，第 7 年开始虽有小幅波动，但仍维持正向影响。

结　论

本小节通过建立合理评价体系得出江苏省农业现代化水平稳定持续上升的结论。随后通过构建江苏省农业现代化水平（AMI）、江苏省农村金融效率（FE）、江苏省农村金融规模（FIR）之间的适量误差修正模型，研究三者之间的计量关系，且结合脉冲响应函数图认为，相对于江苏省农村金融效率（FE），江苏省农村金融规模（FIR）的正向冲击能够较明显的对江苏省农业现代化水平（AMI）产生正向影响，因此得出结论，在短期内，江苏省农业现代化水平的提高需要通过扩大农村金融规模实现，农村金融效率地位次之。

（三）支农资金缺口测算

1. 分析方法与指标选取

金融相关率（FIR）这一指标在1969年出版的《金融结构与金融发展》一书中被美国经济学家戈德史密斯选择作为主要的分析工具，通过对几十个国家近百年的数据进行研究认为：不同层次的国家具有不同的金融相关率，处于较高层次的国家金融相关率水平较高，反之处于较低层次的国家金融相关率水平较低，同时金融相关率的高低能在一定程度上反映一国的经济发展水平。

本节借鉴该分析方法，对江苏省农业现代化过程中金融借贷资金的供需总量进行分析。首先计算江苏省金融相关率值，再利用农业市场化率将江苏省金融相关率水平调整为江苏省农业金融相关率水平，此处农业市场化率由农产品商品化率替代得到。从理论上而言，一国资本化和商品化程度越高，其金融相关率值就越大，而一国资本化程度又是与商品化程度高度相关的，在农村经济体中这种市场化主要通过农产品的商品化程度表现出来。因此本小节运用农产品商品化率将江苏省金融相关率调整为江苏省农业金融相关率，再利用江苏省农业金融相关率与江苏省农林牧渔业总产值的乘积计算江苏省农业金融资产理论上的供应量，通过与江苏省农业金融资产的实际供应量做比较，计算江苏省支农资金缺口。由上述计算方法可以看出，江苏省农业金融资产供给量没有包含农村中小企业的金融资产量，同时没有扣除涉农贷款、农业保险费用、农业企业股票等。又由于统计数据的缺乏，农业金融资产的实际供应量无法直接获得，其数值也未包括农村中小企业的金融资产量。

2. 数据及来源

通过江苏统计局网站的相关数据整理出江苏省1995—2014年的地区生产

总值及金融资产总值，且根据公式计算出金融相关率，所得数据如表3-18所示。

表 3-18　1995—2014 年江苏省金融相关率

Table 3-18　Financial interrelation ratio in Jiangsu, 1995-2014

年份	金融资产总值（亿元）	地区生产总值（亿元）	金融相关率
1995	6 375.88	5 155.25	1.237
1996	8 547.10	6 004.21	1.424
1997	10 127.40	6 680.34	1.516
1998	11 642.37	7 199.95	1.617
1999	13 005.58	7 697.82	1.690
2000	14 368.41	8 553.69	1.680
2001	16 372.42	9 456.84	1.731
2002	20 115.77	10 606.85	1.896
2003	26 678.04	12 442.87	2.144
2004	31 692.00	15 003.60	2.112
2005	37 398.03	18 598.69	2.011
2006	44 345.49	21 742.05	2.040
2007	52 542.64	26 018.48	2.019
2008	63 178.20	30 981.98	2.039
2009	84 147.02	34 457.30	2.442
2010	101 105.18	41425.48	2.441
2011	113 591.86	49 110.27	2.313

续表 3-18

年份	金融资产总值（亿元）	地区生产总值（亿元）	金融相关率
2012	129 893.81	54 058.22	2.403
2013	147 440.61	59 753.37	2.467
2014	163 308.28	65 088.32	2.509

一般认为，金融相关率指标在 0.8 左右为欠发达国家，在 1.6 左右为比较发达国家，在 2.2 左右为发达国家，表 3-18 的测算结果基本符合实际。

随后根据江苏统计局网站，相关统计数据整理出江苏省 1995—2014 年农产品商品化率并计算出农业金融相关率如表 3-19 所示。

表 3-19　1995—2014 年江苏农业金融相关率

Table 3-19　Agricultural financial interrelation ratio in Jiangsu, 1995-2014

年份	金融相关率	农产品商品化率 %	农业金融相关率
1995	1.237	59.75	0.739
1996	1.424	60.36	0.859
1997	1.516	56.34	0.854
1998	1.617	53.57	0.866
1999	1.690	54.69	0.924
2000	1.680	60.13	1.010
2001	1.731	59.43	1.029
2002	1.896	61.44	1.165
2003	2.144	72.45	1.553

续表 3-19

年份	金融相关率	农产品商品化率 %	农业金融相关率
2004	2.112	64.39	1.360
2005	2.011	78.38	1.576
2006	2.040	81.22	1.657
2007	2.019	83.66	1.689
2008	2.039	86.32	1.760
2009	2.442	88.75	2.167
2010	2.441	82.39	2.011
2011	2.313	87.25	2.018
2012	2.403	89.13	2.142
2013	2.467	88.56	2.185
2014	2.509	89.91	2.256

随后利用江苏省农业金融相关率与江苏省农林牧渔业总产值的乘积计算江苏省 1995—2014 年农业发展资金的理论值，所得结果如表 3-20 所示。

表 3-20　1995-2014 年江苏省农业发展理论需求值

Table 3-20　Theoretical value of agricultural development in Jiangsu, 1995-2014

年份	农林牧渔业总产值（亿元）	农业金融相关率	农业金融资产理论值（亿元）
1995	1 686.78	0.739	1 246.48
1996	1 693.76	0.859	1 455.34
1997	1 816.37	0.854	1 551.39
1998	1 849.20	0.866	1 601.83
1999	1 837.43	0.924	1 697.78
2000	1 869.73	1.010	1 888.54
2001	1 956.10	1.029	2 012.63
2002	2 011.48	1.165	2 343.78
2003	1 952.20	1.553	3 032.47
2004	2 417.63	1.360	3 288.23
2005	2 576.98	1.576	4 061.46
2006	2 718.61	1.657	4 503.59
2007	3 064.72	1.689	5 177.72
2008	3 590.64	1.760	6 320.35
2009	3 816.02	2.167	8 270.59
2010	4 297.14	2.011	8 640.92
2011	5 237.45	2.018	10 569.64
2012	5 808.81	2.142	12 440.50
2013	6 158.03	2.185	13 456.56
2014	6 443.37	2.256	14 535.37

通过表 3-20 中计算得到的农业金融资产理论值及江苏统计局网站查询得到的农业金融资产实际值可以计算得出农业金融资产需求缺口，同时通过计算农业金融资产缺口与农业金融资产实际值的比可以得到农业金融资产需求缺口率，结果如表 3-21 所示。

表 3-21　江苏省金融资金支持农业现代化发展缺口计算表

Table 3-21　Agricultural modernization funding gap in Jiangsu

年份	农业金融资产理论值（亿元）	农业金融资产实际值（亿元）	农业金融资产需求缺口（亿元）	农业金融资产需求缺口率
1995	1 246.48	517.97	728.51	1.406
1996	1 455.34	657.19	798.15	1.214
1997	1 551.39	797.83	753.56	0.945
1998	1 601.83	903.43	698.40	0.773
1999	1 697.78	1 016.84	680.94	0.670
2000	1 888.54	1 048.91	839.63	0.800
2001	2 012.63	1 158.58	854.05	0.737
2002	2 343.78	1 309.36	1 034.42	0.790
2003	3 032.47	1 765.37	1 267.10	0.718
2004	3 288.23	1 765.49	1 522.74	0.863
2005	4 061.46	2 032.00	2 029.46	0.999
2006	4 503.59	2 375.52	2 128.07	0.896
2007	5 177.72	2 991.33	2 186.39	0.731

续表 3-21

年份	农业金融资产理论值（亿元）	农业金融资产实际值（亿元）	农业金融资产需求缺口（亿元）	农业金融资产需求缺口率
2008	6 320.35	3 364.38	2 955.97	0.879
2009	8 270.59	4 632.01	3 638.58	0.786
2010	8 640.92	5 482.23	3 158.69	0.576
2011	10 569.64	6 813.18	3 756.46	0.551
2012	12 440.50	8 125.22	4 315.28	0.531
2013	13 456.56	9 438.44	4 018.12	0.426
2014	14 535.37	10 734.99	3 800.38	0.354

3. 结果分析

由上述江苏省 1995—2014 年农业金融资产需求缺口的计算得出，江苏省农业金融资产资金缺口额度整体上升，1995—2014 年资金数额由 728.51 亿元增加到 3 800.38 亿元，然而农业金融资产需求缺口率持续下降，由 1995 年的 140% 下降到 2014 年的 35%。随着江苏省农业现代化水平的不断提高，农业现代化过程中对农业金融资产的需求不断扩大，在 20 年间增长了 10 多倍，期间农业金融资产的实际供应持续增加，1999—2014 年数额由 517.97 亿元增加到 10 734.99 亿元，增加了近 20 倍，但其投入仍然不足，仍存在 35% 的缺口。

第四章　城乡收入差距总体呈扩大趋势的原因分析

改革开放以来，江苏城乡居民收入差距总体上低于全国平均水平，和全国一样，城乡居民收入差距虽然有时扩大、有时缩小，但总体上呈扩大趋势，这在第 2 章已经做了详细的描述。导致差距扩大的原因主要有哪些？对此，本章认为城乡居民收入差距总体呈扩大趋势的原因主要来自三个方面，即农业生产力水平低、实际城镇化水平低以及土地要素缺乏流动性，然后又进一步对农业生产力水平为什么低、实际城镇化水平为什么低、土地要素为什么缺乏流动性的原因进行了深入分析。

第一节　农业生产力水平低

城乡居民收入差距呈扩大趋势首先源于劳动生产率，即工业部门劳动生产率远远高于农业部门，是城市居民收入远远高于农村居民收入的主要原因。

江苏工业化已进入后期阶段，但农业主要靠手工劳动及分散经营的状况并没有从根本上得到改变，因而农业劳动生产率远远低于工业，这主要表现在以下几方面：

第一，从人均 GDP 情况看，据《江苏统计年鉴》资料可知，全省人均 GDP 从 2000 年的 11 765 元提高至 2012 年 68 347 元，扩大了 5.8 倍，其中农业部门的人均 GDP 只增长了 3.1 倍，而工业部门的人均 GDP 却增长了 5.6 倍，服务业人均 GDP 增长了 7 倍。

第二，从三次产业贡献率即第一、二、三各产业增加值增量与 GDP 增量之比看，2016 年《江苏统计年鉴》显示，在 1990—2015 年，第一产业年均贡献率只有 3.16%，1995 年最高，达 13.3%，1991 年最低，达 11.8%；第二产业年均贡献率达 59.96%，1994 年最高，达 74.2%，2014 年最低，达 50.4%；第三产业年均贡献率达 36.88%，1991 年最高，达 58.6%，1994 年最低，达 20.5%。

第三，从三次产业劳动生产率比较看，由表 4-1 可知，1990—2015 年，第一产业每个从业人员 1990 年产出为 2 430 元，2015 年产出达 75 732 元，26 年间劳动生产率增长了 31 倍，即从自身看增长还是比较快的。但与二、三产业相比，劳动生产率水平却低得多，在这 26 年间，第二产业从业人员产出水平是第一产业从业人员产出水平的 9—15 倍，第三产业从业人员产出水平是第一产业从业人员产出水平的 3—5 倍。

表 4-1　第一、二、三产业劳动生产率比较

Table 4-1　The primary industry, secondary industry and tertiary industry labor productivity

年份	年总产出（亿元）	第一产业产出（亿元）	从业人员万人	劳动生产率（元/人）	第二产业产出（亿元）	从业人员（万人）	劳动生产率（元/人）	第三产业产出（亿元）	从业人员（万人）	劳动生产率（元/人）
1990	4 208.23	580.53	2 389.25	2 430	2 978.51	1 212.58	24 563	649.19	623.19	10 401
1991	4 820.22	580.93	2 405.68	2 415	3 416.59	1 226.34	27 860	822.70	640.95	12 836
1992	6 862.87	673.82	2 337.93	2 882	5 089.59	1 270.80	40 050	1 099.46	706.39	15 564
1993	10 245.27	875.37	2 228.06	3 929	7 757.28	1 325.38	58 529	1 612.62	786.37	20 507
1994	14 163.89	1 358.5	2 131.65	6 373	10 601.01	1 375.14	77 090	2 204.38	855.97	25 753
1995	17 699.96	1 721.35	2 057.08	8 368	13 053.11	1 407.64	92 730	2 925.50	920.45	31 783
1996	20 304.53	1 953.13	2 014.06	9 697	14 764.02	1 397.25	105 665	3 587.38	975.66	36 769
1997	22 314.78	2 096.40	1 981.54	10 580	16 342.27	1 382.03	118 248	3 876.11	1 025.22	37 808
1998	23 433.26	2 129.05	1 946.49	10 938	16 967.90	1 341.12	126 520	4 336.31	1 102.31	39 338
1999	24 578.40	2 108.71	1 908.64	11 048	17 714.22	1 330.39	133 151	4 755.47	1 151.68	41 292
2000	27 034.80	2 115.39	1 890.96	11 187	19 714.71	1 335.16	147 658	5 204.71	1 192.02	43 663
2001	29 832.61	2 174.81	1 832.25	11 870	21 753.49	1 375.30	158 173	5 904.31	1 228.90	48 045
2002	32 550.33	1 953.50	1 744.41	11 199	23 884.16	1 453.67	164 302	6 712.67	1 274.76	52 658
2003	38 729.25	2 115.88	1 615.49	13 097	28 971.95	1 547.99	199 302	7 641.42	1 336.49	57 175
2004	46 972.13	2 417.63	1 506.31	16 050	35 900.90	1 633.35	219 799	8 653.60	1 397.42	61 926
2005	56 754.26	2 577.02	1 414.83	18 214	43 289.06	1 703.29	254 150	10 888.18	1 460.62	74 545
2006	67 730.81	2 707.13	1 323.88	20 448	51 931.76	1 777.52	292 159	13 091.92	1 527.55	85 705

续表 4-1

年份	年总产出（亿元）	第一产业产出（亿元）	从业人员万人	劳动生产率（元/人）	第二产业产出（亿元）	从业人员（万人）	劳动生产率（元/人）	第三产业产出（亿元）	从业人员（万人）	劳动生产率（元/人）
2007	83 861.75	3 064.84	1 230.28	24 911	64 753.63	1 857.12	348 678	16 043.28	1 590.48	100 871
2008	99 579.13	3 590.64	1 179.94	30 431	76 269.91	1 889.79	403 589	19 718.58	1 631.23	120 882
2009	107 849.20	3 772.77	1 120.19	33 680	82 149.29	1 942.61	422 881	21 927.14	1 663.74	131 794
2010	127 976.43	4 257.14	1 060.29	40 151	95 967.85	1 996.97	480 567	27 751.45	1 697.42	163 492
2011	157 421.13	5 237.45	1 023.02	51 196	116 098.73	2 017.49	575 461	36 084.95	1 717.72	210 075
2012	170 950.28	5 808.82	989.98	58 676	123 754.96	2 032.32	608 934	41 386.50	1 737.23	238 233
2013	184 432.70	5 848.42	956.74	61 129	129 984.89	2 041.99	636 560	48 599.39	1 761.16	275 951
2014	201 066.35	6 095.02	918.84	66 334	139 459.67	2 047.16	681 235	55 511.66	1794.83	309 286
2015	218 060.09	6 630.79	875.56	75 732	149 336.98	2 046.16	729 840	62 092.32	1 836.78	338 050

注：表中一、二、三产业劳动生产率数据是据2016年《江苏统计年鉴》中每年的一、二、三产业产出和从业人员的数据计算所得。

根据生产决定分配的经济学原理，由于第一产业生产率水平远低于二、三产业生产率水平并且差距一直比较大，而农村居民主要从事第一产业，城市居民主要从事二、三产业，这就决定了城市居民收入必然高于农村居民收入，而且差距一直较大。那么，农业劳动生产率为什么一直比较低？

一、农业与农民的自身因素

（一）农业的自身因素

1. 农业的弱质性

农业劳动生产率水平低首先源于农业自然因素。人们通常把农业称为弱质产业，这主要是因为：第一，农业容易受自然灾害、病虫害等影响，虽然随着技术发展，抗旱、排涝、治虫等水平有了很大提高，但这些灾害还是难以幸免。第二，农业季节性强，有的地方可种一季庄稼，有的地方可种两季庄稼，不是随着人们意志改变而改变的，这就使粮食产量自然受到限制。第三，各个地方土质是有差异的，什么土质适合种什么，不是人们可以随意选择的，而且土地的肥沃程度不一样，虽然人们通过努力可以提高土地肥力，但土质本身还是起决定性作用。这些因素都会严重影响劳动生产率水平的提高。

2. 农业小生产经营方式仍占主导地位

农业生产率水平低在很大程度上是源于农业的小生产经营方式。我国从20 世纪 70 年代末实行家庭联产承包责任制后，农业生产率水平相对过去的集体经营有了很大提高，但基于平均分配土地的一家一户分散经营问题日益突出，为解决这一问题，在后来的改革中允许土地流转，从而出现了农业合作组织、家庭农场、农业企业等新型经营主体，在一定程度上实现了土地从家庭分散经营向企业规模经营转变，或者说在一定程度上实现了从小生产方式向现代化大生产方式转变，但就全国而言，农业小生产方式仍占主导地位。江苏的情况虽然好一些，然而问题并没有从根本上解决，这可从表 4-2 的两组数据中得以说明：

表 4-2　农业劳动力人均占有耕地情况

Table 4-2　Per capita arable land of agricultural labor force

年份	耕地面积（万公顷）	乡村人均占有耕地（亩）	每个农林牧渔业劳动力占有耕地（亩）
1990	455.786	1.28	3.99
1991	454.997	1.27	4.01
1992	452.177	1.26	4.01
1993	449.566	1.26	4.15
1994	446.400	1.25	4.21
1995	444.831	1.25	4.33
1996	506.170	1.43	4.96
1997	505.567	1.43	4.95
1998	503.654	1.44	4.93
1999	502.422	1.45	5.00
2000	500.839	1.46	5.07
2001	497.412	1.45	5.13
2002	490.502	1.43	5.43
2003	485.834	1.43	5.92
2004	479.519	1.42	6.33
2005	478.037	1.42	6.77
2006	474.300	1.42	7.25
2007	473.048	1.42	7.62
2008	471.866	1.41	7.89

续表 4-2

年份	耕地面积（万公顷）	乡村人均占有耕地（亩）	每个农林牧渔业劳动力占有耕地（亩）
2009	468.806	1.41	8.02
2010	468.806		8.18
2011	460.431		8.41
2012	459.322		8.66
2013	459.367		8.88
2014	459.068		9.04
2015	459.068		9.21

注：表中2010年前的数据来自2011年《江苏统计年鉴》数据（其中1996年及以后为农业普查接轨数）并计算所得。2010年及其以后年份的数据是据《江苏统计年鉴》中历年的农林牧渔业总产值、每亩耕地创造的农林牧渔业总产值、农林牧渔业劳动力人数等数据计算所得。

3. 农业机械化程度偏低

农业机械化水平低也是促使农业生产力水平低下的重要原因之一。应该说，20 世纪 90 年代后，江苏农业机械化水平有了很大提高。从表 4-3 可知，在 1990 年，机耕、机播、机植、机收面积占农作物播种面积分别为 44%、13%、21%、6%，而到 2015 年分别达到 78%、59%、73%、66%，机械化水平分别提高了 77%、354%、248%、1000%。在这 20 多年里，农业机械化水平之所以大幅提高，主要原因有三：一是农村劳动力尤其是青壮年劳动力大部分都外出打工，在家多是年纪大的老人和妇女，所以一些重的体力活需要机器来做。二是一些在外打工的人挣了一些钱能贴补家里来支付机耕、机播等费用或直接支持家人购买农机具，一些种田能手、合作组织、农业企业觉得有钱可赚也愿意增加购置农机设备。三是政府对农机具进行补贴，这也是促进农业机械化提高的一个重要原因。

表 4-3　农业机械化情况

Table 4-3　Agricultural mechanization

年份	农作物播种面积（万公顷）	机耕面积（万公顷）	机耕占播种面积 %	机播面积（万公顷）	机播占播种面积 %	机械植保面积（万公顷）	机植占播种面积 %	机械收获面积（万公顷）	机收占播种面积 %
1990	825.918	363.249	44	104.641	13	172.752	21	53.192	6
1995	790.901	363.943	46	173.023	22	273.054	35	119.421	15
2000	794.487	409.655	52	182.272	23	457.306	58	297.178	37
2005	764.120	392.366	51	212.344	28	465.300	61	378.742	50
2010	761.958	553.778	70	325.980	43	520.220	68	479.050	63
2011	766.325	562.249	73	347.619	46	511.625	67	490.366	64
2012	765.157	584.567	76	388.794	51	540.050	71	489.687	64
2013	768.364	594.794	77	437.178	57	673.205	88	511.439	67
2014	767.863	610.016	79	443.783	58	573.680	75	554.926	72
2015	774.504	606.615	78	457.606	59	564.906	73	514.277	66

那么，为什么说江苏农业机械化程度偏低呢？这可从以下几点说明：第一，江苏是经济大省，按 GDP 排名，多年排在前三，但机械化水平在全国并不算高，甚至比有的中等发达省份还低。第二，使用的农业机械质量较低，比如，植保机械多是“人背机械”，如打农药的喷雾器。第三，施肥是农业生产过程的一个重要环节，而在现实中主要还是人工施肥，机械施肥面积在表中没有统计，也表明这方面机械化程度还有待提高。另外，表中的统计数据可能有一部分水分，比如机播面积，因为农作物播种包括旱田和水田，全年两季，而其中一季是种水稻，由于水稻插秧机质量不过关，所以，多是人工插秧或撒秧。如果把水田这部分面积去掉，机播面积显然占不到近 60% 的比例，何

况旱作物的播种也不都是机播的。

（二）农民的自身因素

从农民自身因素看，农民受教育的程度远远低于城市居民，这是导致农民收入水平低下的又一重要原因。统计数字显示，进入21世纪以来，城市居民的平均受教育年限从2002年8.08年提高到2012年的12.50年，而在农村地区，这个数字从2002年的6.77年上升为2012年的7.90年。[1]农村地区人力资本不仅不足，而且大量流失，文化程度高的一些年轻人，多进城打工了，这可从在外打工者的文化程度可以看出，在2015年的农民工中，未上过学的占1.1%，小学文化程度占14%，初中文化程度占59.7%，高中文化程度占16.9%，大专及以上占8.3%。其中，外出农民工中高中及以上文化程度的占27.9%，本地农民工中高中及以上文化程度的占22.6%。[2][3]该数据表明，2015年全国农村里初中文化程度以上在外打工的人数达23 446万人，比第一产业从业人员还多1 528万人。由于文化程度高的人进城打工了，而留在家里多是缺少知识的老人和妇女，所以，一些先进的农业生产技术和管理经验在农村很难推广和应用，必然导致农业生产力下降进而导致收入水平低下。

[1] 陈学法、丁浩：《江苏城乡居民收入差距的现状、原因与运行趋势》，载《江苏师范大学学报（哲学社会科学版）》2016年第6期。

[2] 陈学法、丁浩：《江苏城乡居民收入差距的现状、原因与运行趋势》，载《江苏师范大学学报（哲学社会科学版）》2016年第6期。

[3] http://finance.chinanews.com/gn/2016/04-28/7851608.shtml。

二、政策偏向

（一）财政支农的力度不够

相对于全国大多数地区，江苏财政支农的力度是比较大的，但相对于自身财政实力来讲，支农的力度是不够的。财政来自农业税收方面收入 1991—2012 年共 2 229 元，用于农业投入共支出 3 509 亿元，即财政用于农业补贴共计 1 289 亿元，平均每年补贴达 58.6 亿元。

江苏相对于全国大多数地区，财政支农的力度是比较大的，但相对于自身财政实力来讲，支农的力度是不够的，具体情况见下表 4-4：

表 4-4　江苏财政对农业的投入情况（1991—2012）　单位：亿元

Table 4-4　Financial support to agriculture in Jiangsu situation, 1991-2012

年份	财政总收入	税收收入	农业各税	一般预算支出	农业支出	农业支出占一般预算支出比重（%）	农业财政补贴
1991	143.29	125.91	4.91	128.18	11.42	8.91	6.51
1992	152.31	145.49	7.74	125.86	11.85	9.42	4.11
1993	221.3	220.05	7.33	163.87	19.19	11.71	11.86
1994	293.41	121.05	14.31	200.17	17.14	8.56	2.83
1995	350.08	146.39	16.46	253.49	21.49	8.48	5.03
1996	427.99	184.65	21.18	310.94	25.57	8.22	4.39
1997	512.93	210.56	21.09	364.36	30.1	8.26	9.01
1998	579.9	244.2	22.68	424.9	37.93	8.93	15.25

续表 4-4

年份	财政总收入	税收收入	农业各税	一般预算支出	农业支出	农业支出占一般预算支出比重（%）	农业财政补贴
1999	680.23	314.26	14.14	484.65	44.54	9.19	30.4
2000	865.00	409.14	17.03	591.28	46.77	7.91	29.74
2001	1 064.99	523.84	28.27	729.64	51.94	7.12	23.67
2002	1 483.68	565.3	32.65	860.25	59.55	6.92	26.9
2003	1 968.92	690.53	40.92	1 047.68	65.93	6.29	25.01
2004	2 216.41	833.64	29.04	1 312.04	75.68	5.77	46.64
2005	3 124.83	1 107.27	12.2	1 673.4	97.57	5.83	85.37
2006	3 935.87	1 389.13	123.18	2 013.25	158.12	7.85	34.94
2007	5 591.29	1 894.77	174.18	2 553.72	193.63	7.58	19.45
2008	7 109.72	2 278.71	205.05	3 247.49	276.16	8.50	71.11
2009	8 404.99	2 654.75	288.11	4 017.36	403.27	10.04	115.16
2010	11 743.22	3 312.61	383.7	4 914.06	489.16	9.95	105.46
2011	14 119.85	4 124.62	374.11	6 221.72	618.13	10.00	244.02
2012	14 843.89	4 782.59	390.80	7 027.67	754.09	11.00	363.29
合计	79 834.10	26 279.46	2 229.08	38 665.98	3 509.23	186.44	1 280.15

注：数据来源于《江苏统计年鉴》（1991—2012），其中2006年以前农业各税包括农牧业税、农业特产税、耕地占用税、契税，2006年以后只包括耕地占用税和契税。

从表 4-4 可以看出，江苏政府财政用于农业方面支出逐年是增加的，1991—2012 年共支出 3 509.23 亿元，但农业支出占一般预算支出的比例在不同时期有所不同，1993 年前其比例由 8.91% 上升到 11.71%，1993—2004

年是下降的，由 11.71% 下降到 5.77%，2005 年又开始上升，到 2012 年达 11.00%。2006 年后取消了农牧业税、农业特产税，但农业税总量却陡然增加，主要是由占用耕地的量大幅度增加所致。

财政用于农业方面补贴（农业支出—农业税收）每年多少不一样，农业支出呈现逐年稳步上升趋势，2005 年后快速上升并于 2006 年突破 100 亿，而农业各税逐步上升至 1999 年后短暂回落继而继续上升，2004—2005 年呈现下降后 2006 年迅速突破 100 亿元并持续快速上升。1991—2012 年总共补贴 1 280.15 亿元。见下图 4-1：

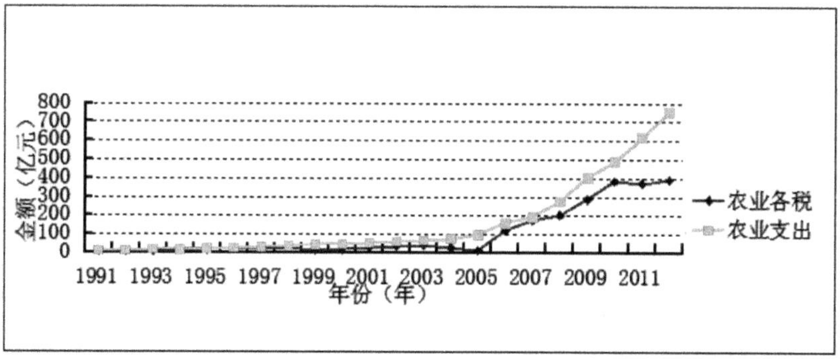

图 4-1　江苏省财政对农业的投入情况（1991-2012）

Figure 4-1　Financial support to agriculture situation in Jiangsu province, 1991-2012

（二）政府财政用于农村居民的转移支付严重少于城市居民

从转移支付的情况，政府财政用于城市居民转移支付远远大于农村居民，见下表 4-5：

表 4-5 江苏城乡居民转移支付的情况比较

Table 4-5 The situation of the urban and rural residents in Jiangsu transfer payment

年份	农村			城镇		
	农村居民家庭人均纯收入（元）	农村居民家庭人均转移性纯收入（元）	转移性收入占总收入比重（%）	城镇居民人均总收入（元）	城镇居民人均转移性收入（元）	转移性收入占总收入比重（%）
2002	3979.80	143.50	4	8738.50	2847.20	32.58
2003	4239.30	161.60	4	9912.10	3031.10	30.58
2004	4753.90	181.70	4	11236.70	3413.60	30.38
2005	5276.30	214.80	4	13330.00	3663.70	27.48
2006	5813.20	258.60	4	15248.70	4227.90	27.73
2007	6561.00	324.80	5	17686.50	4990.40	28.22
2008	7356.50	395.50	5	20175.60	5548.80	27.50
2009	8003.50	500.70	6	22494.90	6492.70	28.86
2010	9118.20	607.90	7	25115.40	7308.60	29.10
2011	10805.00	931.40	9	28972.00	7516.80	25.95
2012	12202.00	1093.70	9	32519.10	8305.20	25.54
2013	13598.00	1159.00	9	35131.00	9447.00	26.89

注：数据来源于《江苏省统计年鉴》（2002—2013）。

从表 4-5 可知，在 2002—2013 年，城镇居民家庭转移支付收入平均超过 25%，最多年份达 32.58%，而农村居民转移支付收入平均 5.51%，最高年份也只有 8.96%，江苏省城乡居民人均转移性收入历年变动情况可用下图 4-2 来表示：

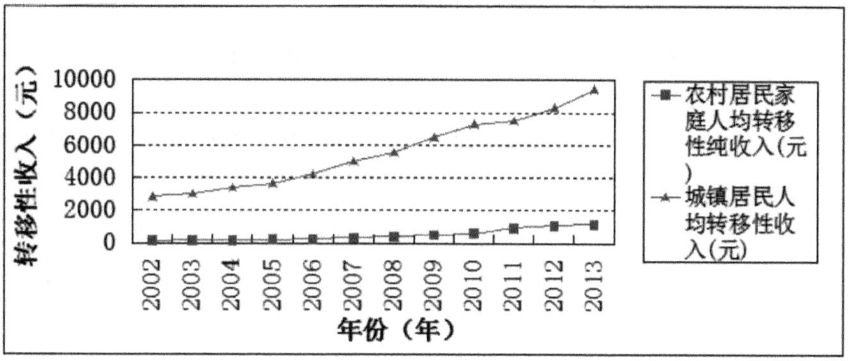

图 4-2　江苏省城乡居民人均转移性收入历年变动情况（2002—2013）

Figure 4-2　Changes in urban and rural residents per capita income of metastatic calendar year in Jiangsu province, 2002-2013

（三）金融支农的力度分析

在金融方面，由于“城市偏向”政策及其他方面因素，致使农村资金单向地向城市流动，具体表现为用于农业的贷款总体上小于农民存款。1990—2009年20年，我省农村居民存款共15 351.36亿元，农业贷款共计7 687.5亿元，存贷差额为7 663.86亿元，这是农村资金向城市净流入部分。[1]

在金融方面，农村资金单向地向城市流动，具体表现为用于农业的借款总体上小于农民存款，见下表4-6：

[1]　陈学法、丁浩：《江苏城乡居民收入差距的现状、原因与运行趋势》，载《江苏师范大学学报（哲学社会科学版）》2016年第6期。

表 4-6 江苏省农村存贷款情况（1990—2009） 单位：亿元

Table 4-6 Jiangsu province rural deposits and loans, 1990-2009

年份	农村居民储蓄存款	农业贷款	存贷差
1990	140.13	30.67	109.46
1991	171.93	42.85	129.08
1992	203.54	54.47	149.07
1993	249.55	65.23	184.32
1994	326.29	33.56	292.73
1995	434.37	177.04	257.33
1996	545.08	246.45	298.63
1997	639.25	329	310.25
1998	709.75	469.54	240.21
1999	769.34	449.19	320.15
2000	856.22	464.42	391.8
2001	954.9	566.08	388.82
2002	942.41	719.63	222.78
2003	1 130.41	965.79	164.62
2004	1 241.11	1 254.46	— 13.35
2005	1 106.61	1 235.13	— 128.52
2006	1 129.26	1 304.42	— 175.16
2007	1 137.39	1 386.62	— 249.23

续表 4-6

年份	农村居民储蓄存款	农业贷款	存贷差
2008	1 290.55	1 601.2	— 310.65
2009	1 373.27	2 008.07	— 634.8
合计	15 351.36	13 403.82	1 947.54

注：资料来源于《江苏省统计年鉴》（1990—2009）并整理所得。另外，2009年后缺乏这方面的统计数据，故无法列入。其他表格数据缺乏相关年份数据也属类似情况。

从表 4-6 可知，1900—2009 年 20 年，农村居民存款共 15 351.36 亿元，农业贷款共计 13 403.82 亿元，存贷差额为 1 943.54 亿元，这是农村资金向城市净流入部分。这主要分两个阶段，在 2003 年前，农民存款额大于农业贷款量，表明农村资金大量流入城市；2003 年农民存款额小于农业贷款量，表明城市资金（包括农民工在城市存款）开始向农村流入，但这是从统计年鉴的数据中反映的现象，事实并非如此，因为大量农民工在城市的存款并未统计在内。见下图 4-3：

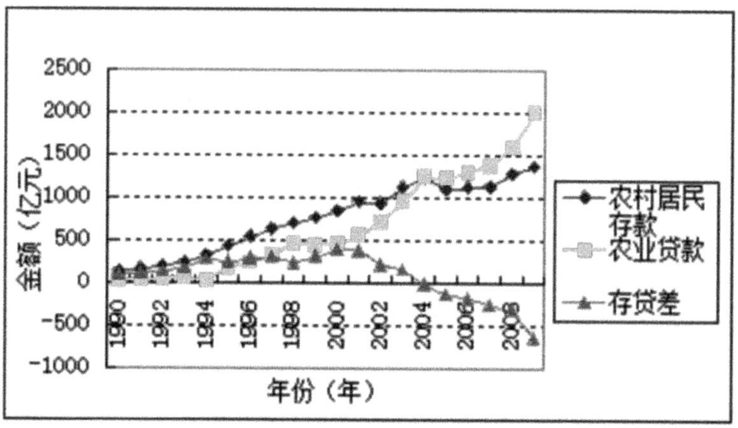

图 4-3　江苏省农村存贷款情况（1990—2009）

Figure 4-3　Jiangsu province rural deposits and loans, 1990-2009

（四）工农产品价格分析

粮食价格的上升速度慢于工业品价格的上升速度，将使粮食价格相对越来越低，而工业品价格相对越来越高。一方面，将导致农民用等量的粮食所能换到的工业品将越来越少；另一方面，农业生产资料（农药、化肥、农具等）也是工业品，农业生产资料价格上涨快于粮食价格上涨，使粮食的生产成本越来越高。总之，农民的收益将相对越来越低，有时低到不及成本，农民种粮的积极性自然要受到损害，造成粮食生产的萎缩，使市场供给量减少，必然要导致粮价上涨。粮价上升了，农民种粮积极性增加，加上政府的高度重视，粮食产量将会有较大提高，但一旦出现供大于求的市场关系，粮价又将可能猛跌，如此下去，最终也将出现粮食产量和价格的大起大落。[1]

为扭转工农产品价格剪刀差重新扩大的趋势，需从多方面采取措施。特别是应大力发展高产、优质、高效的农业，推行规模经济，加快农业劳动生产率提高的步伐。疏通流通渠道，加强城乡物资交流，促进货畅其流，继续推进农产品价格改革。[2]

第二节　实际城镇化水平比较低

从表4-6可知，在1990—2009年，江苏农村人均占有耕地只有1.4亩左右，

---

[1] 肖国安：《工农产品价格剪刀差实证分析及农产品补贴政策研究》，载《经济学动态》2004年第8期。

[2] 马晓明、邹文辉：《中国工农产品价格剪刀差变化情况》，载《中国物价》1993年第10期。

到目前为止这种状况也没有改变，而这种状况不改变，农民收入水平如何提高，城乡收入差距如何缩小？众所周知，农民一亩地如果种粮食年收入只有千元左右，如果种高档经济作物遇到收成好的时候一亩地的年收入也只有万元左右，而且国家为了保证粮食安全，严格限制将种粮食的田地改种经济作物，试想一下，农民靠种地一年能获得多少收入？

接下来的问题便是城镇化水平究竟低还是不低？说城镇化水平低主要是相对于工业化水平来讲的，我国已经进入工业化的中后期，但城镇化还处在加速时期。从国际经验看，苏联在 20 世纪 70 年代城镇化率就接近 80%，巴西到 20 世纪 80 年代就达到了 80%，而我国目前的工业化水平远远超过这些国家的水平，但我国城镇化率却远远低于这些国家。到 2015 年底，我国城镇化率达 56.1%，江苏城镇化率达 66.5%，比全国平均水平高 10.4 个百分点。由表 4-7 可知，1980 年江苏的城镇化率为 15.2%，到 1990 年城镇化率达 21.6%，这 10 年年均增速为 0.64 个百分点；到 2000 年城镇化率达 41.5%，这 10 年年均增速为 1.99 个百分点；到 2010 年城镇化率达 60.6%，这 10 年年均增速为 1.91 个百分点；到 2015 年，城镇化率达 66.5%，这 5 年年均增速为 1.18 个百分点。这几组数据表明，1990 年后，城镇化开始进入加速发展阶段，虽然 2010 年后增速有所放缓，城镇化率由 1990 年的 21.6% 提高到 2015 年的 66.5%，增长了 3 倍多，这 25 年年均增速达 1.8 个百分点。

表 4-7　江苏省历年人口数及其构成　单位：万人

Table 4-7　Calendar year population in Jiangsu province and its components

年份	总户数（万户）	总人口（户籍）	常住人口	农业人口数	城镇人口数	城镇化率 %
1980		5 938.2		5 036.4	901.8	15.2
1985		6 213.5		5 113.7	1 099.8	17.7
1990		6 766.9		5 307.9	1 458.9	21.6

续表 4-7

年份	总户数（万户）	总人口(户籍)	常住人口	农业人口数	城镇人口数	城镇化率%
1995		7066.0		5136.9	1929.1	27.3
1999		7213.1		4 693.0	2 502.1	34.9
2000	2220.4	7069.3	7327.2	4286.4	3040.8	41.5
2001	2314.0	7097.0	7358.5	4223.8	3134.7	42.6
2002	2350.9	7127.3	7405.5	4095.3	3310.3	44.7
2003	2345.2	7163.9	7457.7	3969.7	3487.9	46.8
2004	2388.2	7206.1	7522.9	3898.4	3624.6	48.2
2005	2463.6	7252.9	7588.2	3756.2	3832.1	50.5
2006	2485.6	7317.7	7655.7	3682.4	3973.3	51.9
2007	2507.5	7354.1	7723.1	3614.4	4108.7	53.2
2008	2504.1	7388.6	7762.5	3547.3	4215.2	54.3
2009	2519.4	7419.2	7810.3	3467.8	4342.5	55.6
2010	2564.6	7466.6	7869.3	3101.7	4767.6	60.6
2011	2572.9	7514.3	7898.8	3009.4	4889.4	61.9
2012	2588.2	7553.5	7919.9	2929.9	4990.1	63.0
2013	2593.3	7616.9	7939.5	2849.5	5090.0	64.1
2014	2601.3	7684.7	7960.1	2769.3	5190.8	65.2
2015	2617.8	7717.6	7976.3	2670.5	5305.8	66.5

资料来源：据1980—2015年《江苏省统计年鉴》整理所得。

我们可对江苏的实际城镇化率做一个估算：首先，可将1980—1990年城镇化率的年均增速作为一个基数。因为这段时期的城镇化水平基本是没有水分的，可以看着是实际城镇化率，年均增速可看着是自然增速。表4-7中可看出，2000年城镇化率达41.5%，比1999年一下子增加了6.6个百分点，农民工不仅没有被登记为城镇户口，更没有享受到城里人的公共服务待遇。因此，可把1990年前的城镇化率看着是实际城镇化率，并可将1980—1990年增速作为基数。如果1990年后实际城镇化率年均增速一直为0.64个百分点的话，那么，到2015年江苏的实际城镇化率应该是37.6%。

其次，可据本章的表4-2中的乡村人均占有耕地做一个估算。该表显示2009年耕地面积为4 688.06千公顷，人均占有耕地为1.41亩，故该年农业户籍人口应为4 987.3万人，占户籍总人口的67.2%，即该年的实际城镇化率为32.8%，比1990年增加了11.2个百分点，年均增速为0.59个百分点。如果2010—2015年仍然保持这个增速，那么，2015年实际城镇化率应为36.3%。

上述两方面估算结果只误差了1.3个百分点，表明上述估算是可信的。而这个估算与统计口径相差近30个百分点。那么，实际城镇化水平为什么太低？原因主要有以下几个方面。

一、户籍问题

统计资料显示，我省农村居民人均转移支付收入占人均纯收入的比重，从2002年的3.61%增加到2013年的8.52%，而城市居民的这一比重，从2002年的32.58%下降到2013年的26.89%。但从绝对值看，农村居民人均转移支付收入从2002年的143元增加到2013年的1 159元，而城市居民人均转移支付收入从2002年的2 847元增加到2013年的9 447元。如果农村劳动力和人口能同步向城镇流动，这不仅支持了工业化与城镇化发展，而且能有力推进农业现代化的发展，使城乡收入差距逐步缩小。[1]

江苏和全国一样，在户籍制度方面也进行了一些改革。继2007年江苏省全省取消农业和非农业二元户口划分的基础上，2008年江苏省实现外来人口暂住证省内“一证通”。例如南通市政府实施居住证制度改革。市政府出台公布了《南通市居住证管理暂行办法》。除市区（不包括通州区），其他各县市区已在外来人口较多的试点乡镇发放居住证。市居住证持有人不仅可以享有保险、医疗、教育、交通等同城居民待遇，还可以享有经济适用房、惠民殡葬、文明办丧补贴、急难险困、重大疾病等临时性救助等高价值权益。当前居住证制度已在全市铺开，共发放18万余张。同时，早在2003年，南通市就打破城乡分割的户籍管理二元结构，全面建立城乡统一，以合法固定住所、稳定职业（生活来源）为户口准迁条件的新型户籍登记制度，调整和放宽市区居民户口准入政策，积极推动长期在城镇稳定就业的外来人员到城镇落户。县城以下的小城镇（含县城）实行了开放式管理，取消城乡户籍限制，实行户籍登记制，实现城乡人口的自由流动。2011年以来，全市累计办理进入城镇落户7.6万人，其中进入市区落户1.2万人。再如，南京在户籍制度方面也做了一些改革，改革主要内容有：解决南京原五县撤县改区后长久不通迁的问题；对引进人才实行一些相关优惠政策；外来人口可通过积分解决落户的问题。并做了一些具体规定，如对大学生“落户”取消两年限制，按照学历层次有不同的落户政策；大专学历工作满2年，交社保2年，可以落户。本科学历，工作满1年，交社保1年，可以落户；研究生以上学历，没有工作年限限制，缴纳社保后，就可以落户；自主创业的大专学历以上毕业生，有营业执照，有完税凭证，缴纳社保，就可以落户；留学回国人员，普通海归人员，参照普通高校毕业生，

[1] 陈学法、丁浩：《江苏城乡居民收入差距的现状、原因与运行趋势》，载《江苏师范大学学报（哲学社会科学版）》2016年第6期。

允许本人落户；对层次较高的，持有省市人社厅局签发的海外高级人才居住证的，允许本人、配偶、未成年子女落户，外来务工人员可以攒积分落户。

二、公共服务均等化问题

这里所说的公共服务均等化是指原来粘附在城市居民户籍上的福利与各项权利应该让农民工或进城农民平等分享。而要解决这一问题，面临的难题主要有：第一，粘附在户籍上的福利包括养老、医疗等社会保障方面的补贴，应该由谁来承担？第二，政府解决进城农民或农民工生活方面的公共服务均等化需要多少资金以及资金应从哪里来？第三，医疗、养老等方面应由农民工或进城农民自己承担部分如何解决，这虽然不是政府要解决的问题，但也是政府要考虑的问题。这些问题不解决，户籍制度改革就无法深化，城镇化水平也就无法提高。

三、农民进城后的住房问题

养老、医疗属社会保障范畴，主要是政府要解决的问题，但农民进城后的住房问题主要是自己要解决的问题。对农民工或农民来说，进城落户的最大难题就是住房问题。目前的城市房价是农民买房所望尘莫及的，而农民如果买不起房，即使户籍制度放开了，公共服务均等化问题也解决了，农民也进不了城，城市化水平仍然不能提高。

从目前农民工进城居住的情况来看，住房是一个不可忽视的一个问题。国家统计局关于农民工监测调查报告显示，2015 年，外出农民工中，在单位宿舍居住的占 28.7%；在工地工棚居住的占 11.1%；在生产经营场所居住的占 4.8%；与他人合租的占 18.1%；独立租赁居住的占 18.9%；乡外从业回家居住的占14%；在务工地自购住房的农民工比例为1.3%。[1] 从这组数据中可以看出，自购住房所占比例是最低的，从20世纪80年代农民进城打工到现在已经30多年了，能够买得起房子的人仅有21 949人，而且多是在小城镇购房。租房所占比例较大，但多是租郊区或城中村农民的房子，租金每月在400—500元。农民进城落户的住房是影响城镇化水平提高的一个重要因素。

第三节　土地要素缺乏流动性[2]

从第2章表2-5关于农民分项收入情况中可知，2003、2010、2015年农民纯收入分别为4 239.3、9 118.2、16 257.0元，农民财产性收入分别为94.3、398.9、545.0元，农民财产性收入占纯收入的比例分别为2.2%、4.4%、3.4%。这表明农民财产性收入在整体收入中所占比例一直比较低，在2003—2015年基本在2%—4.5%变动，从2003年的2.2%上升到2010年4.4%的高点，然后又从2010年4.4%这个高点逐步降到2015年3.4%。

而且农民财产性收入不只是包括土地财产性收入，还包括金融财产收入、住房财产收入等，以上面3个年份为例，2003、2010、2015年经营性收入分别为1 794、3 215、5 046元，经营性收入占纯收入的比例分别为42.3%、35.3%、31%，将财产性收入和经营性合到一起占纯收入的比例分别为44.5%、39.7%、34.4%。

为什么农民来自土地上的收入占整体收入的比例低，而且呈下降趋势？

[1] http://finance.chinanews.com/gn/2016/04-28/7851608.shtml。

[2] 本节中有一部分内容是引用作者指导的研究生牛莉同学毕业论文，未在引用处一一注明。另外，本节中所涉及的调查情况和数据均来自2013年我们所组织的调查，下同。

主要是源于我国的土地制度还存在一些问题。

一、承包地经营权流转中的问题

在农民的土地中，承包地在数量上所占比重是巨大的，但由于承包地的用途被严格限制于农业生产，承包者若自己经营则只能从中获取经营性收入，小农经营模式下农民的收益相当有限。从理论上讲，农户将承包地转出后可以从事非农产业获取更高的工资性收入，加上土地流转带来的财产性收入，农户的收入水平会得到提高。但从调研的结果来看，江苏目前参与土地承包经营权流转的农户并不多，土地流转规模较小，并且大多数参与土地流转农户的收入并未有所增加。

2013 年，我们曾对农户做个一些调查，在调查的 702 户农村家庭中，户均拥有承包地 5.06 亩，人均拥有承包地 1.12 亩，共有承包地 3 552 亩。参与土地流转的共 284 户，占总数的 40%，共流转土地 781 亩，占总面积的 22%。不同区域的土地流转的情况也有所不同，苏南地区户均承包地面积虽然最少，为 3.7 亩，但进行土地流转的农户占比最高，为 70%，流转面积占总承包地面积的 53%，苏中地区的两项比例分别为 50%、35%，苏北地区两项的比例仅有 40% 和 10.5%。三大地区间土地流转价格的差异也较大，苏南地区为 1 666 元，比苏中地区多了 417 元，比苏北地区多了 736 元。但总体而言，土地流转的价格偏低，三大区域的大部分居民表示在进行了土地流转后的收入并未增加，50% 的农户表示参与土地流转与否对于收入的促进作用并不大，还有 14% 的农户在参与土地流转后收入反而下降（见表 4-8）。

表 4-8　2011 年江苏土地流转规模及土地流转收益情况

Table 4-8　The scale and earnings of Land Circulation in Jiangsu, 2011

地区	调查户数	家庭人口	户均承包地面积（亩）	进行过土地流转的户数	户均土地流转面积（亩）	土地流转价格（元 / 亩）	土地流转后收入情况		
							增加	基本不变	减少
苏南	80	4	3.47	54	2.67	1 569	29	20	5
苏中	254	4	4.50	127	3.21	1 173	45	61	21
苏北	368	5	5.71	103	2.11	830	49	41	13
江苏	702	4.5	5.06	284	2.75	1 150	123	122	39

从上述调研结果看，目前江苏的农村居民，一方面参与土地承包经营权流转的户数较少，另一方面其价格较低，从而抑制了农民承包地经营权流转收入的增加。出现这一现象的原因有以下三个方面。

（一）承包地的权属不清，产权残缺

第一，承包地权属关系不清使得经营权在流转过程中缺乏保障，为此许多地区开始进行土地的确权工作，清晰的界定土地产权的所属，江苏省也不例外，但目前来看土地确权工作还没有做到位，在调查的 702 户中依旧有 225 户未进行确权登记，259 户未进行宅基地确权登记，见表 4-9。

表 4-9　2011 年江苏农村居民土地确权情况

Table 4-9　Confirmation of land right in Jiangsu rural areas, 2011

地区	调查户数	承包地未确权户数	占总户数比重（%）	宅基地未确权户数	占总户数比重（%）
苏南	80	14	17.5	20	25.0
苏中	254	63	24.8	74	29.1

续表 4-9

地区	调查户数	承包地未确权户数	占总户数比重(%)	宅基地未确权户数	占总户数比重(%)
苏北	368	151	41.0	165	44.8
江苏	702	228	32.5	259	36.9

第二，经营权不完整，财产权能较弱。《中华人民共和国物权法》（简称《物权法》）中明确指出农民的土地承包经营权是一种“用益物权”，经营人对承包经营的土地拥有法定的占有权、使用权和收益权等权利。《中华人民共和国农村土地承包法》中规定承包地的转让权属于承包方，即农民所有，而不属于集体所有。目前农户享受了承包地的收益权、转让权以及使用权，农地抵押权和继承权依旧缺失。

第三，农民尚未拥有长期稳定的土地承包经营权。虽然政策规定农民的土地承包经营权 30 年不变，但由于土地所有权属于集体，农户以其集体成员的身份无偿获得承包经营权，集体组织会依据集体成员人数的变动或出于其自身利益的考虑对土地进行行政调整。在调查的农户中有 263 户家庭在第二轮承包期内，进行过部分调整，平均的调整次数约为 2.1 次，频繁的调整无法形成持续性的土地经营权流转。分析调查数据发现，在现有农户中，流转期限在 5 年以内的占 29%，6—10 年的农户占 36%，11—30 年的占 24%，而永久流转的仅为 11%。

表 4-10 2011 年江苏农村居民土地调整情况及土地流转期限

Table 4-10 Land Adjustment and the time of Land Circulation in Jiangsu rural areas, 2011

地区	调查户数	进行过调整的户数	调整次数	土地流转期限			
				1—5 年	6—10 年	11—30 年	永久
苏南	80	40	1.91	9	23	16	6

续表 4-10

地区	调查户数	进行过调整的户数	调整次数	土地流转期限			
				1—5 年	6—10 年	11—30 年	永久
苏中	254	77	2.55	33	51	30	13
苏北	368	146	2.00	41	29	21	12
江苏	702	263	2.11	83	103	67	31

（二）缺乏规范与健全的土地流转市场体系

从调研结果看，目前在江苏农民的土地流转过程中，农户间的有偿转包较为普遍，有 35% 的农户以有偿转包的形式进行土地流转，由于转包多发生在熟人之间，在土地流转的约定形式大多不规范，有 31% 的农户仅采用口头约定的方式而未签署合约，这使得农户土地流转收益得不到保障。在这种情况下基层政府或是村组织开始对农村居民土地流转进行引导，由基层政府或村组织将农民土地集中起来再流转给企业，形成了以政府为主导的土地流转格局，在土地流转中以村、政府为流转主体的分别占总流转农户的 46% 和 21%。

表 4-11　2011 年江苏农村居民土地流转约定方式、流转形式及流转主体

Table 4-11　Stipulated method、form and subjects of Land Circulation in Jiangsu rural areas, 2011

地区	土地流转约定方式		土地流转形式				流转主体		
	合同约定	口头约定	股份	租赁	有偿转包	其他	家庭	村	镇政府
苏南	42	12	17	20	16	1	19	27	8
苏中	81	46	19	55	49	4	40	57	30

续表 4-11

地区	土地流转约定方式		土地流转形式				流转主体		
	合同约定	口头约定	股份	租赁	有偿转包	其他	家庭	村	镇政府
苏北	72	31	17	46	35	5	34	46	23
江苏	195	89	52	121	100	11	93	130	61

二、宅基地问题

宅基地是农村集体建设用地的重要组成部分，目前江苏农户的宅基地分布较为分散，闲置现象较为普遍。据调查，家庭户平均有宅基地 1.21 套，面积约为 0.65 亩，远大于江苏省所规定的“人均耕地在 1 亩以下的县，每户宅基地不得超过 135 平方米，人均耕地在 1 亩以上的县，每户宅基地不得超过 200 平方米”的标准。[1] 农村居民住房面积是 175 平方米，仅占宅基地面积的 40%，利用率较低。村民小组集中居住是集约利用宅基的有效方式，但目前进行了集中居住的农户还较少，仅有 162 户，占总户数的 23%。

表 4-12　2011 年江苏农村居民宅基地利用情况

Table 4-12　The use of countryside homestead in Jiangsu, 2011

地区	调查户数	宅基地套数	宅基地面积（亩）	住房面积（平方米）	宅基地利用率（%）
苏南	80	1.32	0.41	219.02	0.80
苏中	254	1.14	0.62	178.10	0.43
苏北	368	1.26	0.72	163.31	0.34
江苏	702	1.21	0.65	175.01	0.40

[1]　邱道持、赵雅萍、胡蓉等：《农村宅基地产权制度建设探讨》，载《中国发展》2008 年第 4 期，第 75—81 页。

第一，宅基地用益物权不完整。宅基地与承包地一样都是以集体成员的身份无偿取得的，由于宅基地的确权工作不到位，居民私占、乱占闲置土地，甚至是占用耕地作为宅基地的现象普遍存在。

第二，宅基地的流转受到严格的限制。《中共中央关于全面深化改革若干重大问题的决定》（下文中简称《决定》）中已允许集体经营性建设用地在符合一定条件下直接进入市场进行交易，但宅基地的流转仍被严格禁止，明确指出“宅基地使用权的取得、行使和转让，适用土地管理法等法律和国家有关规定”。

三、集体建设用地

伴随城镇化、工业化进程的快速发展，土地市价不断上涨，但具有相同用途的农村集体建设用地的价格、收益却要远远低于城市建设用地，农村居民从中获得的收益极为有限。这里从分配到户的宅基地和由集体统一经营的集体建设用地两部分分析抑制集体建设用地经济价值释放的原因。

第一，缺乏法律保障。虽然《决定》中指出在符合国家规划和用途限制的情况下可以入股、租赁以及出让，可以适当入市并且实现与国有土地同权同价。但在现实中，集体建设用地流转仍受到约束。

第二，主体不明，缺乏正式的集体经济组织。现行的土地制度规定农村土地归农民集体所有，并且由集体经济组织进行管理。

四、土地征用问题

在调查中有 104 户家庭的承包地或宅基地被征用，户均被征面积为 3.07 亩，苏南地区的征地补偿价格最高为 37 269 元 / 亩，苏中地区 29 507 元 / 亩次之，苏北最低约 15 229 元 / 亩。苏南、苏中、苏北地区户均征地补偿收入分别为 112 925 元、95 012 元、47 514 元，人均征地补偿收入分别为 28 231 元、23 753 元、9 502 元，而 2012 年苏南、苏中、苏北人均生活消费支出分别为 12 427 元、9 301 元、6 660 元。可见农户征地补偿的收入最多能满足农民两年多的基本生活消费。造成农民所获补偿较少的原因在于以下两方面。

（一）征地补偿标准偏低

江苏省近年来虽然不断的对征地补偿标准进行提高，但仍是根据土地被征用前的用途对土地进行补偿，未考虑土地用途转变后的增值收益。根据 2011 年发布的补偿标准，土地补偿费为被征用前三年平均产值的 6—12 倍和 5—15 倍，安置补助费为耕地被征用前三年平均产值的 5—15 倍，其他农用地按土地补偿费标准的 70% 给付，而对于征用集体建设用地和未征用土地，则不支付安置补偿费。江苏省还将补偿标准分为 4 类地区，分别制定了土地补偿费、安置补助费等补偿标准的最低要求，一、二、三、四类地区两者之和的最低标准分别为每亩 5 万元、4.4 万元、3.5 万元、3 万元。以 2010 年为例，当年全省土地出让金总额 4 382.96 亿元，亩均土地出让金为 85.1 万元。其中，工矿仓储用地每亩的土地出让金平均约为 15.7 万元、经营性用地每亩的出让金平均约为 176.5 万元、住宅用地亩均土地出让金达到 175.9 万元。征地补偿标准的提升程度，跟不上物价和生活成本的增长幅度，大部分农户认为土地征用后的生活成本明显上升，表示在征地后生活有困难，对未来的经济来源、养老、医疗等问题充满担忧。

表 4-13　2011 年江苏农民土地征用情况

Table 4-13　Land expropriation of Jiangsu rural residents, 2011

地区	承包地与宅基地被征用的户数	被征面积（亩）	土地补偿（元 / 亩）
苏南	10	3.03	37 269

续表 4-13

地区	承包地与宅基地被征用的户数	被征面积（亩）	土地补偿（元/亩）
苏中	45	3.22	29 507
苏北	49	2.93	15 229
江苏	104	3.07	23 814

（二）征地范围过宽，程序不够严格

比较调查农户所获得的征地补偿收入和江苏省征地补偿标准可以发现，虽然目前征地补偿标准还偏低，但农村居民还未能完全获得规定的土地补偿额。农民在征地过程中土地权益的受损不仅在于土地补偿标准的偏低，还在于征地制度的不完善以及征地程序的不严格。

（三）土地保障机制不健全

土地本身所具有的承载、养育和资源功能，可以形成对农民就业、生活以及伤病养老等可靠的保护形式，但目前来看，农村地区的社会保障机制依旧有待完善，土地仍是农户主要的生活资料，尤其是对于苏北地区农村居民。相对于苏南、苏中地区，苏北地区的工作机会较少，工资性水平较低，进行土地流转虽然可以获得财产性收入，但也意味着放弃经营性收入，若苏北居民将承包地全部流转，能够获得 4 731 元，与其经营性收入相差不多，而在离开土地后很有可能找不到工作，或是从事一份没有保障的低收入工作，城市的高消费又会降低他们的实际收入水平，即使在苏南地区也有一半的居民表示在土地流转后并未提高其收入水平，在这种情况下，土地提供养老和失业保险的功能就显得更为重要，导致农民进行土地流转的意愿较低。

另外，土地征收制度也是导致城乡居民收入差距扩大的一个重要原因。

根据国家国土资源年鉴资料，江苏2000—2012年共征收土地面积达2 815.90平方千米，出让土地面积达2 971.03平方公里，出让土地收入达22 373.28亿元。2012年江苏农村人口数为2 929.89万人，如果把土地出让收入都分配给农民的话，则每人可获76 362元，平均到每一年的话，每人每年可获5 874元，那么，城乡居民收入就会因此大大缩小。[1]

[1]　陈学法、丁浩：《江苏城乡居民收入差距的现状、原因与运行趋势》，载《江苏师范大学学报（哲学社会科学版）》2016年第6期。

第五章　深化户籍和土地等制度改革

从前一章的原因分析中可知，要从根本上缩小城乡居民收入差距，必须实现农业现代化，使农业劳动生产率水平大幅提高；要使农业现代化，必须使农民市民化，使实际城镇化水平大幅提高；而要提高农业现代化和实际城镇化水平，就必须深化户籍和土地等制度变革。

那么，如何健全城乡一体化发展的体制机制，如何发挥市场在资源配置中起决定性作用的同时，充分发挥政府在宏观调控中的作用，既让农村人口有序向城市转移以缓解农村人地关系矛盾，同时引导农村的建设用地向城市流转。这是否能够缓解城镇化过程中用地紧张的问题？我们认为，要做到这些，就必须深化改革，尤其是要深化户籍和土地管理制度改革，不仅要深化户籍和土地管理制度各自的改革，还要把两者结合起来进行系统改革。

第一节　深化户籍制度改革让农业人口有序向城镇转移

一、实行户口登记制度，引导农民有序进城

（一）建立城乡统一的户口登记制度，包括建立与户口登记制度相适应的统计制度、建立居住证制度

国务院《关于进一步推进户籍制度改革的意见》（简称《意见》，下同）已经出台，改革的基本原则与政策精神已经明确，接下来主要是如何去贯彻落实以及完善的问题。

《意见》提出要创新人口管理，主要在三个方面进行创新：一是取消户口行政审批制度，建立城乡统一的户口登记制度。不管是农村户口还是城镇户口都统一登记为居民户口。二是建立与户口登记制度相适应的统计制度。严把出生人口与流动人口登记两道关。因此，只有把好这两道关，才能健全人口信息管理制度。三是建立居住证制度。其规定公民到大中城市居住半年以上的需在居住地申领居住证。大城市和特大城市为控制人口增长过快，可根据流动人口的积分来发放居住证。而持有居住证的人口在公共服务、公共教育、基本医疗等方面都与当地人口享有同等权利。

（二）引导农民有序进城

在《意见》中已经明确提出要逐步促进农业人口的市民化并合理引导人

口的转移方向。具体措施主要有以下几点：

第一，放宽小城市的落户限制以及放开建制镇。对于在相应地区有合法住所的人员（包括租赁），其本人和家属都可在当地申请常住户口。

第二，逐步放宽中等城市的落户限制。对于人口在50万—100万的城市来说，在该地区有稳定就业和稳定住所的人员并按规定缴纳了一年的城镇社会保险的人员，其本人和家属就都可申请当地的常住户口。在城市承载力相对较小的地方，可按小城市标准全面放开落户的限制；而在承载力相对较大的地区，可以对就业以及住所条件等做出规定，但对于住房面积、金额等不得做太过具体的限制。

第三，完善大城市的落户条件。在容纳100万—300万人口的城市，能够有稳定就业并有稳定住所，同时按规定参加社会保险的人员，其本人及家属可在当地申请常住户口的登记。而在300万—500万的城市，对于落户的节奏和规模要进行调控。对于不同的地区需结合当地特点建立积分落户制度。

第四，限制特大城市的人口规模。配合社会经济的发展，且以其承载能力为依托，调整其人口规模。可以以居住年限、就业及住所等条件为指标来设置相应的积分分值。

二、把粘附在户籍上的保障功能剥离出来

（一）农民市民化的公共成本需要多少

改革的首要问题就是支出问题，改革会需要一大笔的改革成本，新市民享受福利待遇的新增成本数额是多少？不同的研究给出的答案有所不同。以2010年不变价计算，相关研究中心对几个重点城市进行了预算，预算结果如下表5-1所示：

表 5-1　市民化的公共成本测算

项目		嘉兴市	武汉市	郑州市	重庆市
1. 义务教育	小学生（元）	5 807.6	7 898.3	3 252.2	3 021.0
	中学生（元）	7 321.9	10 067.6	4 931.3	3 077.6
	校舍（元）	2 659.3	2 919.3	3 016.8	2 773.3
2. 居民合作医疗保险（元 / 年）		118	52.0	31.2	62.4
3. 基本养老保险（元）		36 089.0	29 753.9	42 049.3	35 816.3
4. 民政部门的其他社会保障	意外伤害保险（元 / 年）		5.0		
	低保（元 / 年）	76.5	80.7	59.0	85.9
	医疗等救助（元 / 年）	8.2	49.4	15.9	9.0
	妇幼保健等（元 / 年）	46.1	6.3		13.9
	孤寡老人（元 / 年）	14.2		8.0	
5. 城市管理费用（元 / 年）		338	401.0	259.8	490.7
6. 住房（元）		10 284	9 975.6	8 696.9	8 570.1
合计	总成本（元）	83 690.0	85 086.6	77 361.3	80 408.0

资料来源：国务院发展研究中心课题组调研测算数据。

从表 5-1 中可以看出：嘉兴、武汉、郑州和重庆的市民化总成本约 8 万元，分别为 8.4 万、8.5 万、7.7 万、8 万；市民化的成本支出是一个长期的过程，短期来看子女教育和保障性住房是主要支出，四个市该部分支出分别约占总成本的30%左右，远期来看养老保险补贴是主要支出，这四个市该部分支出分别为3.6万元、3.0万元、4.2万元、3.6万元，约占总成本的43%、35%、54%和45%。[1]

通过对户籍制度改革的成本和收益分析可以看出其效益。如果按照计算出的人均8万元的成本，推算出整个社会每年约增加1.2万亿的支出。世界银行曾估算中国劳动力转移到非农业部门对于经济的贡献率约为16%，具体来看1%的劳动力从农业部门转移出来将使GDP增长0.7%。国务院发展研究中心课题组采用模拟研究方法，得出每增加5%农民工实现市民化转变（净增城镇人口1 000万）能使我国经济增长比非市民化情景下多1%。由此，我们可以知道，增加1 500万的城镇化人口，GDP会增长1.2个百分点。此外，城镇化的发展所带来的间接收益也会大大增加城镇化的效益。

（二）农民市民化的公共成本应由谁来支付

既然有成本，那就有谁来支付的问题。在这之前，先要明确农民市民化的公共成本是什么？公共成本是市民化给城镇政府带来的费用支出，包括城市基础设施建设成本、社会保障成本（医疗、养老、住房补贴等）、公共管理成本和教育成本（进城农民本人的转业培训、其子女义务教育和部分非义务教育成本）。

这部分费用应由谁来承担？有些学者提出个人、企业与政府应该一起来分担这些费用。首先，进城的农民作为最直接的获利者，其需支付最主要的生活费用。其次，企业需承担工伤、部分养老、医疗、劳动就业培训、住房保障等成本，依法为市民化农民缴纳职工养老、医疗、工伤、失业、生育等

[1] 国务院发展研究中心课题组：《农民工市民化进程的总体趋势与战略取向》，载《改革》2011年第5期。

社会保险费用。最后，基础教育部分应由政府来负责，对于非基础性教育，进城农民与原城市居民都应分担。除此，像社会保障、公共卫生、基础设施等方面的支出也需由政府来承担。

（三）农民市民化的公共成本如何支付

以上只是从理论上来叙述政府应支付改革成本，但事实上通过征地所得的这部分收入几乎没有剩余。但政府依然有这方面的支付能力，除了征地权利以及土地储备，政府依旧可以通过减少财政投资等方法来支付该部分成本。对于基础设施建设来说，诸如学校、楼房等基础设施，政府承担相关费用，道路、水利、桥梁等基础设施建设费用可由企业承包，建立一定的激励机制，促使企业分担政府的公共成本。另外，还可按《意见》要求，建立财政转移支付同农业转移人口挂钩的机制。其中地方承担的份额可由省财政转移支付解决一部分，其余部分可由市县政府从宅基地指标出让收入中支出。

第一，合理划分中央与地方以及各级政府的财政职能。对于农村公共服务的供给，各级政府均需负责。中央和省级财政主要负担外部性较强的“准公共品”以及“纯公共品”。具体的制度安排上，上级政府掌握着财权而事权由县级政府负责。政府要做的是保证各地区间的公平性。

第二，完善政府的转移支付并建立保障机制。确保公共品的供给和消费都均等化并使有限的资源得到最高效的利用。不仅要优化转移支付的规模与结构，也还要提高其效果。加强监管并建立合适的绩效评价体系已确保资金的使用。另外，充分推行省以下的财政管理体制。县乡镇直接对财政资金负责。

三、户籍改革不能以牺牲农民土地等相关权益为前提

《意见》明确指出，农民进城落户也不得剥夺农民宅基地使用权、集体收益分配权以及土地承包经营权。《关于农村土地征收、集体经营性建设用

地入市、宅基地制度改革试点工作的意见》也明确指出了不得损害农民利益以及坚持土地公有制在试点基础上有序推进。这些文件都表明国家更重视保护农民的权益，不以牺牲农民的权益来实现市民化。因此，农民进入城镇可以不放弃土地等相关权益，即“放土不放权”。

这里所说的“放土”主要是指放弃承包地的耕种或放弃土地物质，“不放权”是指不放弃土地承包经营权及其相关收益权（包括宅基地等权益），即“放土不放权”就是指农民进城成为城市居民后，不再耕种原来承包的土地，但可在长期内（比如70年）拥有承包地（包括宅基地等）的相关权益。这是一条既有效又符合农民意愿的道路。

第二节　深化土地制度改革，不断提高农民收入

一、深化土地产权制度改革，提高农民财产性收入

国务院关于户籍改革《意见》提到了关于土地产权制度改革的方案，明确提出要完善农村产权制度。《物权法》强调“宅基地使用权人依法对集体所有的土地享有占有和使用的权利，有权依法利用该土地建造住宅及其附属设施”。2014年出台的《意见》中又强调了这一点，足可见国家完善并更重视保障农民的承包经营权和宅基地使用权。

此外，培育新型的经营主体以拓宽经营规模，并坚持家庭经营的基础作用。这就要求在保持土地集体所有权不变的情况下，放活土地经营权、推进集体经营、家庭经营等共同发展。

根据这总的思想原则，需要改革以下几个方面：

（一）明晰土地产权，赋予农民更加完整的土地财产权利

农民土地所有权明确化，使用权物权化是农村土地能够得以财产化的重要保障。为明晰土地权利的归属，各地在改革过程中普遍采用土地确权颁证的方法，对每一块土地进行实地精确地测量，厘清农户与农户之间的关系，使得每家每户能够真正的享有各项权利。并且在土地确权之后应颁发给农户和农民集体相应的权利凭证，包括集体土地所有权证及使用权证、农村土地承包经营权证等，此外，对农户的住房也应给予房地产权证，使农民住房能够入市流转，并且构建起统一的土地登记制度、房屋产权登记制度等，加大对农村土地、房屋产权的管理力度。在此基础之上，要进一步完善农村土地的财产权利，一方面要给予农户更加稳定长久的土地承包经营权，从法律上保证土地的承包关系长久稳定。并且将“永佃制”作为物权化的改革方向，在稳定承包经营权的基础上进一步给予农地抵押权和继承权。另一方面要进一步完善农村宅基地和集体建设用地的使用权，逐步取消法律中对宅基地和集体建设用地流转限制，给予其抵押、收益、占有、转让、收益等更加完整的权利，努力建立起完整的市场准入制度，以管制作为唯一的市场准入规则。从而使集体所有土地获得和国有建设用地同样的权利保护，以实现与国有土地同权同价的目标。从收益分配的角度来看，还应从法律的角度来明确在农地转为非农用地的过程中增值收益的分配比例。

（二）改革传统集体所有制，建立新型集体所有制

我国现行的土地政策中的一个基本点是坚持土地集体所有，但随着城镇化，市民化的不断深入，原来传统的集体所有制已经越来越不能满足现实发展的要求，与现实之间存在越来越多的矛盾。事实上，集体经济就是一种合作经济，合作经济的一个重要特征就是产权可量化到个人或家庭，并将长期

长久化，量化到个人的产权不应在户籍改革中随个人身份改变而改变。要走出这一困境，可建立以土地股份合作制为主导的新型集体所有制，从而实现对传统集体所有制的替代。

总体来看，有以下两条路径：

路径一：抛弃原土地集体所有制，建立农民个人所有制。

我国农村集体所有制改革基本上是按照这一路径进行的，基本完成了集体所有制向家庭或个人所有制的转变，或基本完成了从公有制向私有制的转变。从20世纪70年代末期开始对农村进行多方位改革，实行家庭联产承包责任制，废除人民公社制度。这一改革的路径可描述为：废除人民公社制度→按人口平均分配承包地→生产工具家庭化→土地收益个人化→承包权物权化→承包期长久化→事实上归个人所有。

这一改革的路径是渐进式的。

路径二：废除原集体所有制，建立新型集体所有制。

该路径主要通过诱致性变迁来实现，其路径为：土地家庭承包责任制→凭借土地承包权入股→实现土地股份合作制。

对土地制度进行创新，政府应从法律上明确：农村土地的实物所有权（物权）归国家所有，价值所有权（财权）归农民个人所有，即国家拥有土地的最终所有权，把原承包权以股权形式长期且无偿地归农民个人所有。[1]

2005年，东台市周黄村建立了苏北的第一家土地股份合作制组织。其基本做法是：将农民承包的土地全部转化为股份，然后按现有人口均分给农民，农民按照获得的股份数量分享收益，但不再拥有土地经营权，而是合作制组织统一支配流转，并规定土地流转统一采用招标形式，承包或租赁土地（包

---

[1] 陈学法：《土地批租理论与我国土地管理制度变革》，载《马克思主义研究》2011年第2期。

括水面）面积至少 50 亩。[1]

农村土地股份合作制是一种有利于“放土不放权”的制度，农民成为市民后仍可拥有稳定的土地权益来置换土地保障。与租赁制相比，它既保留了租赁制的优点，又克服了它的不足。租赁制虽然也能实现土地保障功能与生产资料功能的分离，有利于农民“洗脚上岸”或市民化，但它是以个体或家庭形式出现，这就使其作用大打折扣。而土地股份合作制是以群体或集体形式出现的，这就使其作用得以淋漓尽致的发挥，农民批量的“洗脚上岸”“持股进城”就是这一作用的真实写照。

对比新型的土地集体所有制与传统集体所有制，有以下特点：①产权清晰，可以量化到个人。②产权可流转、交易。③打破地区界限，既可是自然村或组内进行股份合作，也可是几个自然村或组进行股份合作，还可跨村镇进行股份合作，以及与农业企业进行股份合作。④合作社成员离开，可将股份转给内部成员，也可将股份带走。

土地股份合作制是农民在长期的实践过程中摸索出来的，是一种不断优化制度变迁。党的十五大就明确各种股份合作制是一种既按劳动获得报酬又可按资本分红、从而实现劳动与资本结合的新型集体所有制。如果这一改革若能在有条件地方进一步推广，既能大大降低改革成本，又能大大推进二元经济变迁，这是因为：第一，产权清晰，且能分割，从而便于流转交易，大大有利于土地从分散经营向规模经营转变。第二，打破了原来的封闭性，促进合作组织之间联合以及与企业之间联合，有利于农业的现代化。第三，农民可以持股进城，当农民成为市民后，若仍能获得土地权益，不仅能推动城镇化步伐加快，也有利于经济发展与社会稳定。

[1] 陈学法：《土地制度变革是新农村建设的关键》，载《理论探讨》2009 年第 4 期。

二、完善土地经营权，提高农民经营性收入

（一）明确规定经营权允许继承

从立法角度来看，《继承法》《农业法》《农村土地承包法》《物权法》等一系列的相关法律只是明确“承包收益可以继承”或“土地承包经营权可以继续承包”，但“承包收益”并没有确指土地承包经营权，“继续承包”也不等同于继承。

那么，承包经营权的继承应满足什么样的原则以及要如何继承呢？首先，应遵循《继承法》关于继承的一般原则，包括养老育幼、顾病残原则、继承权平等原则、保护公民私有财产继承权原则等。其次，承包经营权是一种用益物权，其目的就是使用、占有物品，并且从中获取收益，因而同时需遵循一些特殊的原则，比如备案原则、促进土地规模经营原则、原则性和灵活性原则、所有权和用途不变原则和尊重承包人财产权利原则……再次，对于方式的选取，应该把出发点设定在力求土地分配整块化，土地资源配置高效化。并且在实际过程中，具体问题具体分析，最终选择最为合适的方式，使得继承问题获得圆满的解决。

（二）明确规定经营权允许抵押

党的十八届三中全会《决定》指出：要“稳定农村土地承包关系并保持长久不变，在坚持和完善最严格的耕地保护制度前提下，赋予农民对承包地占有、使用、收益、流转及承包经营权抵押、担保权能”。这可以看作是对土地承包经营权能否抵押的准确回答。

其实，部分地区已开始了对于经营权抵押的摸索实践，以皖北地区的农村土地信托制度改革为例。事实上，农村土地信托是弥补现有土地流转机制

不足的有效方式，在土地改革过程中引入信托制度，以农民土地的经营权作为信托财产，将其演变为可抵押、转让的金融产品能够让农民拥有的土地经营权转变为财产权，成为农民可携带的财富。安徽省宿州市于 2013 年 10 月开始开展土地信托流转，其土地信托过程主要有三个步骤，首先农户将土地经营权委托给区政府，签订信托合同，进而区政府与信托公司交接，统一把土地的经营权流转给信托公司，最后信托公司在对土地整合后委托至相关受托人对土地进行市场化的经营管理，并定期向委托人支付固定的信托收益。在这种流转模式下，土地的管理经营权与收益权是相互分离的，农户不再担负经营风险，却能获得更多的收益。宿州市的土地信托流转之所以能够顺利进行并取得一定的成果还在于以下两点：一是参与土地信托的 5 400 亩土地在之前已由宿州政府和安徽帝元公司合作实现了土地规模化流转，基本完成了确权登记工作，具备成为信托产品进行流转的条件。二是建立了合理的利益分配与风险防范机制，农户获得的收益包括基础地租和增值收益，其中基础地租根据规模化、现代化经营标准确立，并且无论盈亏都必须支付给农民。对于土地信托产生的增值收益，农户获取大部分，占 70%，受托人仅获取 30%。宿州的土地信托模式通过建立土地流转的中介组织，将经营权变为可抵押、转让的金融产品，最终成为农民可持有的财富，同时加快了土地流转的速度。

三、培育新型经营主体，加快农业现代化进程

（一）发展多种形式的经营组织，加快实现农业现代化

新型农业经营体系改革的深化和现代化农业的发展已经越来越重视农村土地规模化的形成。对农村的土地经营体系进行深入改革已经成为农村改革最为基础同时也是最为重要的问题。

在转型期间，农村土地的规模化经营需要依赖新型的农村土地经营主体和经营模式，推动家庭、集体、合作、企业等多种经营方式共同发展。

1. 实行农业经营企业化——将家庭分散经营转化为企业规模经营

农业经营企业化概念是针对农业“产业化”与“企业化”这两个概念提出的。从目前来看，我国的农业经营制度已经在向企业规模经营的方向转变；已经从无组织向有组织且组织程度日渐提高的方向转变；已经从契约联结向合作与股权联结转变。要有效缓解农业组织的人才匮乏，务必要对现有的人事制度进行改革，助力农业企业的人才流动。如果能够实现人的要素在城乡间自由流动，农业向企业经营转变的进程将会大大加快，同时，我国城乡二元结构变迁的进程也将得以快速推进。[1]

2. 发展家庭农场，实现土地规模化集约化经营

“从各发达国家和地区在农业经营、农地规模化发展方面的历史经验都可以发现，其主要经营模式为家庭农场经营。同样，我国当前也应发挥农业经营的自身优势，把传统的农民家庭经营改造成为符合市场经济时代特征的新型家庭农场规模经营。”[2] 家庭农场规模经营在我国也已有实践并取得了相当的成效，重庆发展了微型企业模式，成都发展了个人独资企业模式。

《重庆市农业委员会关于培育发展家庭农场的指导性意见》（渝农发〔2013〕248 号）将家庭农场概括为：以家庭成员（包括家庭养殖场、家庭牧场）作为农业活动的主要劳动力，从事规模化、集约化、商品化的农业生产经营活动，同时农业构成了其收入来源的主要部分的一种新型农业经营主体。“家庭农场这种经营模式并没有改变农民的农地承包经营权，也没有改变农地集

[1] 陈学法、王传彬：《农业经营企业化 —— 破解我国城乡二元结构的重要途径》，载《徐州师范大学学报（哲学社会科学版）》2009 年第 6 期。

[2] 黄延廷：《家庭农场优势与农地规模化的路径选择》，载《重庆社会科学》2010 年第 5 期。

体所有的性质和农地的用途。”[1] 各类农业生产经营大户、返乡创业农民工等经营主体从事种植业和养殖业的均可申报家庭农场。

当前，成都的家庭农场是以家庭成员作为主要劳动力，以规模化经营、集约化生产、市场化营销为特征的新型农业经营主体。《成都市政府办公厅关于加快推进家庭农场发展的指导意见》（成办发〔2014〕8号）将以下条件作为可以依法申请工商注册登记后获得农业部门认定的家庭农场：①基本经营单位为家庭、生产经营的出资主体为家庭成员，并承担相关责任；②在农业范围内生产经营、具有适度规模的种植养殖场所、保证拥有连续5年及以上的农地经营权。“成都市以土地规模经营为基础的城乡一体化实践，对如何破解大都市圈地区的城乡二元经济结构提供了一条值得学习的路径。”[2] 从当前成都市培育发展家庭农场的实践经验来看，主要有“合作社＋家庭农场”“农业龙头企业＋家庭农场”“农产品市场＋家庭农场”“职业经理人＋家庭农场”等具有市场化和专业化特征的发展模式。

以上案例为江苏提供了可借鉴的经验，可先在某市范围内进行试点改革，收到成效后再在全省范围推广。但是要建立起家庭农场的创新制度体系还需考虑以下几个问题：首先是要明确家庭农场的法律界定和主体地位。其次，还要加快构建政府相关管理制度、完善社会服务体系。另外，要逐步建立家庭农场与合作社、龙头企业、农产品市场等各方的利益共享机制。[3]

（二）推进承包经营权流转，加快土地市场建设

中共中央办公厅、国务院办公厅印发的《关于引导农村土地经营权有序

[1] 向婧：《我市家庭农场认定标准出台》，载《重庆日报》2013-09-25。

[2] 蒋永穆等：《土地规模经营模式创新研究——来自成都市的实证研究》，载《农村经济》2007年第1期。

[3] 童彬：《农村土地规模化经营的理论构建与制度创新研究》，载《经济纵横理论月刊》2014年第8期。

流转发展农业适度规模经营的意见》要求必须规范引导农村土地经营权的合理有序流转。①鼓励创新土地流转形式。鼓励承包户在流转承包地时依法采取转包、出租、互换、转让及入股等方式；对有条件的地方要鼓励支持制定相关扶持政策，支持农户长期流转承包地并鼓励转让农户实现转移就业；在自愿前提下鼓励农民通过“互换并地”方式解决承包地分散细碎问题；保证本集体经济组织成员在同等条件下享有土地流转优先权；原则上以转让方式流转承包地应在本集体内的成员间进行，且需有发包方同意；以其他形式流转须依法向发包方备案。加快对集体所有权、农户承包权、土地经营权这三权在土地流转过程中的相互权利关系及其实现形式的确立。遵照全国统一安排，稳步开展土地经营权抵押、担保的相关试点工作，研究制定统一规范，确立抵押资产处置机制。②严格规范土地流转行为。由于土地承包经营权属于农民家庭，因此土地是否进行流转、流转价格如何确定、流转形式如何选择，均应由承包农户自主决定，同时流转收益也应归承包农户自己所有，关于流转期限的确定应由流转双方在法律规定的范围内自行协商。③加强土地流转管理和服务。相关部门要鼓励发展多种形式的土地经营权流转市场，加快制定合理规范的流转市场体系。借助于农村经营管理机构，逐步完善县、乡、村三级服务管理网络，建立土地流转监测机制、土地流转服务平台，完善土地流转信息发布、政策咨询等服务。在土地流转服务主体之间开展信息沟通、委托流转等服务，但不允许利用转包牟利的行为。在土地流转给非本村（组）集体成员，或村（组）集体受农户委托统一组织流转并投入集体资金的情况下，可向流入方合理收取相关基础设施使用费和土地管理服务费，用于农田的基本建设或其他公益性支出。引导承包农户使用省级统一合同示范文本与流入方签订书面流转合同。同时要依法保护流入方在流转合同到期后，在同等条件下有优先续约的权利。加快建立和完善农村土地承包经营纠纷调解仲裁体系，妥善处理好土地承包经营流转过程中出现的纠纷。

四、深化征地制度改革，提高农民征地补偿

在征地由“征用”一词改为“征收”后，关于征地与被征地的权利关系变化并没有明确说明，对此长三角在如何处理好征地中各方的权利关系方面做了一些探索。20 世纪末，上海市规定，对高速公路建设中被征地可采用土地使用权合作方式，被用地的集体经济组织凭借土地使用权参与公路减少项目，同时被用地农民的身份不变。由项目公司根据当地农业生产经营的平均收入水平，每年对被用地农民支付相关土地使用报酬。具体案例为，上海青浦区利用其境内的 50 公里沪青平高速公路建设做试点，区政府牵头将沿线 2 000 亩土地所涉及的镇、村集体经济组织凭借集体土地使用权作为资产纽带成立土地投资公司，市政投资方与其联合组成股份合作公司，合作期限为 25 年，期间项目公司按不少于 1 100 元 / 亩年的标准向被征地农民支付相关报酬。[1]

江苏省也进行了一些改革探索，例如，提高征地补偿标准，允许集体建设用地流转并实行与国有建设用地同权同价，建立被征地农民基本生活保障资金专户等等，但在苏北地区改革的效果并不显著。

十八届三中全会的文件中已允许农村集体经营性建设用地在合法合规的前提下进入土地市场流转，与国有土地同权同价。这是符合市场发展规律的，政府通过法律、规划以及税收等经济杠杆进行宏观调控。具体来说，我国征地制度需改革以下几个方面：

1. 明确公共利益的界定，缩小征地范围

严格界定公共利益，加快城乡统一的建设用地市场建设，制定“公共利

[1]　刘守英：《中国的二元土地权利制度与土地市场残缺 —— 对现行政策、法律与地方创新的回顾与评论》，载《经济研究参考》2008 年第 31 期。

益征地否定式目录”，明确规定营利性目的用地不得征用。通过“公共利益征地否定式目录”，征地范围将会缩小并受到严格控制，以保证公共利益用地得到有效征用，非公共利益用地不得征用，还可进行某些类公共目的用地按市场价补偿的试点。

2. 保障农民的参与权，规范征地程序

在征地过程中，首先必须切实保障农民的利益，充分尊重农民的意愿，落实农民的参与权。听证机制可以有效提高征地过程的透明度，切实保证被征地者合法的知情权、参与权、监督权、申述权等。并可建立公开监督机制，实行多方监督，充分利用各种媒体，广泛发布听证信息，征求公众意见，还可以邀请有关执法监督机构人员参与，确保听证的公正性。[1] 保障农民的利益是首要的，需要放在优先考虑的地位上。其次，需要规定征地补偿复议程序。[2]

3. 政府征地应按市场价格补偿

土地交易采用市场价格，是由于市场价格能够较灵敏的反映土地所有权和使用权价值，从土地生产质量、区位条件、农业生产前期投入成本、非农经营的潜力等诸多指标中进行综合考量，能够客观全面地反映不同土地在价格上的差异，因此它是一种最公平、合理的补偿办法确定方式。世界上许多国家和地区对于土地征收补偿的通常做法均是参照市场价格。如美国在土地征收中采取“公平市场价值”标准，确定公正补偿的标准就是土地的全部市场价值，包括土地的现有价值和未来盈利的折扣价值。不管从其他国家或地区的通行做法来看，还是考虑我国自身经济、社会的发展情况，或是从理论上进行考量，按市场价格进行征地补偿的标准是最适合的，充分保障了农民的权利，使农民受到公平、平等的待遇。

---

[1] 季禾禾：《征地程序完善研究》，载《上海房地产》2009 年第 1 期。

[2] 谭峥嵘：《完善征地程序，保障被征地者权益》，载《理论探讨》2010 年第 12 期。

五、改革土地管理制度，提高土地利用效率

（一）把粘附在土地上的保障功能剥离出来

土地管理制度改革目的实际上都是要将粘附在土地上的保障功能剥离出来，进而实现科学有效的农民市民化，破解城乡二元结构，促进经济健康发展。

将粘附在土地上的保障功能剥离出来的前提，如前文户籍制度改革中也有叙述，就是要坚持“放土不放权”的农民市民化道路，即通过转让土地经营权等方式将获得的土地收益置换成土地保障，为进城打工农民提供一定的资本保障。首先，同样是农民，拥有的权利也应该是同等的，不能因为进城与进镇的不同而改变。其次，我国人口太多，人多地少矛盾尤为突出，农民不放弃土地权益（即使农民市民化后解决了公共服务均等化问题或有了社会保障，也不应强制其放弃土地权益），用土地权益置换土地保障不仅与十八届三中全会提出的给予农民更多财产权利的精神相一致，也符合国务院《关于进一步推进户籍制度改革的意见》、中央全面深化改革领导小组《关于农村土地征收、集体经营性建设用地入市、宅基地制度改革试点工作的意见》的基本要求，有利于调动农民进城的积极性以加速城镇化进程，也有利于提高利用效率。

（二）在江苏试行将城市工业向外部转移与共建沿海滩涂开发区挂钩

目前，江苏工业化水平较高，迫切需要大幅度提升服务业尤其是现代服务业。而进一步提高服务业比重主要有两条途径：加快城镇化进程、加快产业结构升级转型。长三角区域发展规划提出要在盐城设立沿海滩涂综合开发试验区以加快沿海滩涂开发。如果江苏能在异地联合共建开发区模式基础上，借鉴浙江探索的“折抵（复垦）指标有偿调剂”“基本农田异地代保”“异

地补充耕地”经验，试行城市工业向外迁移与沿海滩涂开发区分配联合机制，即把工业项目转移数额与获得滩涂开发的面积相联系，采用滩涂开发置换项目与滩涂开发置换指标等办法，实现省际间的土地指标流动。

滩涂开发置换项目。根据江苏南北共建开发区的相关措施，提出城市工业企业可以选择带项目来滩涂投资从而置换滩涂开发权。假设盐城计划在2020年前，每年开发滩涂100万亩用于建设用地，并与南京政府签订了允许南京企业参与盐城的滩涂开发项目的相关协议，其中的50万亩专门用来与南京联合开发，那么根据投资规模与滩涂开发面积配比，比如每投资50万元配给滩涂一亩，使用期限为30—50年（自开发协议生效之日算起），开发完成后属于开发企业使用。一方面盐城为鼓励南京企业开发，在规定的使用期限内可选择只收取企业税收而不收土地使用费；另一方面南京为鼓励本市工业企业向盐城滩涂综合开发试验区转移，可按工厂在南京实际占地面积的市场价格（即工业用地价格）事先分批支付资金给企业用以前期滩涂开发支出，待企业完全转移后政府再收回土地。

这种方式对盐城来说，不仅降低了开发滩涂的成本，还能增加地方就业和财政收入；对南京企业来说，可采取将总部设在南京而将生产工厂转移至滩涂开发试验区的发展模式，不仅能大大降低企业的生产成本，提高企业效益，还可以额外获得30—50年的土地无偿使用权；对南京政府来说，随着工业企业外出转移，原工业用地将转变成商业与住宅用地，不仅能够缓解城市建设用地紧张问题、获得土地差额收益，还会进一步拓展服务业发展空间。

滩涂开发置换指标。参考借鉴浙江研究发展的“折抵指标有偿调剂”“异地补充耕地”等办法。例如，南京想要将1 000亩农用地转变为建设用地，只需支付给盐城1 000亩滩涂的开发费用，盐城用此笔费用开发出1 000亩同等质量农用地即可。这样，一方面解决了南京城市发展所需建设用地问题，另一方面也解决了盐城进行滩涂开发的成本投入，不仅在两地间实现共赢，还保证了整体上耕地总量的平衡以及土地资源的高效利用。

通过试点开发，如果这一方式被证明可行，那么此做法就可以推广出去，实现土地资源的跨区域流动，以及通过统一市场实现土地资源的优化配置。

第三节　统筹户籍与土地管理制度改革

一、把户籍与土地管理制度改革结合起来

党的十八届三中全会在《关于全面深化改革的决定》中提出，必须从全面深化改革以及“健全城乡一体化发展的体制机制”两方面入手破解城乡二元结构。通过30多年的市场化改革，大部分要素基本上实现自由流动了，但人口还没有实现自由迁徙，土地还没有实现自由流动。这两个问题，是我国二元结构转变过程中面临的最主要问题。

二、把户籍与土地制度改革结合起来的突破口

让农民宅基地指标随人口流动应该是统筹户籍与土地制度改革的突破口，主要有两方面理由：一方面，户籍与土地制度改革，主要是要解决人与地这两个要素同时流动的问题，而宅基地指标随人口流动而流动，正好是两个要素流动的结合点。另一方面，宅基地属于生活资料，且占农民土地比例很小，让其指标流动，易于突破。其一，农民工进城落户携带宅基地产权和指标是可行的。其二，作为生产要素的农村土地主要包括农民的承包地以及农村乡镇企业用地，而不包括农民的宅基地（含宅基地周围的自留地），前两者属生产资料，后者属生活资料。作为生活资料的宅基地应和人们穿的衣服一样

可随人口流动而流动，这在理论上是可行的。因此，允许农民的宅基地指标随人口的流动而流动这一政策可以允许进行前期试点，若在江苏试点的话，做法可以是：

江苏省政府可以规定，在省范围内，任何一个城市吸收一个农民工家庭落户，可增加一份宅基地指标。按浙江嘉兴等地做法，由村集体把承包地整体流转给农业企业、农业大户和合作组织，用承包地流转收入解决农民社会保障问题以置换土地保障；由地方政府把宅基地包括自留地指标采用招标方式出让给开发商，用出让收入的大部分解决农民住房问题以置换住房保障，余下部分用于保障公共服务均等化支出。

农民携带宅基地指标进城能否既解决农民住房又能在一定程度上解决公共服务均等化成本支付问题？进入城市的农民工家庭的宅基地指标转移成为该城市增加的建设用地指标，且该指标首先用于保障房建设。按浙江嘉兴做法，农民一个家庭的宅基地多在一亩地左右，如果农民宅基地全部作为住房用地，那么，这一亩将价值多少？按任一个城市住房用地的价格出售，并把土地出让收益大部分给农民，那么，它不仅可解决进城农民的住房保障问题，并且足以分担公共服务均等化成本。

这一改革可先在苏北试行，再推广到全省。在苏北试行此改革，需做好以下几点：第一，依据国务院《关于进一步推进户籍制度改革的意见》，取消城镇与农村户口划分，统一为居民户口，将户口的行政审批制改为登记制，并由地方政府参照国务院关于户籍改革的意见精神，当地制定适合自身的农业人口进城落户的具体条件，鼓励农业人口转变为城镇人口。第二，解决好公共服务均等化问题。做到政府财政转移支付与城市人口增加挂钩。政府转移支付要使财权与事权相匹配，省、市、县政府负担公共服务支付的比例可为3∶3∶4，省政府承担部分可从财政转移支付中支出，市县政府承担部分可通过出让一部分宅基地指标所获得的收入中支出。第三，禁止把退出土地承包经营权、宅基地使用权、集体收益分配权作为农民进城落户的条件，即进城落户农民依然拥有土地权益。第四，尽快完成土地确权登记工作，出台土地抵押、土地流转以及集体建设用地入市的具体条例。第五，制定鼓励家庭农场、合作组织、农业企业发展以及城市工商企业进入农业的具体政策，以解决城镇化快速发展同时如何实现农业现代化的问题。

第四节　深化财政金融体制改革，促进要素向农村流动

一、改革农村金融体制，促进资本、技术等要素向农村流动

金融体制是指金融机构、金融市场和金融业务的组织管理制度。江苏省农村金融机构主要分为银行类金融机构和非银行类金融机构两大类。目前，江苏农村地区商业银行及农村合作金融机构、邮政储蓄银行网点比重较大，苏南地区以国有商业银行网点为主、苏北地区以农村合作金融机构网点为主。江苏地区非银行类金融机构除担保公司网点数出现波动外其他金融机构网点数稳步增加。

实现农业现代化需要完善的农村金融体制，主要体现在：一是积极利用农村现有各类金融机构优势，并且要发挥好农村保险和农村资本市场等新的农村金融主体的重要作用。二是要完善金融服务水平。认真研究农业现代化进程中各农业经营发展主体的金融服务需求，推出农业农村发展最需要的金融产品和服务，比如在转变农业经营发展方式及提升农业综合生产能力等重点领域的金融支持。

农村金融体制的发展主要包括：

在推动农业现代化发展方面，应支持新型农业经营主题的组织化发展方

向，通过搭建信息平台缓解信息不对称问题，简化贷款手续缓解融资慢问题，鼓励订单融资、供应链融资、存货质押、农机设备抵押缓解融资难问题，完善政策补贴奖励缓解融资贵问题。

通过市场细分，扩大目标客户群体，推广农村微贷技术、产业链融资模式，推进农村抵押担保制度创新。金融机构需要加强服务创新，推动产品创新，同时将互联网技术嵌入管理流程，降低管理成本、提高运行效率。

农村信用体系建设可有效控制农村信贷风险。建设好农户信息数据库，运用信用评价体系约束和激励农户及农村其他经济主体的信用意识。

进一步完善农业保险体系、扩大保险覆盖范围成为必然要求。随着近年来农业现代化水平的推进，农业保险的服务对象更加多元化，不仅仅是小规模种植农户，还有新型的农业经营主体。

农业现代化过程的推进产生大量新型农业经营主体，他们具有经营面积大、生产成本高、受灾风险大、抗灾能力弱的特点，他们对农业保险具有较强的需求，且其交易成本相对较低。面对农业现代化进程中不断发展壮大的这一主体，农业保险机构应加强重视，推出精准服务的政策措施。一是要精准承保，为新型农业主体实行单独出单、实地验标的一站式服务。二是精准防灾，依据产业类别建立分类参保手册，组织防灾培训、组织动员抗灾以减轻灾害损失，同时设立农业保险专项灾害经费优先保障其防灾支出。三是精准理赔，通过独立核实、科学定损、快速理赔等手段，着力提升新型农业经营主体赔付时效，同时建立第三方跟踪理赔进度机制。四是精准扶持，引导各地对新型农业经营主体提高财政补贴比率，对连续多年参加农业保险的新型农业经营主体可适当降低其保险费率，探索新型农业经营主体小额贷款保证保险与农业保险相融合。五是精准服务，建立新型农业经营主体客户经理服务制度，分片包干服务，限定每位客户经理服务的新型农业经营主体数量。同时加强农业保险的宣传，把简要的政策、条款及理赔要求告知到每位经营主体。

大力推广互联网金融。互联网金融是包括传统金融业务互联网化、第三方支付运行及互联网信用业务在内的新兴的金融业务模式。针对江苏省农村互联网覆盖率的不断提升及“互联网＋”模式的深入推进，在农村地区开展互联网金融具有其独特优势。

同时，互联网金融在农村地区的深入发展一定程度上缓解了目前农村地区金融深化不足的问题。一是通过构建基于互联网的农村支付结算网络，提高支付结算效率、扩大支付结算规模，通过在农村地区推广移动终端、网上银行、手机银行等支付结算手段，推动农村金融服务创新。二是依托互联网金融的数据，开展农产品供应链融资，发挥互联网甄别功能，对农业产业链上下游农户、新型农业经营主体发放贷款。

二、改革财政体制，健全覆盖城乡的社会保障制度

一方面，继续落实和完善农村的最低生活保障制度、养老保险制度、合作医疗制度、五保供养制度、自然灾害生活救助制度，使广大农村居民“生有所靠，老有所养，病有所医”，健全与深化粮食直补政策、农产品保险制度和农产品补贴制度的，为农民提供可靠的社会保障体系，解除农民对土地承包权流失的担忧。

另一方面，落实失地无地农民的社会保障工作。有以下三个方面：第一，为失地无地农民提供基本的最低生活保障，可参照城市居民最低生活保障标准对生活确实困难的农民给予最低生活补偿。第二，建立失地无地农民基本养老保险制度，失地农民主要依赖土地补偿金，采用一次性缴费的完全积累模式，对无地农民政府应为其缴纳一定标准的养老保险。第三，建立失地无地农民基本医疗保险制度，在现有的农村医疗保障政策下，提高他们的医疗待遇。

第六章　深化制度变革对缩小城乡居民收入差距的影响

与发达国家相比，我国仍是发展中国家，经济属典型的“二元经济”，现代工业部门与传统农业部门并存。改革开放后，我国进入了“二元经济”转型时期，根据国际经验，这一时期的城乡收入差距总体上呈扩大趋势，即处在“倒 U 形曲线”左端的运行阶段，无论从全国还是从江苏的城乡居民收入差距看，与这一变动趋势是吻合的。如前所述，江苏自改革开放 30 多年来，城乡收入差距总体呈扩大趋势，虽然在此期间有升有降，但每次上升时间比较长，每次平均为 6—8 年；也出现过三次下降，但下降的时间比较短，均为 3—4 年，最近这次是 2009 年达到峰值后开始下降，至 2016 年已 7 年，现在的问题是，这次会不会像前两次那样，即将步入上升通道？要回答这一问题，关键看制度变革能否不断深化，如果按上一章所说制度变革得以深化了，本章在这一假设基础上，分别考察它对城镇化变动趋势、农业现代化发展以及城乡居民收入差距变动趋势的影响。

第一节 深化制度变革对城镇化变动趋势的影响

一、我国城镇化的现状与问题

截至2014年底，我国人口已占世界总人口的18.84%，作为世界上人口最多的发展中国家，我国的城镇化被美国经济学家斯蒂格利茨称之为“影响21世纪人类发展进程的两大关键因素之一”。改革开放后是我国城镇化加速时期，历年统计年鉴数据显示，城镇化率从1978年的17.92%增至2015年的56.1%，年均增长率1.03%左右，远高于改革开放前的0.25%。高春亮、魏后凯（2013），刘锐、曹广忠（2014），刘涛、齐元静、曹广忠（2015）[1][2][3]分别从实证分析、城市在市民化进程中的困境和人口在东部发达地区集聚的长期稳定性方面认为未来城镇化发展将趋缓。这一观点还有一个重要的理论支撑，就是城镇化即大城市化理论，该理论自20世纪90年代以来一直是我国城镇化发展的主流。饶会林、从屹（1999）采用人均GDP对城市规模效益的衡量认为当前我国仍处于大城市化阶段，认为大城市不仅是在经济方面，

[1] 高春亮、魏后凯：《中国城镇化趋势预测研究》，载《当代经济科学》2013年第4期，第85—90页。

[2] 刘锐、曹广忠：《中国农业转移人口市民化的空间特征与影响因素》，载《地理科学进展》2014年第6期，第748—775页。

[3] 刘涛、齐元静、曹广忠：《中国流动人口空间格局演变机制及城镇化效应——基于2000年和2010年人口普查分县数据的分析》，载《地理学报》2015年第4期，第567—581页。

在社会、环境和建设方面的规模效益均较明显。[1]杨波、朱道才、景治中（2006）通过修改的诺瑟姆“S”形城镇化曲线，认为我国的经济保持高速增长的当期仍处于城市化前期阶段，应选择集中型和大城市化道路。[2]2012年周其仁教授在中山大学的演讲举例说，大城市有“早点”产业而农村没有，来说明集聚带来内需，从而大城市发展对整体更有利。

如果城镇化是农民主导、市场引导、政府指导的新型城镇化，那么城镇化发展就不一定趋缓，小城镇化替代大城市化格局将会出现，城镇空间布局也将会随之改变。未来30年的城镇化可能主要表现为大中城市规模或边界由摊大饼式向外扩张转变为向上延伸，小城镇将围绕大中城市，以建制镇或县城为中心不断向外扩张，并在周围形成星罗棋布的镇和农村社区。

判断农民是否转变为市民的标准可有三：一是农业人口能否从分散居住转移到农村社区、镇、城集中居住；二是农业转移人口能否身份转变，即能否从农民转变为产业工人；三是转移人口能否享受到与市民同等的公共服务水平，不仅指平等享有公共设施建设，更重要的是保证在教育、医疗和养老等方面均等化，这一环节中制度创新是重要保障。城镇化的过程主要表现为城镇的人口、数量和规模不断增大的过程。城镇化率即表示为城市居民与总人口的比值，其中城市居民的增量主要是农业人口的增加，这表明我国的城镇化主要是农民的市民化。

改革开放初期由于户籍制度的约束，“离土不离乡”模式推动了小城镇的发展，随着20世纪80年代中期粮食统购销政策的改革和户籍制度的松动我国农民走上“离土离乡”的市民化道路。1992年公安部颁布《关于实行当地有效城镇居民户口制度的通知》后，全国各地出现了“卖户口”热潮，

[1] 饶会林、从屹：《再谈城市规模效益问题》，载《财经问题研究》1999年第10期，第56—58页。

[2] 杨波、朱道才、景治中：《城市化的阶段特征与我国城市化道路的选择》，载《上海经济研究》2006年第2期，第34—39页。

1997 年《小城镇户籍制度改革试点方案》禁止在城市买卖户口，将户籍改革限制在小城镇内，2001 年公安部《关于推进小城镇户籍管理制度改革的意见》对小城镇常住人口的户籍不实行指标化管理，在此基础上，从 2014 年《国务院关于进一步推进户籍制度改革的意见》取消农业户口和非农业户口的性质区分，到今年 9 月 19 日北京出台关于推进户籍制度改革的实施意见，全国已有 30 个省份提出取消农业和非农业户口性质的区分，一系列不断松绑的户籍制度正在消解我国城镇化的制度障碍。

农民市民化的主体是农民工，历年农民工监测调查报告显示，我国外出农民工数量逐年增加，2008—2015 年年均增速 2.68%。从第五次人口普查开始，统计数据将进城就业并居住半年以上的流动人口计入城镇户口，2015 年我国城镇化率为 56.1%，但户籍人口城镇化率只有 39.9%，这意味着有超过 2 亿的农业转移人口处于从事非农产业，但并未完全融入城市的“半市民化”状态。另一方面，我国的失地农民数量较高，也是导致名义城镇化率虚高的重要因素。

二、深化制度变革对农民市民化演变趋势的影响

未来 30 年我国农民市民化的演变趋势，我们的基本判断是实际城镇化水平将有加速提升的趋势，年均增速在 1.5% 左右，实际城镇化率达 80% 左右，现有农民的 80% 将转变成为市民，农民变市民的主要去向是小城镇而不是大中城市，大城市化将被小城镇化趋势所取代。

（一）演变阶段与特征

1. 演变阶段

农民市民化的演变可分三个阶段或采取三步战略：

第一阶段是让“准市民”（包括失地农民、买户口的、自带口粮进入小城镇的、投资或买房进入城镇的家庭）首先变为市民。完成这一阶段任务，实际城镇化率将提高 5% 以上。

第二阶段是让农民工市民化。这是农民市民化的主体工程，按去年的统计，2015 年农民工人数达 27 747 万人，在外打工的 16 884 万人，在本地打工的 10 863 万人。如果在外地打工的农民工家庭都落户城镇，将使实际城镇人口增加 5 个亿左右，使实际城镇化率提高 30% 以上。

第三阶段是农业人口市民化。这里所说的农业人口是指除上述已经离开农村之外仍在从事农业的人口。这些人口是潜在的流动人口，他们同样有市民化倾向，由于农村各方面条件相对落后，他们更倾向于向附近的城镇转移。

2. 演变特征

特征一：农民主导。未来的城镇化的主要是农民市民化，农民是主体，享有充分的自由流动权利，可以结合自 身的实际情况选择去小城镇还是大中城市落户，是在本地还是去外地落户。

特征二：市场引导。在市场经济条件下，人口迁徙和其他资源流动一样，主要以市场为导向，尤其是以价格为导向。就人口迁徙而言，主要以劳动力价格或工资为导向。

特征三：我国未来的城镇化将不再由政府主导，主要是为农民主导做好服务，通过制定城镇发展规划、公共服务均等化方面政策，以及通过户籍和土地等制度方面的深化改革来指导并调控农业人口有序向城镇流动。

（二）演变路径

改革开放以后，我国农民市民化的路径主要有两条：

一是“离乡不放土”的不彻底市民化的路径。这种模式主要形成于改革开放后，是指农民工在市民化过程中不放弃土地耕种的模式。这种模式的保障作用在于，农民是流动到大城市从事非农产业，当自身想要回到农村或者由于大城市经济萧条，可以返回农村从事农业生产。

二是“放土放权”的被动市民化的路径。这种市民化路径一方面是由于城市郊区伴随城市发展和行政区域规划的调整、农民土地被划分为城市建设用地而出现的，另一方面是农民通过放弃农地权益换取城镇户口。[1]

三、深化制度变革对城镇空间布局演变趋势的影响

（一）大中城市空间布局演变趋势

地理空间布局。从城市地理空间来看，未来大城市将从摊大饼式的向外扩张转变为向上延伸，通过严格控制城市用地规模，保证城市发展规划符合地区的经济社会发展规律，不断完善城市的空间承载水平。特大城市通过不断提高城市竞争力形成以其自身为中心的城市群和地区增长极，带动周围其他大中城市不断提升发展水平。

人口布局。从人口布局来看，未来大城市由于发展规模控制、产业转型升级对劳动力质量的要求不断提高，人口增长将逐渐趋缓并逐渐减少至适当的规模，城市基础设施及公共服务水平趋向合理，在降低土地扩张的同时，着重发展城市质量，有竞争力的特大城市通过调整城市发展模式，提高在全球城市发展及产业布局中的竞争力。中等城市作为大城市的主要辐射区与大城市相互配合，未来将会有选择的接纳部分农业转移人口，从而在人口快速增长后逐渐趋缓。随着小城镇的发展，其自身的环境、资源等优势得到凸显，人口从农业向非农业流动的固有流向将会打破，部分城市居民会选择到小城

[1]　陈学法：《农民市民化的路径选择：放土不放权》，载《毛泽东邓小平理论研究》2014年第11期，第13—17页。

镇定居，甚至参与农业生产活动，促进农业现代化发展。大中城市在未来的市民化进程中的主要任务是解决好在城市工作生活、有一定的经济基础和职业技术人员转变为城市居民，享受均等的公共服务待遇。

产业布局。从产业布局来看，随着大中城市的商业成本不断提高以及综合交通运输网络的覆盖面扩大，未来劳动密集型、资本密集型的第二产业在经历产业升级转型后将逐渐撤离大城市而流向成本较低的小城镇，从而带动部分农业转移人口流向小城镇，推动小城镇市民化水平和经济发展。与大城市相类似，中等城市在未来也将主要集中于第三产业的蓬勃发展，伴随着技术水平与创新能力的不断提高，推动我国创新型社会的进程。

（二）小城镇空间布局演变趋势

地理空间布局。随着人口集聚和产业发展，未来小城镇将会以大中城市为中心，利用大城市的辐射效应，在大城市周围形成层级体系丰富的县城、镇域和农村社区，成为农民市民化的主要吸纳地。其中，具有区位优势、资源优势的县城或建制镇将成为吸引产业和转移人口聚集的主要地区，在其周围的一些镇和农村社区利用自身特色形成一定规模的人口、产业集中区。

小城镇人口布局。县城作为农民工“回流”的首选地，未来的落户数量将不断增加。政府通过合理规划，将有能力的发达县城有计划的转变成中等城市。同时，本地的打工人口以及在农村从事二、三产业的人口将会选择在镇上，尤其是各项设施完善，产业集中的优质城镇落户，部分发展水平高的镇逐步向县城规模转变。[1] 随着农村社区的发展，农业人口集中居住，享受与城镇居民同等的各项福利，实现农业人口的市民化，发达的农村社区伴随

[1] 一些特大规模的镇也可以直接跳过县城而发展“特大镇改市”，如浙江的龙岗镇人口已达 40 多万，在人口数量上完全是小城市规模，该地区已发布大部门制改革和筹建镇改市的方案。目前全国镇区人口在 10 万以上的镇已经有 280 个，镇区人口在 5 万以上的镇已经有 780 个，从国外城市层级体系看，都是可以发展为县城或小城市的。

人口增多、产业发展有能力转变为当地的中心镇。

产业布局。由于城镇在城乡产业发展过程中，具有不可替代的中间区位优势，它们向上将农副产品输送至城市，推动城市深加工产业和技术创新产业的扩张，向下吸收农业转移劳动力，实现劳动力低成本转移，从而推动城镇经济发展，并带动当地二、三产业的发展。农村社区伴随着农业经营的规模化发展，以农业生产为基础逐步延长农业发展产业链，丰富农业的各种功能，并结合当地的历史、民族特点，打造一批特色旅游乡镇，从而改变原先的单一化产业布局，逐步发展成为一、三产业并举的局面。在小城镇的产业布局中，政府将发挥指导作用，优化不同城镇间的产业布局，形成优势互补，相互协作的产业空间形式。

根据上述分析得出的结论主要有：

第一，中国特色的新型城镇化核心是人的城镇化，主体是农民市民化尤其是农民工的市民化，这就要求城镇化必须由农民来主导也不是由市场来主导。在新型城镇化推进过程中，三者关系应该是农民主导、市场引导、政府指导与调控，即在农民主导的城镇化过程中，既要发挥好市场在资源尤其是人力资源配置中的作用，又要发挥好政府在宏观调控中的作用。

第二，在未来30年，我国实际城镇化水平将有不断提高趋势，到2045年，年均增速在1.5%左右，实际城镇化率达80%左右，从而使我国城镇化走完加速发展阶段，进入成熟发展阶段。

第三，在未来30年的城镇化发展过程中，大城市化发展为主导的模式将被小城镇化发展的模式所取代，小城镇加速发展将是我国基金社会发展的主要推动力。

为适应农民市民化和城镇空间布局的演变趋势，政府应相应采取以下政策：

首先，政府作为未来城镇化发展的引导者，需要继续深化户籍制度改革，建立城乡统一的户口登记制度，促进农业转移人口有序向大中城市和小城镇流动。

其次，作为解决户籍制度改革带来城市人地关系紧张问题的途径，土地制度改革仍要与户籍制度相互配合。近日出台的《关于完善农村土地所有权承包权经营权分置办法的意见》明确提出所有权、承包权和经营权“三权分置”，是对农民土地权益的一大变革。未来应该在此基础上，逐步完善城乡间、地区间土地流转市场，明确《中华人民共和国土地管理法》中关于农业用地和宅基地流动转让的相关规定，保证农民的合法权益。

再次，要改革财政体制，着实做好公共服务均等化工作。政府要发挥宏观调控能力，合理设计市民化成本分担机制，优化教育管理体制和教育投资比例，不断缩小农民工子女与市民子女间的教育水平差距；完善各项社保的转移接续政策，保证落户农民被纳入住房和养老保险、医疗保险等社保体系。

第二节　深化制度变革对农业现代化发展的影响

一、江苏率先实现现代化的难点在苏北

江苏率先实现现代化的重要基础是要实现农业现代化。2014 年 12 月，习近平总书记在江苏考察时对江苏工作提出“五个迈上新台阶”，其中之一就是“推动现代农业建设迈上新台阶”，并要求在全国率先实现农业现代化。江苏要在全国率先实现农业现代化首先要使苏北尽快实现农业现代化，因为苏北农业在全省乃至全国都占据举足轻重的地位。

2003 年江苏省委明确提出“两个率先”的目标，截至目前，在全国率先实现全面小康的目标已经基本实现，接下来的工作主要是如何在全国率先实

现现代化。现代化包括工业现代化、农业现代化、城市化和信息化，江苏的工业已经进入现代化的后期，信息化在全国也是领先的；城市化已经进入加速发展阶段，按统计口径，我省的城市化水平已达65.2%，但实际城市化水平还不到50%。虽然从21世纪以来省委省政府一直重视农业现代化发展，使农业现代化一直走在全国前列，到2013年底，我省的农业科技进步贡献率为63.2%，稻麦两熟地区水稻亩产达565.6公斤，水稻机插比重70%，设施园艺面积比重15.2%，国家级现代农业示范区10个，无公害农产品、绿色食品、有机食品“三品”总数1.6万个，农民专业合作社入社农户占比超过61.3%、农业适度规模经营比重61%，这8项指标均位居全国第一，但农业现代化的整体水平比较低。

省委省政府提出江苏要在“十三五”规划期间基本实现农业现代化，这个目标在苏南、苏中实现应该问题不大，但在苏北实现还是有难度的。苏北农业现代化在江苏现代化中之所以重要，是因为苏北农业占全省的绝大部分，这可从以下几组数据得以说明：到2014年底，苏北农业从业人员553.1万人，占全省农业从业人员的60.2%；苏北农业产值1 758.38亿元，占全省农业产值52.5%；苏北农作物总播种面积4 710.49千公顷，占全省总面积的60%；苏北粮食产量2 387.92万吨，占全省粮食产量的61.2%；苏北农业机械总动力2 958.48万千瓦，占全省农机总动力的63.6%。

二、苏北农业现代化现状和面临的主要困难

21世纪以来，为加快苏北农业现代化，省委省政府在扶贫开发、基础设施建设、工业发展带动、财政转移支付等方面采取了一系列倾斜举措，使苏北现代农业有了长足发展。以徐州为例，到2014年，徐州农业综合生产能力稳步提高，全市设施农业面积、设施农业占耕地比重、蔬菜面积、水果产量、家禽出栏、肉类总产量、牛奶产量7项指标保持全省第一，其中设施农业面

积从“十二五”初不足70万亩，发展到现在的近200万亩，设施农业占比达到20%，连续9年保持江苏省第一，粮食产量实现11年连丰，全市粮食优质专用化率80%以上，粮食商品化率85%以上，粮食万亩示范片稳定在120个，面积160万亩；农民收入持续增长，农民人均可支配收入从2010年的7 955元提高到2014年的12 811元，年均增长12.65%；农业生态环境逐步改善，森林覆盖率达到32.6%，高出全省10个百分点，农业废弃物综合利用率达89%，种植业“三品”比重达87%；农业物质装备水平显著提升，农机总动力达653万千瓦，农业机械化水平达78%，高标准农田比重为50%；农业技术状况明显改善，农业科技贡献率达64%；全市流转土地面积已达329.77万亩，土地适度规模经营比例达30%。

但相对于苏南，苏北农业现代化明显偏低，根据《江苏省农业基本现代化指标体系（试行）》进行监测，2010年江苏农业基本现代化得分为63.45分，其中苏南在农业产出效益、农业科技进步、农业产业经营、农业设施装备、农业生态环境、农业支持保障六大类指标中平均得分68.91，而苏北平均得分只有60.99。[1]从其他一些指标看，到2014年，苏北农业人口占42.5%，苏南农业人口占25.7%；苏北每个农业从业人员产出为31 791元，苏南每个农业从业人员产出为56 646元；苏北农村常住居民人均可支配收入12 670元，苏南农村常住居民人均可支配收入20 954元；苏北农业机械总动力2 958.48万千瓦、农村用电量233.19亿千瓦小时，苏南农业机械总动力791.91万千瓦、农村用电量1 260.19亿千瓦小时。这些都表明，苏北农业现代化水平和经济总体水平一样远远落后于苏南。

由于苏北农业发展受整体经济水平制约，所以，农业现代化发展面临诸多困难，主要表现在：农业小生产方式还没有从根本上改变，农业经营还没有从家庭分散经营转向适度规模经营，徐州在苏北农业现代化水平是最高的，

[1] 拾翠：《江苏农业现代化发展探索》，载《统计科学与实践》2012年第4期。

土地适度规模经营占比也只有30%；农民组织化程度不高，规模化、标准化农业生产尚未形成；符合现代农业要求的高素质农业劳动力缺乏，一些有知识、有文化的年轻人，绝大部分都进城打工了，在家务农的多为老弱病残者，一些协会、专业合作社型的农民科技人才的技术服务作用发挥不够充分，对农村农业生产和特色产业的发展壮大作用甚微；化肥、农药、塑料薄膜等的大量投入，造成了土地板结、环境污染、农产品品质下降等严重问题，制约了农业现代化的可持续发展。

三、深化制度变革对农业现代化变动趋势的影响

在市场经济国家，不仅劳动力可自由流动，人口也是可以自由迁徙的。这样，随着工业化发展，城市化也会同步发展，农村人多地少的矛盾就可化解。

如果能深化户籍和土地等制度变革，农业现代化将呈如下变动趋势：随着实际城镇化水平不断提高或农民市民化步伐大大加快，农村人多地少的矛盾会逐步解决，土地将从分散的细碎化经营走向规模经营，农业经营主体将从单个农民向家庭农场、农业合作组织、农业龙头企业转变，农业经营体系将从单业发展向一、二、三产业融合发展转变，农业小生产方式将逐步向现代化大生产方式转变。

就江苏而言，能否实现何时实现农业现代化，关键看苏北。在省委省政府大力支持与推动下，苏北各市通过自身努力奋斗，使得全面小康社会建设取得一系列新的历史性成就，但也面临许多困难与挑战。对照省和国家全面建成小康社会统计监测指标体系，苏北全面建成小康社会的最大“短板”是经济不强，并因经济不强导致居民生活水平等相关指标也比较滞后，这可从2014年几个统计指标中得以反映：一是按户籍人口计算的人均GDP只有43 318元；二是农业劳动生产率为11 732元/人；三是居民人均可支配收入为18 623元；四是城镇人口比重为57.5%。以上4个指标与国家统

计局确定的东部地区全面小康指标目标值分别相差 13 682 元、8 268 元、6 377 元、2.5%，实现度依次为 75.9%、58.7%、74.5%、95.8%。即使以 2015 年统计数据为考量，苏北这 4 个指标与国家确定的目标值仍然有一定距离，也就是说，截至 2015 年苏北没有实现全面小康。

第三节　深化制度变革对城乡收入差距变动趋势的影响

一、城乡收入差距变动趋势展望 [1]

自 1978 年以来，江苏城乡的收入差距总体上呈现出扩大的趋势。从绝对值看，1978 年城镇居民人均可支配收入为 288 元，农村居民人均纯收入为 155 元，前者比后者高 133 元，到 1990 年前者比后者高 580 元，增幅达 4 倍多；2000 年前者比后者高 3 205 元，增幅相当于 1990 年的 5.5 倍；2010 年前者比后者高 13 826 元，增幅相当于 2000 年的 4.3 倍；2016 年前者比后者高 22 546 元，增幅相当于 2010 年的 1.6 倍多。即在这 30 多年中，每隔 10 多年城乡居民收入差都呈 3—5 倍的递增趋势。

从相对值看，改革开放 30 多年来，城乡收入比的变化大体经历了五个阶段。第一阶段，从 1980 年的 1.99 ∶ 1 下降到 1984 年的 1.40 ∶ 1。第二阶段，从 1984 的 1.4 ∶ 1 一直上升到 1993 年的 2.19 ∶ 1。第三阶段，从 1993 年的 2.19 ∶ 1 下降到 1996 年的 1.71 ∶ 1。第四阶段，从 1996 年后又开始上

[1]　该部分内容主要引用陈学法、丁浩发表的《江苏城乡居民收入差距的现状、原因与运行趋势》，载《江苏师范大学学报（哲学社会科学版）》2016 年第 6 期。

升，一直上升到2009年的2.57 ∶ 1。第五阶段，从2009年后又开始下降，至2016年已下降到2.28 ∶ 1。在这五个阶段中，有三个阶段是下降的，两个阶段是上升的，但下降所延续的时间都比较短，在3—4年，只有2009年后这次下降时间比较长，已达7年，而上升阶段所延续的时间都比较长，延续的时间分别达9年、13年之久。

我们认为，2009年将是江苏城乡收入差距变动的拐点，在这之后30年里（2010—2040），城乡收入差距总体上呈缩小趋势（不排除中间也会出现短期上升），到2040年城乡居民人均收入将进入大体相等阶段。2040年后，农村居民人均可支配收入将进入略高于城镇居民阶段。做出上述预测主要是基于对江苏实际运行情况的判断，其理由主要基于以下三方面：

第一，第一产业在三次中所占比例呈不断下降趋势。在1979年江苏三次产业在GDP中所占比重分别为34.8 ∶ 47.3 ∶ 17.9，到2013年其比例分别为6.1 ∶ 49.2 ∶ 44.7，也就是说，第一产业在过去30多年时间里下降了28.7%，即每年平均下降0.84%。第二产业到2005年达56.6的峰值后一直呈下降趋势，到2013年这8年间下降了7.4个百分点，即每年平均下降0.92%，与此同时，第三产业平均每年上升1.14%。假设第二、三产业按2005年后的速度变动，则到2030年，三次产业的比例将调整为3 ∶ 33 ∶ 64，那么，江苏现代化建设也将基本实现，城乡之间的收入差距也将逐渐消失，到2040年可基本消失。

第二，城镇化率和农业现代化水平有不断提高趋势。在1978年，江苏总人口为5 834.32万人，城镇化率为13.7%，到2015年，按统计口径城镇化率达66.5%，即30多年来，城镇化率提高了52.8%，平均每年提高1.43%。在2000年之前，平均每年提高1%，而2000年之后，该数字达2.08%。当然这里的城镇化率与全国一样有比较大的水分，即使按前面测算的2015年实际城镇化率为37.6%，如果城镇化发展按2000年后的速度，则到2040年实际城镇化率可达80%以上。此时，只有不到20%人口在农村，人地关系矛盾可缓解，土地将由农民分散经营走向家庭农场、合作社、农业企业规模经营，农业工人的收入水平有可能接近甚至超过城市工人，农业现代化基本实现，二元经济转型基本完成。

第三，制度变革有不断深化趋势。中共十八届三中全会做出了《关于全面深化改革若干重大问题的决定》，这表明在全国深化制度变革的趋势将形成。

只要上述三个趋势不改变，江苏城乡居民收入差距在未来不断缩小的趋势就不会改变，当然，这必须以不断深化制度改革为前提。

从全国来看，2003—2015 年全国居民收入的基尼系数分别为 0.479、0.473、0.485、0.487、0.484、0.491、0.490、0.481、0.477、0.474、0.473、0.469、0.462，即从 2008 年前基尼系数总体是上升的，2008 年后总体是下降的，但下降的速度很慢。随着经济的不断发展和制度改革的不断深化，预计到 2025 年我国居民的基尼系数将降到 0.4 以下，到 2035 年将降到 0.3 以下，收入分配基本实现公平，到 2050 年，我国城乡居民收入差距基本消失。

参考文献

1. Anna Frdorf, Markus Grabka, Johannes Schwarze. The Impact of Household Capital Income on Income Inequality: A Factor Decomposition Analysis for Great Britain, Germany and the USA, *IZA DP*, 2008(3492).10.

2. Anthony Atkinson, Thomas Piketty. *Top Incomes from a Historical and International Perspective*, Oxford: Oxford University Press, 2000.

3. António Afonso, Ludger Schuknecht, Vito TanziIncome. Distribution Determinants and Public Spending Efficiency, *European Central Bank Working Paper Series*, 2008(861).

4. Antonio Spilimbergo, Juan Luis Londonno, Miguel Szekely. Income Distribution, Factor Endowments, and TradeOpenness, Toward Pro-Poor Policies Aid, Institutions, and Globalization, World Bank, Oxford University Press, 2003.

5. Daniel Creamer, Martin Bernstein. Cycle in types of property income, *Personal Income During Business Cycles*, 1996.

6. Davies James B.and Anthony F.Shorrocks. The Distribution of Wealth in A.B.Atkinson and FC.Bourguignon(eds), *Handbook of Income Distribution*, 1999.

7. Douglass,Mike. Aregional network strategy for reciprocal rural-urban

linkages, An agenda for policy research with reference to Indonesia, *Third World Planning Review*, 1998, 20(1).

8. G. S. Fields. Rural-urban migration, urban unemployment and underemployment, and job-search activity in LDCs. *Journal of Development Economics*, 1975(2).

9. Galor. O. & J. Zeria. Income Distribution and Macroeconomics, *Review of Economics Studies*, 1993(1).

10. Greenwood.J.& B.Jovanovic. Financial Development, Growth and the Distribu-tion of Income. *Journal of Political Economy*,1990(68).

11. Gunnar Myrdal. *Economic theory and underdeveloped regions*, London: Duckworth, 1957.

12. Jorgenson Dalew. Surplus Agricultural Labourand the Development of Adual Economy, *Oxford Economic Papers, New Series*, 1967, 19(3).

13. Kuznets S. Economic growth and income inequality, *American Economic Review, Nashville*, 1955 (l).

14. Kuznets. Economic Growth and Income Inequality, *America Economic review*, vol. 45, No1, March,1955(18).

15. Li,Hongyi & Zou,Heng-fu. Income Inequality is Not Harmful for Growth: Theory and Evidence, *Review of Development Economics*,1998(3).

16. Marek Dabrowski. Challenges to Economics in Transition: Stabilization, Growth, and Governance, Present in International Conference in honor of the Kyrayz some Bishkek, Kyrgyz Republic, 1998.

17. Pryor F. L. The Anatomy of Increasing Inequality of U.S. FamilyIncomes, *SSRN Working Paper*, 2006.

18. Rawls, John. *A Theory of Justic*, Oxford: Oxford University Press.1971.

19. S.Edwards. Openness, Productivity, and Growth: What Do We Really

Know, *Economic Journal*, 1998, (447).

20. W. A. Lewis. Economic Development with Unlimited Supplies of Labor. *The Manchester School of Economic and Social Studies*, 1954(2).

21. Yan Liang. Financial Reform, Property Income Growth and the Potential Impacts on Inequality in China, *Journal of Economic Issues*, 2009(6).

22. 安虎森、颜银根、朴银哲：《城市高房价和户籍制度：促进或抑制城乡收入差距扩大？——中国劳动力流动和收入差距扩大悖论的一个解释》，载《世界经济文海》2011 年第 4 期，第 53 页。

23. 蔡安宁、庄立、梁进社：《江苏省区域经济差异测度分析——基于基尼系数分解》，载《经济地理》2011 年第 12 期。

24. 蔡防、杨涛：《城乡收入差距的政治经济学》，载《中国社会科学》2000 年第 1 期 。

25. 蔡继明：《缩小城乡居民收入差距的根本途径和制度保障》，载《中国党政干部论坛》2010 年第 6 期。

26. 蔡继明：《中国城乡比较生产力与相对收入差别》，载《经济研究》1998 年第 1 期。

27. 曾国安、胡晶晶：《论 20 世纪 70 年代末以来中国城乡居民收入差距的变化及其对城乡居民消费水平的影响》，载《财贸经济》2008 年第 3 期。

28. 陈斌开、张鹏飞、杨汝岱：《政府教育投入、人力资本投资与中国城乡收入差距》，载《管理世界》2010 年第 1 期，第 36—43 页。

29. 陈昭玖、周波、唐卫东、苏昌平：《韩国新村运动的实践及对我国新农村建设的启示》，载《农业经济问题》2006 年第 2 期。

30. 陈宗胜、周云波：《城镇居民收入差别及制约其变动的某些因素》，载《经济学（季刊）》2002 年第 3 期。

31. 迟福林：《政府转型与收入分配制度改革》，载《科学决策月刊》2006 年第 10 期。

32. 迟巍、蔡许许：《城市居民财产性收入与贫富差距的实证分析》，载《数量经济技术经济研究》2012 年第 2 期，第 100—112 页。

33. 初立辉：《深化收入分配制度改革：现状分析与政策思路》，载《经济研究参考》2010 年第 39 期。

34. 褚培新、钦国华、仲天泽：《江苏省农村土地股份合作社发展与区域差异研究 —— 基于苏州和宿迁两地的调查》，载《江苏农业科技》2014 年第 5 期。

35. 单吉堃：《城乡居民收入差距持续扩大对经济效率的影响》，载《学术交流》2007 年第 11 期。

36. 党国英：《关于农村土地产权改革的若干认识与操作问题》，载《中共杭州市委党校学报》2014 年第 1 期。

37. 党国英：《土地制度对农民的剥夺》，载《中国改革》2005 年第 7 期。

38. 段景辉、陈建宝：《我国城乡家庭收入差异影响因素的分位数回归解析》，载《经济学家》2009 年第 5 期。

39. 樊纲：《中国户籍与土地制度阻碍城市化进程》，载《IT 时代周刊》2011 年第 10 期。

40. 范从来、张中锦：《功能性与规模性收入结构：思想演进、内在联系与研究趋向》，载《经济学家》2014 年第 9 期。

41. 房琪：《江苏省农民土地财产性收入现状与影响因素研究》，南京农业大学 2013 年硕士论文。

42. 傅娟：《中国垄断行业的高收入及其原因：基于整个收入分布的经验研究》，载《世界经济》2008 年第 7 期。

43. 高书生、宋军：《我国收入分配体制改革的现状、趋势与政策建议》，载《经济研究参考》2005 年第 88 期。

44. 胡晓：《我国收入差距扩大对宏观经济的影响》，载《中央财经大学学报》2011 年第 4 期。

45. 胡祖光：《基尼系数理论最佳值及其简易计算公式研究》，载《经济研究》2004 年第 9 期。

46. 黄立华：《日本新农村建设及其对我国的启示》，载《长春大学学报》2007 年第 17 卷，第 1 期。

47. 黄祖辉、陆建琴、王敏：《城乡收入差距问题研究 —— 基于收入来源角度的分析》，载《浙江大学学报（人文社会科学版）》2005 年第 4 期。

48. 贾康、孟艳：《我国居民财产分布差距扩大的分析和政策建议》，载《经济社会体制比较》2011 年第 4 期。

49. 江小涓、李辉：《我国地区之间实际收入差距小于名义收入差距》，载《经济研究》2005 年第 9 期。

50. 赖文燕：《要素市场配置与我国城乡居民收入差距问题研究》，载《当代财经》2012 年第 5 期。

51. 雷根强、蔡翔：《城市偏向与城乡收入差距来自中国省级面板数据的经验证据》，载 2011 年《世界经济与政治论坛》。

52. 李济广：《居民财产收入的范围、统计及其对个人收入的影响》，载《中国地质大学学报》2010 年第 6 期。

53. 李金良：《财产性收入与贫富差距 —— 基于城乡收入差距视角的实证研究》，载《北京邮电大学学报》2008 年第 10 期，第 3 页。

54. 李实、罗楚亮：《中国收入差距究竟有多大 —— 对修正样本结构偏差的尝试》，载《经济研究》2011 年第 4 期。

55. 李实、魏众、丁赛：《中国居民财产分布不均等及其原因的经验分析》，载《经济研究》2005 年第 6 期，第 4-15 页。

56. 李实、魏众：《丁赛中国居民财产分布不均等及其原因的经验分析》，载《经济研究》2005 年第 6 期 。

57. 李实、岳希明：《中国城乡收入差距世界最高》，载《理论参考》2005 年第 4 期。

58. 李实：《中国城乡居民收入差距的重新估计》，载《北京大学学报（哲学社会科学版）》2007 年第 2 期。

59. 李实：《中国居民收入分配再研究》，载《经济研究》1999 年第 4 期。

60. 李伟：《我国居民收入差距及其来源分解 —— 促进形成合力的居民收入分配机制研究》，载《经济研究参考》2010 年第 25 期。

61. 厉以宁：《缩小城乡收入差距促进社会安定和谐》，载《北京大学学报》2013 年第 1 期。

62. 廖洪乐：《我国农村土地集体所有制的稳定与完善》，载《管理世界》2007 年第 11 期。

63. 刘洪慧：《我国收入分配差距拉大对经济增长的负面影响》，载《经济观察》2008 年第 6 期。

64. 刘守英、谭明智：《对农地股份合作制的认识和政策建议》，载《中国乡村发现》2013 年第 4 期。

65. 刘守英：《中国的二元土地权利制度与土地市场残缺》，载《经济研究参考》2008 年第 9 期。

66. 陆铭、陈钊、万广华：《不患寡，而患不均 —— 中国的收入差别、投资、教育和增长的相互影响》，载《经济研究》2005 年第 12 期 。

67. 陆铭、陈钊：《城市化、城市倾向的经济政策与城乡收入差距》，载《经济研究》2004 年第 4 期。

68. 陆铭、陈钊：《城市化、城市倾向的经济政策与城乡收入差距》，载《中国史研究》2004 年第 6 期。

69. [法] 弗朗索瓦：《佩鲁：略论“增长极”概念》，载《经济学译丛》1998 年第 9 期 。

70. 任重、周云波：《垄断对我国行业收入差距的影响到底有多大》，载《经济理论与经济管理》2009 年第 4 期。

71. 沈家文等：《产权制度改革与收入分配差距关系的实证分析》，载《国家行政学院学报》2009 年第 4 期。

72. 沈坤荣、李子联、李光泗：《江苏收入分配：结构评估及优化途径》，载《南京社会科学》2010 年第 8 期。

73. 宋桂霞、齐晓安：《对我国收入分配制度改革的思考》，载《宏观经济管理》2010 年第 3 期。

74. 王培刚、周长城：《当前中国居民收入差距扩大的实证分析与动态研究》，载《管理世界》2005 年第 11 期。

75. 王小鲁：《我国国民收入分配现状、问题及对策》，载《国家行政学院学报》2010 年第 6 期。

76. 温涛、王小华、宜文：《城乡居民收入差距的时空演化与区域差异——基于收入结构的视角》，载《当代经济研究》2012 年第 11 期。

77. 肖国安：《工农产品价格剪刀差实证分析及农产品补贴政策研究》，载《经济学动态》2004 年第 8 期。

78. 肖绮芳：《日本城市化进城中农地制度改革及相关农民社会保障制度演进与启示》，载《东北亚论坛》2008 年第 2 期 。

79. 许庆、田士超、徐志刚、邵挺：《农地制度、土地细碎化与农民收入不平等》，载《经济研究》2008 年第 2 期。

80. 杨继瑞、汪锐、马永坤：《统筹城乡实践的重庆“地票”交易创新探究》，载《中国农村经济》2011 年第 11 期。

81. 杨宜勇：《我国收入分配面临的主要问题及对策》，载《税务研究》2010 年第 9 期。

82. 叶彩霞、施国庆、陈绍军：《地区差异对农民收入结构影响的实证分析》，载《经济问题》2010 年第 10 期。

83. 袁德胜：《中国城乡居民收入差距问题研究文献综述》，载《经济视角》2011 年第 8 期。

84. 张车伟、王德文：《农民收入问题性质的根本转变 —— 分地区对农民收入结构和增长变化的考察》，载《中国农村观察》2004 年第 1 期。

85. 张立先、郑庆昌：《保障农民土地财产权益视角下的农民财产性收入问题探析》，载《福建论坛 》2012 年第 3 期。

86. 张中锦、范从来：《江苏城乡收入结构优化研究 —— 基于分项收入不平等效应的视角》，载《江苏社会科学》2011 年第 4 期。

87. 章元、刘时菁、刘亮：《城乡收入差距、总体收入差距的变动收入差距倒 U 形假说的实证检验》，载《经济学（季刊）》2009 年第 8 期，第 4 页。

88. 赵人伟：《我国居民收入分配和财产分布问题分析》，载《当代财经》2007 年第 7 期。

89. 周云波：《城市化、城乡差距以及全国居民民工失业与中国犯罪率的上升》，载《经济研究》2011 年第 2 期。

90. [美] 费景汉、古斯塔夫 · 拉尼斯：《劳力剩余经济的发展》，华夏出版社 1989 年版。

91. [美] 弗里德曼：《文萃》，高榕、范恒山译，北京经济学院出版社 1991 年版。

92. [美] 迈克尔 · 谢若登：《资产与穷人：一项新的美国福利政策》，商务印书馆 2005 年版。

后　记

本书是作者在主持国家社会科学基金项目“长三角统筹户籍与土地管理制度改革研究”、江苏省社科基金重点项目“推动苏北城乡统筹协调发展问题研究”、江苏省高校社科基金重大项目“江苏缩小城乡居民收入差距的路径与对策研究”、江苏省决策咨询基地项目“苏北农业现代化与农地制度改革研究”等项目研究以及在项目研究过程中发表的一系列论文基础上撰写而成的。

在上述项目研究过程中，我的许多同事如李厚廷教授、丁浩和李因果博士等参与了调研和调研报告的撰写工作（原来准备选择一部分调研报告和咨询报告附在本书中，后因出版社对字数的要求，未能如愿），为上述项目的完成做了大量工作，也为本书的撰写奠定了坚实基础，在此向这些老师表示衷心感谢。

我的研究生牛莉和邹洁同学也参与了本人主持的相关课题的研究并在此基础上撰写了毕业论文，毕业论文的部分内容被引用到本书中，虽然她们的工作在之前支付过劳务，引用部分在书中也注明了，但对她们为本书所做的贡献仍表示衷心感谢。同时要感谢刘文洁、殷禹晴等研究生在本书成稿过程中所做的整理、校对、修改等工作。

最后，要感谢在课题研究、论文发表以及本书撰写出版过程中曾经帮助我的所有专家学者、家人、学生以及孔令钢编辑，没有你们的鼓励和帮助就没有本书的问世，本人只能以精心完成的该成果向你们表示真诚的敬意。